Michael Töteberg
Falladas letzte Liebe

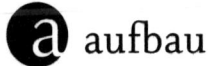

aufbau

MICHAEL TÖTEBERG

Falladas letzte Liebe

ROMAN

 aufbau

MIX
Papier aus verantwor-
tungsvollen Quellen
FSC® C083411
www.fsc.org

ISBN 978-3-351-03894-6

Aufbau ist eine Marke der Aufbau Verlage GmbH & Co. KG

1. Auflage 2021
© Aufbau Verlage GmbH & Co. KG, Berlin 2021
Einbandgestaltung U1berlin, Patrizia Di Stefano
Satz LVD GmbH, Berlin
Druck und Binden CPI books GmbH, Leck, Germany
Printed in Germany

www.aufbau-verlage.de

Prolog

Die Studentin Christa Wolf saß über ihren Notizen. Das Thema ihrer Diplomarbeit hatte sie sich nicht ausgesucht, sie hätte lieber über etwas anderes geschrieben. »Prosaliteratur der DDR«, das hätte sie gereizt, aber ihr Professor hatte abgewinkt, das sei doch alles rosa Gartenlaube. Hans Fallada hatte er vorgeschlagen. Unterhaltungsliteratur als Gegenstand einer germanistischen Arbeit? Hans Mayer hatte sie spöttisch angesehen – der 24-Jährigen konnte es nur guttun, ihren Horizont über den Kanon sozialistischer Literatur hinaus zu erweitern. Da kam Fallada gerade recht, »dieser außerordentliche Erzähler und Darsteller der kleinbürgerlichen Misere und des Unglücks im Winkel«. Professor Mayer sprach immer so, dass man am besten gleich mitschrieb.

So war sie zu dem Thema »Das Problem des Realismus in Hans Falladas Erzählungen und Romanen« gekommen. Ihr Problem wiederum war, dass der zu behandelnde Autor kaum etwas dazu gesagt oder geschrieben hatte.

Sie hatte alles gelesen, was zu kriegen war, 18 oder 19 Bücher. Sich durch die Frühwerke »Der junge Goedeschal« und »Anton und Gerda« gequält, die populären Romane, aber auch Entlegenes herangezogen, selbst Schmonzetten wie »Altes Herz geht auf die Reise« und »Der ungeliebte Mann« nicht ausgelassen. Ihr Professor war schließlich Hans Mayer, da konnte man nicht schlampen, was auch ihren eigenen Ansprüchen widersprochen hätte. Sich mit weniger zufrieden zu geben, das war nicht ihre Art. Gut, dass sie in Leipzig war und die Deutsche Bücherei nutzen konnte, sonst wäre sie niemals an die Bücher herangekommen. Zwei Romane hatte sie sich sogar noch über eine Freundin im Buchhandel besorgt, mehr war einfach nicht drin.

Sie hatte handschriftliche Exzerpte angefertigt, ein ganzer Stapel Papier lag auf ihrem Schreibtisch. Die Seiten sahen hübsch bunt aus: Mit blauer Tinte hatte sie Vorworte, Kapitelüberschriften und einzelne Passagen abgeschrieben, die für ihr Thema besonders wichtig waren. Dazwischen hatte sie mit Bleistift ihre Anmerkungen notiert, darunter mit dem Rotstift Kommentare persönlicher Natur – ganz subjektiv, die würden so nicht in die wissenschaftliche Arbeit eingehen.

»Blödsinnig, langweilig«, hatte sie geschrieben, »Kolportagehaft!«, »Aufbau!« oder auch »Tolle Szene«. Das bezog sich auf den »Eisernen Gustav«, das Kapitel, in dem der alte Droschkenkutscher Hackendahl Abschied nimmt von seinem Sohn Erich.

Die Unterhaltung zwischen Irma und Heinz über die Novemberrevolution: »Ideologische wichtige Probleme werden durch den Mund von Halbwüchsigen vulgarisiert. F. nimmt dazu keine Stellung.« Mangelnde Parteilichkeit – das war zu kritisieren. Oder war das vielleicht gar nicht so schlecht? Setzten sie in der Literatur heute den Lesern nicht immer alles vor, wurde alles bewertet, damit bloß nichts falsch verstanden werden konnte?

Fallada war seinen Figuren menschlich nahe, selbst den negativen. Allen wollte er gerecht werden. »Fallada unternimmt gar nichts, das chaotische Innenleben dieses Helden irgendwie zu beurteilen oder nur zu kommentieren«, das hatte sie zu »Der junge Goedeschal« notiert und konnte so direkt in die Diplomarbeit übernommen werden. Das Lebensgefühl der Angst und der Bedrängnis, des Ausgeliefertseins. Kleinbürgerängste. Das konnte kein anderer so genau beschreiben.

Ein paar weitere Erkenntnisse hatte sie schon formuliert. »Formal drückt sich das aus in einer meist naturalistischen Sprache, in einem virtuosen Stil, der darauf dressiert ist, Nuancen von Empfindungen nacherlebbar zu machen und ungewöhnlichste und heikelste Vorkommnisse zu beschreiben.«

Sie blätterte in ihren Unterlagen. »Christiane ist eine von den typischen Fallada'schen Frauengestalten!«, hatte sie bei »Wir hatten mal ein Kind« rot angestrichen. »Petra – wieder eine typische Fallada-Frau!« stand bei »Wolf unter Wölfen«. Und das Gleiche über Magda im »Trinker«. Zur Szene im »Alpdruck«, in der sich der Protagonist Doll mit seiner Frau Alma streitet: »Alles wieder nur von Dr. Doll aus gesehen« – die männliche Perspektive, der Frau schenke der Autor kaum Beachtung. »Schlechte Charakterisierung – plötzlich ist Alma unerträglich.« Das Buch beschäftigte Christa Wolf mehr als alle anderen. »Offensichtlich autobiographisch.« Doll ein Alter Ego des Autors. Da müsste man Genaueres wissen. Literarisch gelungen war das Buch nicht gerade, aber merkwürdig interessant.

Mit »Jeder stirbt für sich allein« war Fallada anschließend noch einmal ein großer Roman geglückt, doch war er gestorben, bevor das Buch gedruckt wurde. Die Komposition imponierte ihr. Nach dem fünften Kapitel notierte sie: »Bis hierher sind schon verschiedene Fäden geknüpft.« Ja, Fallada verstand sich darauf, ein Figurenensemble ganz zwanglos einzuführen und die Personen raffiniert zu verknüpfen. Großartig die Szene, in der sich Kommissar Escherich erschießt: Er ist der Einzige, der durch die Karten, mit denen die Quangels zum Widerstand gegen das Hitler-Regime aufrufen, bekehrt wird. Es war reine Spekulation und gehörte nicht in ihre Diplomarbeit, aber in Rot schrieb sie zwischen die Zeilen: »Ist in Escherich nicht ein wenig Fallada selbst?«

Wie konnte sie mehr darüber in Erfahrung bringen?

Granzow, der im »Alpdruck« Doll aus der Apathie hilft und seinen Wiedereintritt in die Literatur ermöglicht, das war unverkennbar Johannes R. Becher. Das hatte ihr Professor Mayer bestätigt und ihr vorgeschlagen, sie solle doch an ihn schreiben und ihm ihre Fragen vorlegen. So von Genosse zu Genosse, Auskünfte zu Falladas Leben und Charakter, schließlich hatte der ihn aus nächster Nähe erlebt.

Und tatsächlich, Becher hatte ihr geantwortet. Das Schreiben, das sie in den Händen hielt, war gerichtet an die »Liebe Genossin Wolf!«: »Leider kann ich Ihnen mit solchen Angaben wenig dienen, da ich Fallada erst 1945 kennengelernt habe und ich mich persönlich nie dafür interessiert habe, ob die Romane eines Schriftstellers autobiographischen Charakter tragen oder nicht.«

Kaum zu glauben – sie war enttäuscht. Natürlich wusste er mehr, wollte aber offenbar keine Auskunft geben. Welches Geheimnis umgab Fallada, was verschwieg Becher?

»Um Sie zu orientieren: Mein Eisenmengerweg liegt nahe bei der Grabbeallee und Schlossstraße. Sie fahren am besten mit der U-Bahn bis Pankow-Vinetastraße, oder mit der S-Bahn bis Schönhauser Allee, in beiden Fällen mit der 47 oder 47 E weiter. Wenn Sie dann aber in meiner Nähe sind, müssen Sie noch einen Schlagbaum überwinden, an dem ein russischer Posten steht. Wenn Sie aber sagen, Sie wollen zu Fallada, wird Ihnen auch das schon gelingen. Meist bin ich zu Hause.«

Hans Fallada an Werner Hütter
Postkarte vom 18. August 1946

Am Eisenmengerweg 19 klingelte es. Vor der Tür stand eine Frau: Sein Haus werde demnächst beschlagnahmt, sie wolle sich schon einmal die Räumlichkeiten ansehen. Der Bauingenieur Otto Latendorf fiel aus allen Wolken. Er war weder in der Partei noch in irgendeiner Naziorganisation gewesen, und seine Arbeit als Fachkraft wurde gerade in diesen Tagen gebraucht: Als Spezialist für Abdichtungen kümmerte er sich um die Beseitigung von Kriegsschäden in den U-Bahn-Tunneln, damit der Betrieb bald überall wieder aufgenommen werden konnte. Er ließ sich von der unangemeldeten Besucherin nicht einschüchtern: Keineswegs sei er gewillt, sein Eigenheim zur Verfügung zu stellen. Lilly Becher wollte aber nicht diskutieren, sie ließ Latendorf wortlos stehen und inspizierte das Haus, ob es für ihren Mann in Frage kam. Wirklich zufrieden war sie nicht, das war ihr anzusehen.

Bald hatte Latendorf es amtlich: Laut Befehl des sowjetischen Stadtkommandanten hatte er auszuziehen, die Wohnung zu räumen. Möbel, Teppiche, Gardinen, den gesamten Hausrat, nichts durfte er mitnehmen. Seinen Nachbarn erging es nicht anders. Auf einem Zettel, einem Vordruck, wurde ihnen im August 1945 lapidar mitgeteilt: »Ihre anderweitige Unterbringung erfolgt durch das Wohnungsamt Pankow, Breitestr. 43a, Zimmer 8. Transportmittel werden unter Vorlage des entsprechenden Einweisungsscheines und dieser Räumungsaufforderung durch die Fahrbereitschaft Pankow, Mühlenstraße 83, gestellt.«

Im August 1945 wurde in dem von Bomben verschont gebliebenen Villenviertel Niederschönhausen ein rund zweihundert Hektar großes Gebiet zwischen Panke und Tschaikowskistraße, Grabbeallee und Schloss Schönhausen durch einen zwei Meter hohen Bretterzaun abgeriegelt: Sperrgebiet. Kein Zutritt für Fremde.

Hochrangige Offiziere der SMAD, der Sowjetischen Militäradministration, zogen ein. Oberstleutnant Petkun richtete sich in der Friedrich-Wilhelm-Straße 4/5 ein; Stadtkommandant Alexander Georgijewitsch Kotikow bezog die imposante Villa Kronprinzenstraße 19. Oberst Nikaschin von der Geheimpolizei NKWD besetzte das Haus Eisenmengerweg 23. Oberst Danila Semjonowitsch Dalada, Oberst Melnikow, Oberst Tarakanow – wer sonst alles in dem nach russischem Vorbild »Städtchen« genannten Sperrbezirk lebte, ist nicht bekannt.

Aber es wohnten dort nicht nur Funktionsträger der sowjetischen Besatzungsmacht samt Anhang, sondern auch Deutsche. Es waren Genossen, Funktionäre, fast alle Rückkehrer aus dem Moskauer Exil, die nun die politische Macht übernommen hatten. Die Führung der kurz zuvor wiederbelebten KPD quartierte sich nahezu vollständig in der Kolonie ein. Der Parteivorsitzende Wilhelm Pieck wohnte in der Viktoriastraße 13, ihm gegenüber, Hausnummer 23, Walter Ulbricht. Otto Grotewohl zog, nachdem Oberstleutnant Petkun nach Moskau zurückgekehrt war, in die Friedrich-Wilhelm-Straße 4/5, Alexander Abusch in Nummer 8.

Johannes R. Becher aber zog nicht in den Eisenmengerweg. Das Haus von Otto Latendorf – der inzwischen in der Crusemarkstraße, ganz in der Nähe, untergekommen war – genügte seinen Ansprüchen nicht: nicht groß und vor allem nicht repräsentativ genug. Der Präsident des Kulturbunds zur demokratischen Erneuerung Deutschlands entschied sich für Viktoriastraße 22. Der Eigentümer, ein Buchmacher namens Karl Schwabe, war Parteigenosse gewesen und jetzt unbekannt verzogen – da gab es keine Probleme mit der Beschlagnahmung. Bechers neues Domizil grenzte an das Grundstück des sowjetischen Stadtkommandanten Generalmajor Kotikow.

Der KPD-Politiker Anton Ackermann wohnte nur zehn Tage im Eisenmengerweg 19, dann zog er in die Viktoriastraße 24. Der frühere Eigentümer dort, ein Oberfinanzrat, hatte sein Inventar mitnehmen dürfen, so möblierte Ackermann sein neues Domizil weitgehend mit Inventar aus Latendorfs Haus: einem Buffet, einer Anrichte, zwei Lampen, allem, was man sonst so brauchte. Danach stand der Eisenmengerweg 19 leer. Das unbewohnte Haus diente offiziell als Magazin, in dem sich jeder bediente, im Klartext: Es wurde geplündert.

In der Friedrich-Wilhelm-Straße gab es einen Lebensmittelladen, in dem es zu kaufen gab, was sonst nirgends aufzutreiben war. Für die bevorzugte Versorgung der Politprominenz war gesorgt, zudem verfügte das Städtchen über eine eigene Infrastruktur: Frisör, Schuhmacher, Schneider usw. Ein Ghetto für die Privilegierten.

Auch als aus der SBZ die DDR geworden war, bestand der Sperrbezirk unverändert fort. Wer im Städtchen wohnte, gehörte zum Machtgefüge des Staates, zum inneren Kreis der Partei. Erich Mielke, Willi Stoph, Markus Wolf, Hilde Benjamin, Kurt Hager, Erich Honecker, wer immer in Politbüro und ZK einen Posten bekleidete, sie alle lebten hier, abgeschottet von der Öffentlichkeit. Wer aber in Ungnade gefallen war, musste wieder ausziehen: Parteiausschluss war gleichbedeutend mit Wohnungsverlust.

An der Zufahrt Schlossstraße stand ein Schilderhäuschen mit Schlagbaum, ein russischer Posten und ein deutscher Polizist standen Wache. An der Grabbeallee war ein kleinerer Zugang nur für Fußgänger, ebenfalls rund um die Uhr bewacht. Hier kam niemand rein, der nicht einen speziellen Ausweis hatte, einen »Propusk« nach russischem Vorbild. Besucher mussten sich in ein Kontrollbuch eintragen, bekamen gegen Abgabe ihres Personalausweises einen Passierschein und mussten dann warten, bis sie abgeholt wurden.

Hier blieb die Nomenklatura unter sich und war vor dem Volk geschützt.

Am 6. November 1945 zog Hans Fallada in den Eisenmengerweg 19. Wie war der Schriftsteller in diese Gesellschaft geraten?

Nein, er würde nicht mehr nach Feldberg zurückkehren. Nie mehr. Auch nicht nach Carwitz.

Zehn gute Jahre hatte er dort gehabt, einst war es das reinste Paradies, aber in letzter Zeit: die reinste Hölle. Der ewige Streit mit Suse und ihrer Verwandtschaft, die eklige Scheidung und dann die Russen.

Nun war er in Berlin gestrandet. An seiner Seite Ulla, die schon die ganze Bahnfahrt über gejammert hatte. Nichts mehr von ihrem strahlenden Lächeln, das er so liebte.

Die Bahnfahrt war allerdings auch wirklich eine Strapaze gewesen. Mittags hätten sie in Neustrelitz losfahren sollen, doch fahrplanmäßig passierte nichts in diesen Zeiten. Erst nach stundenlanger Verspätung ging es los. Hauptsache, dass der Zug überhaupt fuhr. Total überfüllt, Berliner auf der Rückreise von ihren Hamstertouren in Mecklenburg. Er hatte mit Ulla gerade noch einen Sitzplatz ergattert – wahrscheinlich sahen sie beide so elend aus, dass ihnen niemand den Platz streitig machen wollte. Rücksichtsvoll waren die Leute nicht, sie standen dicht gedrängt und parkten Taschen und Körbe ungefragt auf ihrem Schoß. Voll gestopft mit Kartoffeln, Gemüse, Pilzen. Nicht gerade angenehm.

Sie waren viel zu schwach, um dagegen zu protestieren. Man musste froh sein, wenn man keine Rucksäcke ins Gesicht bekam.

Wirklich gesund waren sie noch nicht, aber länger hatten

sie es beide im Krankenhaus nicht ausgehalten und darauf bestanden, entlassen zu werden. Vom Carolinenstift waren sie direkt zum Bahnhof gegangen mit nichts als einem kleinen Koffer und ein bisschen Proviant. Bloß weg hier.

Nun waren sie auf dem Weg nach Berlin. Vorbereitet war nichts. Erst einmal ankommen – Ulla hatte ein Haus in Schöneberg, Meraner Straße 12. Es gehörte nominell ihrem verstorbenen Mann Kurt, aber das würde sich schon regeln lassen.

Wie lange hatten sie im Krankenhaus gelegen? Ein, zwei Wochen? Wie sie dort hingekommen waren, Fallada erinnerte sich nicht. Er wusste nur noch, er hatte einen Ohnmachtsanfall gehabt, Überarbeitung, Überforderung – der meistgehasste Mann im Ort, und ausgerechnet ihn hatte die Rote Armee zum Bürgermeister gemacht, das konnte nicht gut gehen. Er lag flach. Mehr als einen Tag krank sein durfte er sich allerdings nicht erlauben. Jedes Arbeitsversäumnis wurde von den Besatzern als Sabotage gewertet, Fallada war entsprechend nervös. Übernervös, Nervenkoller. Ulla war in Berlin gewesen und hatte etwas mitgebracht, was ihn beruhigen sollte – bewirkt hatten die Tabletten das Gegenteil.

Er muss getobt haben, hatte wohl in seiner Raserei kaputt geschlagen, was er in die Finger bekam. Im Nachthemd zur Kommandantur und die Scheiben eingeschmissen. Er konnte sich nicht erinnern, aber Haupt und Richert, die beiden Feldberger Polizisten, hatten ihn aufgelesen. Das war seine Rettung. Sie verfrachteten ihn ins Kreiskrankenhaus, Ulla gleich mit.

In normalen Zeiten brauchte der Zug von Neustrelitz nach Berlin-Gesundbrunnen eine reichliche Stunde. Es waren aber keine normalen Zeiten. Der Zug hielt an jeder Milchkanne, und bei jedem Stopp stiegen Leute zu. Einige standen auf den Trittbrettern, mit der einen Hand an der Messingstange, mit der anderen krampfhaft ihre Beute umklammert.

Die Luft wurde dünner, es roch bestialisch. Wer weiß, was

die Leute an Würsten aus frischer Schlachtung ergattert, und wer weiß, was sie dafür hergegeben hatten – den Familienschmuck, Schlittschuhe oder Omas Leinen? Den Ehering gegen einen Schinken? Fallada sah sich um: ausgemergelte Gestalten, keine Schieber – arme Teufel.

Unterdrückte Aggressivität lag in der Luft. Die Leute waren keineswegs stolz auf ihren »Einkauf«, nein, sie waren gedemütigt worden. Sie hatten hergeben müssen, was ihnen lieb und teuer war, was sie über all die Jahre bewahrt hatten, jetzt eingetauscht, weggegeben für immer, damit die Kinder heute Abend etwas zu essen hatten.

Fallada blickte zu Ulla: Die einzige Wertsache, die sie bei sich hatten, trug Ulla am Finger: einen Brillantring.

Mit dem Umzug gaben sie etwas auf, was in Berlin nur schwer und teuer auf dem Schwarzmarkt zu organisieren war: die Versorgung mit Lebensmitteln. Auf dem Land war es nicht so schlimm wie in der Stadt. In Carwitz konnte sich Fallada mit seiner Büdnerei selbstversorgen. Nicht fürstlich, aber irgendwie ging es schon. In Berlin mussten sie erst einmal aufs Amt, um Lebensmittelkarten zu beantragen. Doch das hatte Zeit. Im Moment beschäftigte sie eine bange Frage: Stand das Haus in der Meraner Straße noch?

Zuletzt waren sie an dem Tag, als sie geheiratet hatten, dort gewesen. Hochzeitsfeier mitten im Krieg, in Berlin – Fliegeralarm, so musste es ja kommen. Das war am 1. Februar 1945 gewesen. Alle in den Luftschutzkeller. Ernst Rowohlt, ihr Trauzeuge, nutzte die Gelegenheit, sich zu verdrücken, und ward nicht mehr gesehen.

Am nächsten Tag, ziemlich verkatert nach der missglückten Feier, war das frisch getraute Ehepaar zurück nach Feldberg gefahren. Zum Glück. Tags drauf, morgens um 10 Uhr bei schönstem Sonnenschein, konnten sie am Himmel das Geschwader sehen, das auf Berlin zusteuerte. Es waren hunderte Bomber und Jagdflugzeuge, es hörte gar nicht auf. Die Stadt erlebte einen verheerenden Luftangriff, ganze Bezirke wurden dem Erdboden gleichgemacht: Kreuzberg, Mitte, Friedrichshain, Wedding. Auch Schöneberg war nicht verschont geblieben, auch nicht das Bayerische Viertel, in dem ihre Wohnung lag.

Da hatte er Glück im Unglück gehabt. Wieder einmal. Aber Unglück im Glück, das kannte er auch. Er schaute auf Ulla, sie war sein ganzes Glück. Dass er das erleben durfte, sich noch einmal zu verlieben. Dass diese Liebe erwidert wurde, das hätte er kaum zu hoffen gewagt. Sie sah hinreißend aus, selbst jetzt, wo sie beide arg ramponiert waren. Eine attraktive, lebenslustige Frau, 24 Jahre jung, er, 52 Jahre alt – na und? Mochten sich die Leute die Mäuler zerreißen.

Im März hatten sie sich noch einmal kurz ins zerstörte Berlin gewagt. Ulla musste noch etwas besorgen, was in Feldberg nicht zu haben war – Fallada wusste, worum es sich handelte. Ulla war sein Glück, aber – das ahnte er von Anfang an – auch sein Unglück.

Nur gut, dass die beiden Polizisten sie gleich nach Neustrelitz ins Krankenhaus gebracht hatten. Ein Bürgermeister, der die Scheiben der Kommandantur einschlägt – die Russen machten in solchen Fällen kurzen Prozess. In Feldberg konnte er sich nicht mehr sehen lassen, in die Fänge von Major Miasnik wollte er nicht geraten.

Noch einmal nach Hause, um etwas zum Anziehen zu holen, darauf hatte er verzichtet. So trug er nur den dünnen Anzug, den er am Tag des Zusammenbruchs angehabt hatte, keinen Mantel, keinen Hut, nichts.

Ulla hatte sich von einer Freundin einen Mantel geliehen, billige Konfektionsware. Passte gar nicht zu ihr, die auf Eleganz selbst im Alltag Wert legte. Sie konnte sich, was Suse niemals in den Sinn gekommen wäre, mehrmals am Tag umziehen. Jetzt waren ihre Strümpfe zerrissen, wahrscheinlich von einem der groben Körbe der Mitfahrenden. Ulla war gelb im Gesicht, sie litt an einer Blutvergiftung. Am linken Fuß hatte sie eine offene Wunde, weit konnten sie damit nicht laufen. Gleich morgen mussten sie einen Arzt finden.

Sie hatten nicht nur Kleidung, Möbel und Wertsachen in Feldberg zurückgelassen, sondern, viel schlimmer, auch die Kinder – Fallada seinen Ältesten, sie ihre Tochter. Uli war schon 15, bis vor Kurzem im Internat, er würde schon eine Zeitlang ohne ihn zurechtkommen. Aber Jutta war doch noch ein Kind, erst sechs Jahre alt. Suse hatte sich in den letzten Wochen um sie alle gekümmert. So war sie. Egal, was zwischen ihnen vorgefallen war, darauf konnte er sich verlassen. Sobald es ging, würde er Uli dennoch zu sich holen. Jutta natürlich auch.

Sie fuhren am Bunker im Humboldthain vorbei. Alles lag in Schutt und Asche, nur der Bunker war wohl nicht kleinzukriegen gewesen. In der Brunnenstraße hatte es eine große Filiale von Seifen-Losch gegeben, der Laden dürfte nicht überlebt haben. Seifen-Losch hatte überall Filialen in Berlin gehabt, waren es sechzig oder achtzig, Ulla wusste es nicht. Wahrscheinlich hätte es nicht einmal Kurt Losch gewusst, ihr verstorbener Mann. Für das Geschäft hatte er sich, anders als sein Bruder, nie sonderlich interessiert. Er war eine Künstlernatur gewesen, hatte gemalt. Gar nicht mal schlecht, Ulla hatte einige seiner Bilder in ihrem Feldberger Feriendomizil aufgehängt.

Sie war Alleinerbin. Da konnte niemand sagen, sie habe sich wegen des Geldes einen alten Knacker geangelt. Sie war Witwe, er von Suse geschieden – hatte jemand etwas gegen diese Verbindung? Sie hatten aus Liebe geheiratet, auch ein bisschen aus Trotz, um es der tratschenden Kleinstadtgemeinde, den Spießern und Moralaposteln zu zeigen.

Ulla wollte nach Berlin. Ulla, die Vergnügungssüchtige – doch vom Lichterglanz der Amüsiermeilen, von den schicken Restaurants, aufregenden Tanzpalästen, luxuriösen Filmtheatern war nichts übrig geblieben. Einkaufsbummel im KaDeWe, das konnte man vergessen. Flanieren Unter den

Linden. Kaffee und Kuchen im Café Kranzler. Abends in den Wintergarten. Das war einmal, ein Märchen aus alten Zeiten. Wenn sie aus dem Fenster sahen: Das war keine Stadt, sondern ein Trümmerhaufen. Aber auch er wollte nach Berlin. Es war eine Rückkehr. Hier hatte er »Kleiner Mann – was nun?«, seinen ersten Welterfolg, geschrieben. Die Frage stand wieder im Raum. Das war seine Stunde null. Ein Neuanfang. Wenn der irgendwo gelang, dann hier, in diesem ausgebrannten, kaputten Berlin.

Alle wollten nach Berlin. Dabei gab es hier schon genug, die kein Dach über dem Kopf hatten. Flüchtlinge konnte man nicht gebrauchen, deshalb hatte die Stadt ein Zuzugsverbot erlassen. Falladas hatten keine entsprechende Genehmigung. Auch darum mussten sie sich kümmern.

Gesundbrunnen. Alle aussteigen – wie aber weiter? Fuhr die U-Bahn noch? Zu Fuß kam nicht in Frage, nicht mit Ullas lädiertem Bein. Seit fünf Monaten war der Krieg vorbei, die Trümmerfrauen hatten ganze Arbeit geleistet: Die Straßen waren frei, am Rande türmten sich Schuttberge. Von den Häusern standen oft nur noch Fassaden mit leeren Fensterhöhlen, gespenstische Kulissen – Häuserskelette. Wohin sollte er sich in dieser Trümmerwüste wenden? Straßenschilder gab's nicht mehr. Fallada sucht einen Weg, dachte er. Kein schlechter Titel – er konnte nicht anders, immer ging es ihm so: Alles, was er sah und dachte, verwandelte sich in seinem Kopf sogleich in druckreife Formulierungen.

Der Bahnhof Bayerischer Platz hatte im Februar zwar einen Volltreffer abbekommen, aber die U-Bahn fuhr längst wieder. Gott sei Dank! Ullas Miene hellte sich auf, ihre Laune wurde von Station zu Station besser. Sie begann zu planen: Das Hinterzimmer könnte Fallada haben, da hätte er Ruhe zum Schreiben. Ein Kinderzimmer? Vielleicht besser getrennte, sie waren doch zu weit auseinander; die Wohnung war groß genug, da konnten Uli und Jutta jeder ein eigenes Zimmer haben. Kaum spürte sie etwas Aufwind, kehrte die Lebensfreude zurück. Darum beneidete er sie: Die eben noch so bedrückende Wirklichkeit konnte sie einfach vergessen, und nur zu gern ließ er sich, wider besseres Wissen, mitreißen. Sie hatte ihn aus seiner tiefen Depression geholt, aus einem müden, abgekämpften, von Inspiration und Schaffensfreude verlassenen Autor wieder einen Mann gemacht, der an das Leben und die Liebe glaubte.

Ihm wurde warm ums Herz. Sie war ein verwöhntes Kind. Er wollte ihr alle Wünsche erfüllen, sie glücklich machen. Ihr konnte er nichts abschlagen. Verwöhnt, das war vielleicht nicht das richtige Wort. Jedenfalls war sie gewohnt, dass alle ihrem Charme erlagen und sie immer bekam, was sie wollte. Damals hatte Kurt Losch die Verkäuferin Ursula Boltzenthal vom Fleck weg geheiratet. Nun, da er tot war, gehörte ihr ein Drittel von Seifen-Losch.

Ulla holte einen Kamm hervor, fuhr sich durch die Haare und schüttelte ihre Lockenpracht. »Seifenflocke«, zog Fallada sie gern auf.

Sie wussten es ja, aber als sie aus dem Bahnhof kamen, war es doch ein Schock. Der vormals begrünte Bayrische Platz war eine graue Wüste mit Bombentrichtern. Statt des hübschen Springbrunnens gab es eine riesige Mulde, ein Becken für Löschwasser. Das Wasser hatte nicht gereicht: Die Häuser rund um den Platz waren vollständig ausgebrannt.

Die Meraner Straße ging direkt vom Bayerischen Platz ab. Es war seltsam: Die Gebäude auf der linken Seite waren komplett zerstört, unbewohnbar. Auf der gegenüberliegenden Straßenseite standen die Häuser noch. Viele mit Pappe in den Fenstern, kaputten Dächern, voller Ruß. Aber sie standen, waren bewohnt. Irgendjemand hatte sogar Blumenkästen auf eine Fensterbank gestellt.

Das Haus befand sich auf der richtigen Seite, Nummer 12. Noch ein paar Schritte, und sie waren angekommen. Ecke Bozener Straße. Bevor sie hineingingen, schauten sie hoch zum dritten Stock, das war ihre Wohnung. Sah nicht schlecht aus, sogar Fensterkreuze waren noch drin. Ulla hatte keine Schlüssel, doch die Haustür stand offen, und die Portiersfrau war zur Stelle. Hieß sie Berta oder Greta? Fallada wusste es nicht mehr. Berta oder Greta, wie auch immer, fuhr sie unwirsch an: Wo sie denn all die Monate gewesen seien? (In Berlin wird man immer angeschnauzt, das war auch früher so gewesen.) Nein, das wolle sie gar nicht wissen, die Matrone wartete keine Antwort ab. Sie habe die Wohnung lange verteidigt, so lange es eben ging. Bis vor zehn Tagen. Zwei Herren vom Wohnungsamt seien gekommen, und zwar nicht allein. Na, sie sollen nur einmal hochgehen, da würden sie eine Überraschung erleben …

Sie waren zu erschöpft, um auf diese Suada weiter einzugehen. Endlich standen sie vor der Tür zu ihrer Wohnung und klingelten. Es öffnete eine Fremde, aus dem Hintergrund hörten sie Kindergeschrei. Die Frau ging gleich auf Abwehr: Was sie denn wollten – dies sei ihre Wohnung, ihr von Amts wegen zugewiesen. Sie könnten gleich wieder gehen.

War heute Montag? Oder schon Mittwoch? Fallada wusste es nicht.

Sie waren am 1. September – oder auch am 2. – nach Berlin gekommen. Was war in den Tagen danach passiert? Fallada erinnerte sich an einzelne Bruchstücke, aber Zusammenhänge wollten sich partout nicht einstellen. Erinnerungssplitter, die sich zu keinem Bild fügten.

Die Frau hatte ihren Widerstand aufgegeben, Herrn und Frau Fallada doch in die Wohnung gelassen, die nicht mehr die ihre war – die Fremde wedelte mit einem Schreiben vom Amt. Es sei alles mit rechten Dingen zugegangen. Man habe ihr diese Wohnung zugeteilt. Sie hätte die vorderen Zimmer überhaupt erst bewohnbar gemacht. Was sie wohl glaubten, wie das hier ausgesehen hatte? Der Boden übersät mit Scherben, kein einziges Fenster mehr heil, alles Geschirr zerschlagen, Schränke umgekippt. Die Tür aufgebrochen – was an Möbeln noch brauchbar gewesen war, hatten die lieben Volksgenossen weggeschleppt.

Sie habe das alles doch nicht gemacht, damit sich's die Herrschaften nun im warmen Nest gemütlich machen! Sie sagte wirklich: gemütlich machen.

Ulla, die sonst so Schlagfertige, blieb stumm. Sie konnte nicht mehr.

Fallada sah seine Liebste an. Sie war kreidebleich und zitterte am ganzen Leib. Langsam sackte sie in sich zusammen.

Die Fremde merkte endlich, was los war, stoppte ihren Redeschwall und machte das Sofa frei.

Die Frau, die Wohnung, alles egal. Er musste jetzt einen Arzt auftreiben, sofort. Ulla brauchte etwas und er auch. Dringend!

Sie hätten länger durchhalten müssen, sie waren zu früh aus dem Krankenhaus getürmt. Man muss den Morphiumkonsum langsam absenken, das wusste er doch als geübter Patient. Es half nichts: Nun musste Stoff her, anders würden sie es nicht schaffen.

Einen Arzt hatte er gefunden, das war kein Problem. Da sei einer gleich um die Ecke, hatte ihm Ulla mit auf den Weg gegeben, und wirklich, sie kannte sich eben aus. Bozener Straße 2, auf dem Schild stand: »Dr. med. G. Benn. 11–12 und 5–6«. Obwohl keine Sprechstunde war, klingelte er. Klingelte noch einmal. Ein untersetzter Mann mit Halbglatze erschien, nicht sonderlich erfreut über die Störung, bat ihn rein. Die Praxis befand sich parterre, wahrscheinlich war es eigentlich das Wohnzimmer.

Er brauchte nicht lange zu erklären, worum es ging. Vielleicht kannte der Arzt seine Frau. Erst lehnte er ab, aber dann kam er doch mit. Es waren nur ein paar Schritte. Auf dem Weg erfuhr Fallada, dass er Glück gehabt hatte: Normalerweise sei er, Benn, um diese Zeit in der Fürsorgestelle für Geschlechtskranke, Hauptstraße 19, falls er sich in Schöneberg auskenne. Außerdem faselte der Arzt noch etwas davon, dass sie Kollegen seien, worauf Fallada nicht einging.

Dann waren sie bei Ulla, und der Doktor setzte die Spritze. Das Morphium sei seine eigene Selbstmordration gewesen, erklärte Benn, doch das hörte seine Patientin schon nicht mehr. Ihre Gesichtszüge entspannten sich, sie schloss die Augen. Der Arzt ließ noch eine Eukodal da. Als er weg war, nahm Fallada die Schmerztablette selbst. Er würde doch seine Frau in ihren seligen Träumen nicht allein lassen.

Er schloss die Augen, schmiegte sich an Ulla und malte sich aus, wie schön es sein wird, wenn die Wirkung der Droge einsetzt. Seine Einschlafphantasie, ein Kindertraum. Allein auf einer Südseeinsel, die Sonne scheint, es ist warm. Nichts stört. Er ist weit weg von allem, was ihn bedrängt. Nichts tun müssen, nie mehr aufstehen.

Er schreckte hoch. Ulla, im fiebrigen Dämmerzustand, hatte sich an ihn geklammert. Sie murmelte unverständliches Zeug. Auch er schwitzte, ihm war heiß und kalt zugleich. Er löste sich von ihr, war aber viel zu matt, um aufzustehen.

Der Inseltraum wollte sich nicht wieder einstellen. Er saß im übervollen Zug, Ulla auf dem Schoß. Suse stand vor ihm, blickte ihn streng an. Sie hakte sich bei Mutter unter, beide waren böse auf ihn, schwenkten bedrohlich einen Korb in seine Richtung.

Es war gar nicht Ulla, die auf seinem Schoß saß, sondern Anneliese. Dieser Bauerntrampel. Hausmädchen bei Familie Fallada in Carwitz und für den Hausherrn noch ein bisschen mehr. Vergeblich versuchte er, sie abzuschütteln. Dann der schrille Ton der Sirene – Fliegeralarm. Alles in der Bahn warf sich zu Boden. Er konnte aber die blöde Anneliese nicht wegschieben, sie lag wie ein Stein auf ihm. Bleierne Schwere, er konnte sich nicht bewegen, bekam keine Luft mehr –

Er wachte auf. Nur ein Traum. Er beruhigte sich und rappelte sich hoch. Wo waren sie?

Die Frau, die ihre Wohnung besetzt hatte, hieß Eva-Maria Schulz-Mario und war Schauspielerin. Angeblich. Vielleicht auch Tänzerin oder Sängerin. Sie hatte einen kleinen Sohn, ihre Mutter lebte mit in der Wohnung. Drei Zimmer hatte die Schulz mit ihrer Bagage belegt.

Großzügig hatte sie ihnen angeboten, in den hinteren Räumen zu nächtigen, aber gleich dazu gesagt: ausgebrannt, unbewohnbar. Wahrscheinlich hatte sie damit gerechnet, das würde sie abschrecken und nach einem Blick ins Zimmer wären sie wieder weg. Aber wohin sollten sie gehen, sie hatten keine Alternative. Zwei der Räume waren völlig indiskutabel, aber einen konnten sie sich herrichten. Sie schauten sich an: besser als wieder auf die Straße. Sperrholzplatten in den Fenstern, so pfiff wenigstens der Wind nicht rein. Ein versifftes, durchgelegenes Sofa, ein windschiefer Tisch, ein wackliger Stuhl. Für ein paar Tage mochte es gehen, bis die Sache auf dem Wohnungsamt geklärt war. Dann würden sich die Schulzens wundern.

Fallada machte sich auf den Weg. Im Hausflur traf er auf die Portiersfrau, auf Berta – für diesen Namen hatte er sich entschieden. Die wollte unbedingt etwas loswerden. Er sei ja nicht da gewesen, sie glücklicherweise an jenem Tag auch nicht. Aber sie habe alles von den Nachbarn erfahren. Der Angriff am 5. Februar, ganz schrecklich. Brandbomben hätten die Dächer entzündet, das Feuer habe sich durch die Etagen gefressen, bis Stockwerk um Stockwerk einstürzte. Der Bahnhof – ein Volltreffer, sechzig Fahrgäste oder noch mehr tot. Die Leichen habe man provisorisch auf dem Bayerischen Platz begraben. Wenn sie jetzt über den Platz gehe, habe sie ein ganz komisches Gefühl … Fallada wollte keine Einzelheiten hören, er ließ Berta einfach stehen. Sie hatten selbst genug schlimme Dinge erlebt.

Er zog los. Berlin wollte erobert werden.

In Berlin hatte man nicht auf ihn gewartet. Das wäre auch zu schön gewesen: ein gemütliches Nest, in das man sich nur noch setzen muss, ein Zuhause, in dem er sich an den Schreibtisch begeben und gleich mit dem neuen Buch beginnen kann. Er wollte endlich wieder arbeiten – während der Monate, als er Bürgermeister in Feldberg spielen musste, hatte er keine einzige Zeile geschrieben. Und Schreiben war doch sein Leben.

Jetzt galt es, die Wohnung zurückzuerobern.

Dieser Teil von Schöneberg war eine Gegend für wohlhabende Leute. Zwei Jahre seiner Kindheit hatte er hier verbracht. Auf dem Weg zum Wohnungsamt machte er einen kleinen Umweg. Die Grunewaldstraße, das waren nur ein paar Schritte, doch von vertrauter Gegend konnte keine Rede sein. Kaum etwas vom Prinz-Heinrichs-Gymnasium war übrig geblieben. Einst war er dort von den Lehrern getriezt worden, jetzt war der wilhelminische Bau dem Erdboden gleichgemacht. Komplett ausgebrannt, nur das Direktorenwohnhaus stand noch. Professor Marcetus, Latein, hatte ihn auf dem Kieker gehabt, ein wahrer Sadist. Fallada hatte sich gerächt, wie es nur ein Schriftsteller kann: Er hatte den verhassten Lehrer in einem Roman verewigt. Leider dürfte Marcetus »Wer einmal aus dem Blechnapf frißt« nicht gelesen haben, während ihm, dem Autor, 45 Jahre später noch immer die Galle hochkam, wenn er an die Demütigungen dachte. Der Deutschlehrer war nicht besser, der hatte zur Gaudi der anderen Schüler an seinen Locken herumgenestelt. Diese blasierten Jünglinge, Schnösel, Söhne von adligen Offizieren und Beamten.

»Selige Sehnsucht«? Er konnte es noch auswendig: »Stirb und werde! / Bist du nur ein trüber Gast / Auf der dunklen Erde.« Ach Gott, Goethe hatte er nie gemocht.

Nein, er hatte keine nostalgischen Gefühle, wenn er an seine Schulzeit zurückdachte. Ein letzter Blick auf die Ruine des Gymnasiums. Hier war nichts mehr zu retten – Abriss. Sei's drum.

Nichts hatte er erreicht.

Er hatte einem sturen Beamtenbock vergeblich klarzumachen versucht, dass die Wohnung Meranerstraße 12 ihnen gehöre, auch wenn sie auf Ewald Losch eingetragen war. Das müsse erst geprüft werden – sonst noch was? Lebensmittelmarken! Erst wenn die Abmeldung der Lebensmittelkarten vom früheren Wohnort vorliege – dass Leute sich doppelt bedienen, wisse man ja. Auf dem mecklenburgischen Kuhdorf habe es gar keine Lebensmittelkarten gegeben, das sei dort überflüssig gewesen? Dann hätte Fallada eben dort bleiben sollen. Ob er denn überhaupt eine Zuzugsgenehmigung vorweisen könne? Nein? Dann besorgen Sie sich doch erst mal die nötigen Papiere. – Der Nächste bitte.

Wenn Fallada an die Szene auf dem Amt dachte, wurde er jetzt noch rot vor Zorn. Dieser Fatzke, was bildete der sich bloß ein! Dass er Hans Fallada war, interessierte hier niemanden. Oder war es vielleicht sogar nachteilig?

Das Bezirksamt befand sich in der Schlüterstraße, in dem Haus, in dem früher die Reichskulturkammer untergebracht war. Da gab es sicher auch eine Menge Akten über Hans Fallada.

Er hatte keinen der Anträge, die man ihm hingeschoben hatte, ausgefüllt. Er war viel zu aufgewühlt gewesen, alles verschwamm vor seinen Augen. Vielleicht war das auch besser so – da er keine Adresse hinterlassen hatte, konnte ihm wenigsten niemand mit einem Zuzugsverbot kommen.

Seine Niederlage auf dem Amt konnte Ullas gute Laune nicht trüben. Sie hatte Besuch von Vera, einer Freundin. Ihrer besten Freundin, wie Ulla gleich betonte. Die beiden kicherten, strahlten um die Wette. Vera würde ihnen in den ersten Tagen zur Hand gehen, verkündete Ulla. Vera hatte Kognak mitgebracht. Auch Fallada konnte jetzt einen Schluck vertragen.

Vera erwies sich als ein wahrer Schatz.

Er hatte sie schon einmal gesehen – bei ihrer Hochzeit hatte sie alles Mögliche organisiert. Sie war, verkündete Ulla lachend, eine Art Familienmitglied. Lange, bis kurz vor Kurts Tod, habe sie bei ihnen gewohnt; auch in ihrem Blockhaus in Feldberg sei Vera oft zu Gast gewesen. Fallada müsste sich doch an sie erinnern.

Vera war eine Quasselstrippe. Ulla stand ihr in nichts nach – wenn die beiden in Fahrt waren, kam er nicht mehr zu Wort. Für seine Ulla hatte er einen neuen Namen: Brandung.

Ulla laborierte an der Wunde am Fuß, das tat verdammt weh. Ihre Schmerzen betäubte sie mit Alkohol. Und er trank mit, schon aus Solidarität.

Fallada konnte sich nicht aufraffen, noch einen Vorstoß beim Wohnungsamt zu unternehmen. Morgen, morgen ganz bestimmt. Heute kam er einfach nicht hoch.

Die Kinder. Das machte ihn unruhig, er hatte Sehnsucht nach Uli, nach der Mücke, dem kleinen Achim. Er hätte sie am liebsten alle drei hier bei sich. Er musste Suse schreiben. Unbedingt, gleich nachher.

Ein Glück, dass es Vera gab. Sie kümmerte sich selbstlos um die Gestrandeten. Besorgte alles, was sie brauchten: Kaffee, Brot, Butter. Getränke. Noch wichtiger: Zigaretten. Alles auf dem Schwarzmarkt, sie hatten doch keine Karten. Das bisschen Geld, das Ulla eingesteckt hatte, 300 Mark – schon am zweiten Tag waren sie pleite.

Geld vom Konto abheben, das war verboten. Kein Problem, meinte Vera. Sie lieh ihnen Geld. Könnten sie zurückgeben, wenn sie ihre Sachen aus Feldberg geholt hätten. Ulla wollte etwas sagen, sank aber wortlos zurück in die Kissen.

Sie hatte Schmerzen. Es half nichts, er musste wieder zu diesem Benn, wie schon die letzten Tage. Er tat das nicht gern – der Doktor war ihm unheimlich. Seltsamer Typ. Ein Mann wie ein Gespenst, dachte er. Diese langsamen Bewegungen, die leise, fast lautlose Art zu sprechen. Die kryptischen Bemerkungen, dass er auch Schriftsteller sei, allerdings nicht so populär wie Fallada.

Aber schließlich versorgte der Arzt sie kommentarlos mit Morphium, sie alle beide. Fallada wusste, wie gefährdet er war. Trotzdem hatte er wieder damit angefangen, schon in Feldberg. War es nicht verständlich bei alldem, was ihm in letzter Zeit widerfahren war? Außerdem: Er liebte Ulla, und wie hieß es doch – mitgefangen, mitgehangen.

Ulla lag im Krankenhaus. Doktor Benn hatte darauf gedrungen – mit einer Blutvergiftung war nicht zu spaßen.

Zu seinem Zustand hatte Benn nichts gesagt, aber Fallada wusste es ja selbst. Er war wieder in den Fängen der Sucht. Es half nichts, er musste die in Neustrelitz eigenmächtig abgebrochene Entziehungskur fortsetzen, um nicht ganz abzurutschen. Also wieder zu Professor Zutt in die Kuranstalten Westend. Fallada hatte dort angerufen, sich selbst angekündigt. Als er um die Ecke in die Nußbaumallee bog, atmete er auf: Von Bombenschäden war nichts zu sehen.

Der Backsteinbau war für ihn fast so was wie Heimat, im Moment jedenfalls mehr als die Wohnung in der Meraner Straße. Jürg Zutt war ein alter Bekannter. Er hatte ihn einmal gerettet, das würde ihm Fallada nie vergessen. Nachdem er, nicht zum ersten Mal, einen Nervenzusammenbruch erlitten hatte, war ihm in einem Sanatorium eine Schlafkur verordnet worden, die Folge war eine schlimme Schlafmittelintoxikation. Ernst Rowohlt, sein Verleger, der ihm einen Besuch abgestattet hatte, hatte dafür gesorgt, dass er sofort in die Bonhoeffer'sche Nervenklinik der Charité verlegt worden war. Das war nun rund zehn Jahre her. Der berühmte Karl Bonhoeffer hatte sich nur selten blicken lassen, betreut worden war er von Zutt. Mit dem Mann hatte sich Fallada auf Anhieb verstanden, mit ihm konnte er sich unterhalten. Zutt hatte gerade an seinem Buch »Zur Psychologie der Sucht« gearbeitet, und da war ihm Fallada ein willkommenes Studienobjekt gewesen. Ihn hatte das nicht gestört, im Gegenteil. Er hatte höchst bereitwillig Auskunft gegeben. Neben der Tätigkeit an der Charité stand Professor Zutt den Kuranstalten Westend vor. Er hatte die Privatklinik im vornehmen Villenviertel gepachtet, wo wohlhabende Patienten in einer »Zauberberg«-Atmosphäre Entziehungskuren machten. Vier- oder fünfmal, manchmal nur ein paar Tage, manchmal einen ganzen Monat und länger, war Fallada in den letzten Jahren hier gewesen.

Die Unterbringung in den Kuranstalten hatte einen großen Vorteil, er musste sich um nichts mehr kümmern. Die letzten Tage hatten ihn überfordert. Es waren so viele Dinge gleichzeitig zu regeln: die Wohnungsfrage, die Lebensmittelkarten, die Zuzugsgenehmigung. Letzteres als Erstes, denn solange sie illegal in Berlin lebten, brauchte er in den anderen Angelegenheiten gar nicht wieder vorzusprechen. Noch eine Niederlage würde er nicht verkraften. War da das Morphium nicht verständlich? Zu viel war über sie hereingebrochen. Die Flucht in die Droge war die Folge, die wiederum Folgen nach sich zog: Den normalen Alltag, nichts konnte er mehr bewältigen. Ohne Veras Schwarzmarkteinkäufe wären sie längst verhungert. Aber die waren teuer – Ulla hatte Vera ihren Brillantring als Pfand gegeben. In den Kuranstalten bekam er regelmäßige Mahlzeiten, wurde versorgt, war geborgen vor den Fährnissen, die in dieser kaputten Stadt auf ihn lauerten. Das Leben hier war nicht weniger teuer, die Rechnung der Privatklinik würde später kommen.

Fallada hätte Ulla liebend gern bei sich gehabt, aber Zutt hatte behauptet, es sei kein Zimmer in der Frauenabteilung frei. Das war gelogen. Fallada wusste es besser – er hatte vorher mit Schwester Hedwig gesprochen –, und er ahnte auch den Grund. Zutt hatte etwas gegen Ulla, er stand auf Suses Seite. Alle liebten Suse, niemand verstand, warum er sich hatte scheiden lassen.

Die Ehe mit Suse schien für immer Bestand zu haben, und

wenn der Krieg nicht gekommen wäre … Leicht erregbar, stets am Rande des nächsten Ausrasters, so war er immer gewesen, daran hatte sich Suse gewöhnt, sie wusste mit seinen depressiven Stimmungen umzugehen. Dass er seit der Nazizeit nicht mehr schreiben konnte, was er wollte, dass er auf harmlose Illustriertengeschichten und schmalzige Filmstorys ausweichen musste, aus denen dann doch nichts wurde … Sein Ruf in der literarischen Welt als anerkannter Schriftsteller war ruiniert, die Verhältnisse hatten ihn zu einem Produzenten von Schundliteratur gemacht. Niemand wusste das besser als er selbst, kein Wunder, dass er immer missmutiger geworden war – Spaß am Schreiben hatte er schon lange nicht mehr.

Das Leben mit ihm war sicher nicht einfach gewesen. Dass ihre Ehe zerrüttet war, war seine Schuld. Aber nicht allein. Fremdgegangen, wie man das so nennt, war er immer schon, darüber wäre Suse schon hinweggekommen. Nicht alles hatte sie gewusst, aber manches doch, und sie hatte ihm verziehen. Aber nun waren die unseligen Verwandten aus Hamburg bei ihnen einquartiert. Tilly, Otto und vor allem »Frau Issel« – Fallada hatte sich nie überwinden können, Suses Mutter zu duzen. Diese Spießer, die nichts wussten von einer gequälten Künstlerseele. Sie hetzten und stichelten gegen ihn. Und es gab Ulla.

Ursula Losch, attraktiv, elegant, entwaffnend. Kein Vergleich mit Anneliese oder einem der anderen Hausmädchen, mit denen er sich eingelassen hatte. Da war plötzlich ein Stück große Welt in der mecklenburgischen Einöde erschienen. Sie liebte ihn – warum gönnte man ihm sein neues Glück nicht?

Zutt war bei dem Aufnahmegespräch nicht zugegen. Fallada war das ganz recht. Der Professor hatte sich, als es in ihrer Ehe bereits heftig kriselte, gegen seinen Willen mit Suse getroffen und zu vermitteln versucht, und das nahm er ihm übel, wie er jetzt merkte. Zutt hatte sich da nicht einzumischen, das ging nur sie beide an. In dieser Sache brauchten sie keine Ratschläge vom Herrn Professor.

Die Aufnahme erfolgte durch Frau Doktor Schmidt-Rost. Man kannte sich von früheren Aufenthalten. Als Stammgast wusste Fallada auch, was er brauchte: Pernocton, am besten intravenös, 5 ccm. Kleinere Mengen würden bei ihm eher das Gegenteil bewirken. Patienten, die die Medikation selbst festlegen wollten, das bedeutete immer Ärger – Frau Doktor war davon wenig erbaut. Fallada sah ihr das an und begann sofort zu plaudern: Früher hätte er sogar 16 ccm bekommen, da seien 5 ccm doch immerhin ein Fortschritt. Im Übrigen sei er in Neustrelitz falsch behandelt worden, dort gäbe es eben nur Chirurgen und Allgemeinmediziner, keine Psychiater, schmeichelte er der Ärztin. Als die Schmidt-Rost nicht wie gewünscht reagierte, schob er nach: In den letzten Tagen habe ihm ein Arzt regelmäßig für die Nacht 5 ccm Pernocton gespritzt, daran sei er jetzt nun mal gewöhnt. Was er nicht erzählte: dass Ulla tagsüber, während er apathisch auf der Couch dämmerte, bei verschiedenen Ärzten noch ganz anderes auftrieb.

Kaum hatte er, was er wollte, überkam ihn eine angenehme Ruhe. Alle Probleme lösten sich auf, das Leben wurde leicht, federleicht. Plötzlich war die Kälte weg, eine unendlich sanfte Woge hob ihn an, eine strahlende Sonne ging in ihm auf, die Wirklichkeit zerstob. Sein Kopf wurde leer. Keine Angst mehr, keine Begierde.

Stundenlang in der Sonne liegen, am Meer. Weißer Sand, nichts als weißer Sand. Das ewig gleiche Rauschen des Wassers. Sein Ich verströmte im Meer. Die Augen waren geschlossen, schwer die Lider. Sie ließen sich nicht öffnen, aber wozu auch. Der warme Körper lag mit seinem ganzen Gewicht im Sand. Arme und Hände losgelöst, weit weg von ihm. Da war nur Sonne, Sonne auf den Lippen, Sonne auf der Haut, Sonne auf der Stirn, nichts als Sonne. Leider dauerte dieser Zustand nicht ewig. Sobald er sich zu verflüchtigen begann, wurde es schlimm.

Er fürchtete die Nächte. Die Angst vor den Alpträumen hatte ihn in die Schlaflosigkeit getrieben, die er mit Alkohol und Tabletten bekämpfte. Die letzte Nacht war wieder scheußlich gewesen, wenig Schlaf, dünner Schlaf mit ekelhaften Träumen. Es waren wiederkehrende Szenarien und Kulissen. Er, im Gymnasium, stand in kurzen Hosen an der Tafel, die ganze Klasse grölte. Professor Marcetus, dieser Sadist, zog ihm die Ohren lang: Wird's bald? Doch er brachte keinen Ton heraus, musste dringend aufs Klo, Marcetus aber ließ seine Ohren nicht los, schleifte ihn auf den Gang, wo ihnen der Direktor entgegenkam, auf ihn herabsah. Da, plötzlich, wurde ihm bewusst, dass er splitterfasernackt war …

Er war wieder auf dem Uhufelsen, sah sich, blutbeschmiert, die Anhöhe hinunterkriechen. Dietrich hatte sein Herz mit einem roten Tuch markiert, Fallada das Ziel sofort getroffen. Dann hatte er die Waffe des Unglücklichen genommen und auf sich selbst gerichtet, abgedrückt, wollte vollenden, was Dietrich nicht geschafft hatte. Unten auf dem Feld pflügte ein Bauer, halb tot torkelte er auf ihn zu. Wie sollte er dem Mann erklären, dass oben sein toter Freund lag und was sie verabredet hatten … Er rutschte den Abhang hinunter, sanftes Wiesengrün, der Weg wollte nicht aufhören und war doch fürchterlich kurz, er musste sich schnell etwas einfallen lassen, etwas ausdenken, was sollte er bloß sagen, niemals würde man ihm glauben …

Träume ließen sich abschütteln, nicht aber das, was Fallada in den letzten Jahren erlebt hatte. Diesem Alptraum entkam er nicht, es war die Wirklichkeit. Die traumatischen Bilder suchten ihn auch tagsüber heim: Die Auseinandersetzung mit Suse war derart eskaliert, dass er – vollgedröhnt, ja unzurechnungsfähig – auf sie geschossen hatte. Der Schuss ging los. Daneben. Er wollte sie doch niemals treffen, aber es hätte leicht passieren können … Mit Ulla im Zug, von Tieffliegern beschossen. Alle warfen sich auf den Boden, eine Frau landete auf Ulla. Auf die Bitte, sie möge doch ein wenig beiseiterücken, rührte sie sich nicht. Hinterher stellte sich heraus, dass die Frau tot war – sie hatte Ulla das Leben gerettet …

Sein letzter Aufenthalt in den Kuranstalten, Februar 1944: Fliegeralarm. Über zwei Stunden saßen sie im Keller, vierzig Minuten ununterbrochener Bombenhagel. Nach der Entwarnung stand er auf dem Dach und sah die Stadt brennen, Haus neben Haus, nah und fern – ein grausiger Anblick.

Das waren Szenen, vor denen er als Schriftsteller verstummte, da versagte er, darüber konnte er nicht schreiben, das Grauen nicht schildern.

Er musste wieder traumlos schlafen, dafür brauchte er Schlafmittel. Pernocton bekam er nicht. Stattdessen Luminal. Fallada kannte das schon: Somnifen, Allional, Chloral, Amylen – alles hatte er schon ausprobiert. Schmidt-Rost legte die Therapie fest: Abends 0,2 g Luminal und 2 g Paraldehyd zur Reserve, am Tag ein- bis zweimal 2 g Paraldehyd. Das Ziel war klar: Reduktion der Schlaf- und Beruhigungsmittel bis zur Arzneimittelfreiheit, Schlafen ohne Schlafmittel. Und das Rauchen extrem zurückfahren, bis zu hundert Zigaretten am Tag, so ging es nicht weiter.

Fallada spielte den braven Patienten, das konnte er gut und hatte auch Erfolg damit. Er wurde von der geschlossenen Abteilung ins Kurhaus verlegt. Nach ein paar Tagen bekam er sogar Ausgang. Er hatte darum gebeten, schließlich müsse er die Wohnungsfrage auf dem Amt klären.

In Wahrheit besuchte er Ulla im Krankenhaus. Es war keine Besuchszeit, aber er machte es dringlich, und die Schwester ließ ihn durch. Ulla hatte leider kein Einzelzimmer, da hatte er es in den Kuranstalten besser. Sie sah so verletzlich aus, wie sie da in ihrem Bett lag. So schutzbedürftig. Die Wunde am Fuß war am Abheilen; sie wollte möglichst schnell aus dem Krankenhaus raus. Er strich ihr zärtlich über die Wange. Sie nahm seinen Kopf, zog ihn an sich, fuhr ihm durchs Haar und flüsterte ihm etwas ins Ohr: Vera sei dagewesen und habe etwas mitgebracht. Als er ging, war sie hochgestimmt, und er versprach, gleich morgen wiederzukommen.

Zurück in die Kuranstalten. Er wirkte ruhig und ausgeglichen, wie die Nachtschwester vermerkte. Die Schmidt-Rost konnte Fallada jedoch nicht täuschen. Bei der Morgenvisite entging ihr nicht, dass der gut ausgeschlafene Patient leicht lallte. Sie verdächtigte ihn, sich draußen etwas besorgt zu haben, was er entrüstet zurückwies. Er doch nicht! Eigentlich war die Entrüstung nur gespielt, doch steigerte er sich derart hinein, dass er richtig zu wüten begann mit der Folge, dass er wieder auf der Geschlossenen landete. Morgen würde Ulla vergeblich auf ihn warten.

Ganz allein in einem Zimmer. Zeit totschlagen. Er war auf sich zurückgeworfen, musste jede Stunde irgendwie rumbringen, worüber er nicht einmal unglücklich war. Hier konnte er lesen, schlafen, schreiben, im Zimmer auf und ab gehen. Niemand wollte etwas von ihm. So war es ihm am liebsten – in einem geschützten Raum, die Wirklichkeit musste draußen bleiben. Die Anstalt war eine Insel – Robinson im Gefängnis, das war eine Lieblingsvorstellung von ihm, so hatte er einmal einen Roman nennen wollen. Das musste um 1925 gewesen sein, lange her. Damals hatte er einen Morphiumentzug hinter sich, saß wegen Unterschlagung im Gefängnis.

Wenn er sein Leben überdachte … Sein Leben als Autor zerfiel in drei Abschnitte. Es waren drei Schriftstellerleben, jedes verbunden mit einer Frau. Die ersten beiden Romane, die er später nicht mehr anerkannte, waren verknüpft mit Anne Marie Seyerlen. Dann die Bücher, die ihn zu einem Erfolgsautor gemacht hatten, das waren die produktiven Jahre mit Suse. Nun musste er zum dritten Mal neu anfangen, aus dem Nichts heraus, mit Ulla an seiner Seite. Sie war jung, das übertrug sich auf ihn, den alten Zausel, der seine hochfliegenden Literatenträume begraben hatte. Aber die Nazizeit war vorbei, er hatte nichts mehr zu befürchten. Er konnte, ja musste ganz anders schreiben als bisher. Eine neue Zeit, eine neue Liebe – warum sollte es ihm nicht gelingen?

Ulla war auf dem Weg nach Feldberg. Allein. Fallada hatte nicht mitgewollt, er wartete lieber in Neustrelitz.

Sie hatte dem Landrat erfolgreich einen Wagen abgeschmeichelt. Ja, seine Ulla war eine attraktive Frau, wenn sie mit ihrem Charme um etwas bat, welcher Mann konnte da nein sagen. Er hatte das aus gutem Grund ihr überlassen, schrieb unterdessen Suse einen Brief.

Vor vier Tagen waren sie wieder nach Hause gekommen, wobei es schwerfiel, das ungastliche Zimmer als Zuhause zu bezeichnen. Ihre Habseligkeiten lagen überall herum, hier konnte er unmöglich arbeiten. Ein einziger Kochtopf war noch da. Es hatte ein paar unschöne Diskussionen gegeben, als sie ihr gutes Besteck bei der Schulz entdeckten. Doch sie hatten sich wohl oder übel aufs Neue mit ihr arrangiert.

Fallada wäre lieber noch länger in den Kuranstalten geblieben, aber als Ulla aus dem Krankenhaus entlassen wurde, konnte er sie inmitten des Chaos doch nicht allein lassen. Es war klar, was sie als Erstes tun müssten: ihre Sachen aus Feldberg holen. Für die Möbel und Bücher hätten sie einen Laster und Fuhrleute gebraucht, das war nicht zu organisieren. Ulla meinte zwar, sie habe da einen Bekannten, doch Fallada blieb skeptisch. Darauf warten konnten sie nicht, sie brauchten Wäsche und Kleidung, und zwar dringend.

Selbst mit dem Brillantring, den Vera verkaufen wollte, würden sie nicht mehr weit kommen – außerdem seien die

Preise für Schmuck angeblich extrem gefallen, wenn man der Freundin glauben durfte. Wie auch immer. An ihre Bankkonten kamen sie nach wie vor nicht ran, Lebensmittelkarten waren keine in Sicht – Ulla musste aus Feldberg alles mitbringen, womit sich Geschäfte machen ließen. Sie konnten nicht ewig auf Kredit, das heißt von Veras Gnaden leben – irgendwann würde sie die Rechnung aufmachen.

Ulla schien sich darüber keine Gedanken zu machen. Sie blieb das naive Menschenkind, lebte in den Tag hinein, kannte keine Sorgen um morgen. Fallada dagegen fühlte sich jeden Tag mehr in seinem tiefsitzenden Misstrauen bestätigt. Die schreckliche Wohnungsnot, die katastrophale Versorgungslage – die Menschen rückten in der Zeit der Not nicht zusammen, ganz im Gegenteil. Im Kampf ums tägliche Überleben kannte jeder nur sich selbst. Es waren Wolfszeiten, schlimmer als im Krieg.

Zudem wollte Ulla in Feldberg auch ihre Tochter Jutta abholen. Fallada hatte bei Suse schon einmal vorgefühlt, ob nicht zumindest der Uli, der doch in Carwitz die Schule nicht fortsetzen konnte, nach Berlin … Suse hatte ihm eine barsche Abfuhr erteilt: Unter *normalen* Verhältnissen, »normalen« hatte sie dick unterstrichen, wäre es nur natürlich, dass Uli zu ihnen käme, um eine Schule in Berlin zu besuchen. »Aber Du wirst Dir ja wohl denken können, dass ich weiß, was für eine Bewandtnis es zur Hauptsache mit Eurer Krankheit hatte. Und in Berlin habt Ihr natürlich auch immer wieder Möglichkeiten, zu solchen Mitteln zu gelangen. Dass ich unter diesen Umständen auch den Uli für sehr gefährdet bei Euch halte, ist wohl verständlich.« Seinen Brief habe sie voller Zorn in die Ecke geschmissen. Das war an Deutlichkeit nicht zu überbieten.

Was sollte er ihr antworten? Dass sie zur Ursache machte, was doch nur die Folge war, dass er als Bürgermeister unter wahnsinnigem Druck gestanden hatte, geradezu sadistisch gequält worden war von Major Miasnik und diesem Dolmetscher Iwan. Sie hatte es doch miterlebt. Er hatte im letzten Moment verhindern können, dass die Russen Uli für einen Werwolf hielten – wo er da gelandet wäre, ob sie ihn überhaupt je wiedergesehen hätten, das wollte er sich lieber gar nicht ausmalen. Suse selbst hatte – das wusste er von Mutti – Schlimmes durchgemacht, auch sie war vergewaltigt worden. Doch dann war er mit Ulla aus dem Blockhaus in Feldberg ins Bürgermeisterhaus umgezogen und hatte Suse, die Kinder und Mutti zu sich nach Feldberg geholt. Dort, in der Prenzlauer Straße, war genügend Platz für sie alle, vor allem konnte er hier die Frauen vor den Russen schützen. Sie profitierten zudem von der besseren Versorgung, die ihm sein neues Amt garantierte. Ulla war nicht sonderlich begeistert gewesen, sie befürchtete pausenlosen Krach mit Suse, doch das war erstaunlich gut gegangen. Irgendwie waren die beiden Frauen miteinander ausgekommen. Selbst Mutti hatte die neue Schwiegertochter akzeptiert.

Nach seinem Zusammenbruch mussten sie die Bürgermeisterwohnung räumen. Während Fallada mit Ulla im Neustrelitzer Krankenhaus lag, musste Suse den Umzug allein organisieren. Jetzt lebte sie mit den Kindern wieder in Carwitz. Die Möbel aus dem Bibliothekszimmer hatte sie zusammen mit den meisten Büchern in das Losch-Haus in Feldberg bringen lassen. Die anderen Möbel befanden sich auf Heini Godenschwegers Veranda und warteten darauf, abgeholt zu werden. Die mussten weiter warten.

Fallada hatte ein schlechtes Gewissen und bat Suse um Verzeihung. »Eine schwere Zeit liegt hinter uns«, schrieb er. »Ulla bekam gleich eine schwere Blutvergiftung am Bein und musste fast vier Wochen im Krankenhaus liegen.« Dass er in den Kuranstalten gewesen war, verschwieg er lieber. »Vorläufig leben wir in der alten Wohnung wie die Zigeuner«, eine Feststellung, die wenig geeignet war, Suse dazu zu bewegen, Uli in seine Obhut zu geben. Im nächsten Absatz versuchte er Land zu gewinnen: Uli könne jederzeit zu ihnen kommen. »Wir leben völlig unbelästigt im amerikanischen Sektor. Geld kann ich Dir leider noch keines schicken« – die Unterhaltszahlungen, das war ein schwieriges Thema –, »im Moment habe ich noch nicht die geringsten Verdienstmöglichkeiten, wir leben vorläufig vom Verkauf von Ullas Schmuck. Aber ich werde bald mit den englischen Verlegern Verhandlungen aufnehmen können.«

Er hatte Suse im Stich gelassen. Die Flüchtlinge, die sie hatte aufnehmen müssen, waren eine zusätzliche Belastung, dazu keine Hilfe auf dem Hof. Sie kümmerte sich um die drei Kinder, seine alte Mutter, den Haushalt, das Essen. Und um die Bienen, das hatte er ihr kurz vor dem Zusammenbruch noch aufgetragen. Dass Jutta mit ihrer Omi Piep, wie sie ihre senile Großmutter nannte, wieder in dem Blockhaus unterkam, auch darum hatte sich Suse gekümmert.

Suse konnte zupacken, hatte alles im Griff, ganz anders als er. Und sie war ein wunderbarer Kamerad, auf sie konnte er sich immer verlassen. Warum war es zwischen ihnen bloß schiefgegangen. Gut, er war, wie drückte der Herr Medizinalrat es aus, »stets sexuell sehr appetent«. Tatsächlich war sein sexueller Appetit groß, vor ihm war keines ihrer Hausmädchen sicher gewesen – vor Anneliese war es die Gertrud, genannt Tütchen, 18 Jahre jung. Da ging es einfach um Sex, daran hatte Suse seit Langem kein Interesse mehr – also?

Mit Ulla war das etwas anderes, die verstand sich auf erotische Inszenierungen und Spiele, ihr machte es Spaß, sich zu präsentieren und den Mann in ihm zu reizen. Das mochte er, genoss es geradezu.

Niemand verstand ihn, alle meinten, er hätte sich niemals von Suse scheiden lassen dürfen. Selbst Väterchen Rowohlt, der sich jedes Kommentars enthalten hatte, war anzumerken, dass er auf Suses Seite stand.

Oder Evchen, die Witwe vom dicken Willi, Arzt und Freund seit Schultagen, auch sie war gegen ihn. Der gute

Wilhelm Burlage war bei einem Bombenangriff ums Leben gekommen, verschüttet im Luftschutzkeller, während seine Frau mit dem Hund draußen geblieben war – Hunde durften nicht mit in den Keller. Suse hatte Evchen daraufhin in Carwitz aufgenommen, und die beiden Frauen hatte sich verbündet – gegen ihn.

Aber er wollte keinen Krieg, schon wegen der Kinder nicht. »Wie oft ich an Dich und Uli, Mücke und Achim in dieser Zeit gedacht habe, kann ich gar nicht sagen«, spann er den Faden weiter. Am 1. Oktober würde der Schulbetrieb wieder aufgenommen, Uli könnte bei ihnen wohnen und das Prinz-Heinrichs-Gymnasium besuchen, seine alte Penne. Dass die Schule ein Trümmerhaufen war, musste er ihr ja nicht erzählen. Oder wolle Uli lieber eine Elektrolehre machen? Auch dann »käme er besser zu uns nach Berlin«. Das waren doch Argumente, denen sich Suse nicht verschließen konnte. Oder?

Früher als erwartet war Ulla aus Feldberg zurück. Sie trug ihren Pelzmantel – Ende September! Mit dem Mantel im Koffer hätte nichts anderes mehr hineingepasst. Jutta war maulig, aber als er Omi Piep nachmachte, musste sie lachen. Mit Kindern konnte er, zu ihnen fand er schnell einen guten Draht.

Ulla war noch ganz aufgeregt. Die Russen hatten die Fahrräder beschlagnahmt, alle drei. Und die Schreibmaschine war weg – ob die Russen sie mitgenommen oder jemand anders sie geklaut hatte, wer weiß. Man hatte ihr gesteckt, dass Major Miasnik informiert werden wollte, sollten Herr oder Frau Fallada in Feldberg auftauchen – das konnte nichts Gutes bedeuten. Also schnell den Koffer gepackt, Jutta an die Hand genommen und nichts wie weg.

In Neustrelitz wollte sie keinesfalls bleiben. Wann ging der nächste Zug? Ob er seinen Brief an Suse noch nicht fertig hatte?

Es fehlte noch der Schluss. »Grüße die Kinder sehr, sehr

herzlich von mir, auch den ollen Achim von seinem ollen Papa. Und die Mücke. Und den Uli. Was für ein Leben! Oft tut uns das Herz weh, wenn wir an Euch denken.« Ulla wurde langsam unruhig. »Mutter und Dir nur Gutes.«

War's das?, fragte Ulla. Nur noch ein kleines PS. »Wenn du noch etwas von dem zugesagten Honig hast …«

Auf der Straße traf er Doktor Benn. Der Arzt hatte einen intus, das war offensichtlich. Mit dem Schriftsteller Rudolf Kurtz sei er beim Wirt Flint gewesen, der Apotheker Gerhard Wilcke sei später dazugestoßen und habe sich als Erster wieder verabschiedet, Kurtz hätte dann zum Zug gemusst. Ob Fallada Lust hätte, noch auf ein Gläschen mitzukommen?

Da konnte er nicht nein sagen, obwohl ihm der Mann nicht sympathisch war, ein seltsamer Zeitgenosse, doch schließlich verabreichte er Ulla ihre Spritzen und versorgte ihn selber mit Schlafmitteln. Natürlich wusste Fallada inzwischen, dass dieser Doktor der Dichter Gottfried Benn war, auch wenn er nie etwas von ihm gelesen hatte.

Bei ihm zu Hause war er, abgesehen von dem ersten Abend, noch nie gewesen. Die benachbarten Häuser standen alle nicht mehr, auch im Hinterhof nur Trümmer. Benn bewohnte zwei Zimmer, das mit dem Fenster zur Straße diente als Praxis. Von dort holte er einen zweiten Stuhl.

Zweimal pro Woche zwei Stunden in der »Fürsorgestelle für Geschlechtskranke«, ansonsten Privatpraxis. Lief gut, verriet er. Seine »Spezialität« habe Konjunktur. Er sei ein »Tagelöhner in Geschlechtskrankheiten«, schon wegen der Vergewaltigungen durch die Russen und ehemaligen Zwangsarbeiter.

Das Wohnzimmer, Benn sprach von Herrenzimmer, wurde von einem riesigen Schreibtisch beherrscht, auf dem sich Papierberge türmten. Eigentlich sei das kein Raum zum Schreiben, meinte der Hausherr und verwies auf einen Bündel Briefe (die er nicht beantworten) und einen Stapel eingesandter Manuskripte (die er doch nie lesen würde). »Hier kritzele ich mit einer schwierigen Handschrift, die ich selber nicht lesen kann, bis es so weit ist, dass ich an die Schreibmaschine gehe, die auf dem Mikroskopiertisch seht.« Die Methode war Fallada vertraut, er hatte sie sogar verfeinert: Es schrieb ebenfalls kaum lesbar mit der Hand, es folgte – das war der erste Bearbeitungsschritt – die Übertragung in Schönschrift, erst danach kam die Schreibmaschine zum Einsatz.

Leutselig plauderte der sonst eher verschlossene Gastgeber. Er habe keine großen Ansprüche. »Ich brauche nur eine Kneipe und eine Apotheke.« Weit müsse er dafür nicht gehen: Sein Stammlokal war Otto Flints Bierkneipe in der Innsbrucker Straße; die ausgebombte Apotheke von Gerhard Wilcke, früher Bayerischer Platz 11, befand sich jetzt auf der gegenüberliegenden Seite, Hausnummer 6.

Benn war noch ganz aufgekratzt von der Begegnung mit Kurtz, den er anscheinend lange nicht gesehen hatte. Man kannte sich aus alten Tagen, hatte sich trotz zunehmender politischer Differenzen nie ganz aus den Augen verloren. Der Doktor zeigte Fallada stolz einen Artikel aus dem »Querschnitt« von anno dazumal. »Reise um Benn«, hatte Rudolf Kurtz geschrieben: »Ein Lamm mit Belladonnaaugen. Parzifal mit dem Kokainlöffel. Kaspar Hauser, um eine verschminkte Hure psychoanalytisch bemüht.« Oder hier – Benn deutete auf eine andere Textpassage: »die Welt als den objektiven Geist in der Morphiumspritze sehend«.

Das war Fallada zu hochgestochen. Expressionistischer Quark – so hatte er auch einmal geschrieben, aber diese Epoche gehörte glücklicherweise der Vergangenheit an. An die Romane »Der junge Goedeschal« und »Anton und Gerda« wollte er nicht erinnert werden, zählte sie nicht einmal mehr zu seinen Werken. Er habe sie doch nur auf Anraten, fast auf Befehl einer Frau geschrieben. Benn lächelte wissend: »Frau Anne Marie Seyerlen zu eigen«. Fallada war verblüfft – Benn zitierte die Widmung seines Debüts, das seinerzeit völlig untergegangen war. Es stellte sich heraus, dass er mit Egmont Seyerlen befreundet war.

Seyerlen hatte vor mehr als fünfundzwanzig Jahren den Kontakt zu Rowohlt hergestellt, wo 1920 dann Falladas erster Roman erschienen war. Als Seyerlen nach jahrelanger Abwesenheit von einer Militärmission in der Türkei zurückgekehrt war, die Widmung gelesen und erfahren hatte, dass seine Frau eine Affäre mit dem Autor hatte, war er nicht gerade erfreut gewesen. Die Ehe war in die Brüche gegangen, Falladas Beziehung mit Anne Marie auch. Er hatte sich eine Liaison zu dritt erträumt. Bei Miami, wie Fallada sie in seinen schwärmerischen Liebesbriefen nannte, hatte er erstmals sexuelle Erfüllung gefunden.

Benn war über alles bestens informiert. Er bewunderte Egmonts Abenteurertum, der überall in der Welt zu Hause war, dubiose Geschäfte betrieb – sogar Waffenschiebereien wurden ihm nachgesagt –, gleichzeitig war er ein erfolgreicher Berater und Sanierer, hatte Rowohlt aus der Verlagskrise geholfen und sein Geschick als Manager großer Industriefirmen bewiesen, hatte die Überführung der Genossenschaftsbetriebe in die Deutsche Arbeitsfront bewerkstelligt, kurz: ein Tausendsassa, Benn lobte den Freund über den grünen Klee.

Dann schlug die Stimmung um. Benn hatte sich nicht ohne Grund betrunken. Vor ein paar Tagen habe er das Grab seiner Frau Herta besucht. In Neuhaus an der Elbe, wo er sie Anfang April einquartiert hatte in der Hoffnung, dass sie dort sicher wäre. Als mit dem Wechsel der Besatzungsarmee der Ort nicht länger zur englisch-amerikanischen Zone gehörte, sondern den Russen zugeschlagen wurde, hatte sie sich im Juli das Leben genommen. Mitten auf der Landstraße, mit einer Überdosis Morphium. Benn räusperte sich, hatte einen Kloß im Hals, fing sich dann wieder. Offensichtlich hatte er das Gefühl, er müsste sich Fallada offenbaren. Gegen die Schmerzen nehme er Pyramidon und jeden Abend Punkt neun Uhr eine Phanodorm oder Lubrokal. Fallada dachte sich sein Teil – wenn man sich selbst das Rezept ausstellen kann, dann ist das kein Problem.

Benn erzählte, dass er seine Manuskripte über den Krieg gerettet hatte, indem er sie einem Freund in Fischerhude bei Bremen zur Aufbewahrung anvertraut hatte. Drei Bücher, druckfertig, er musste nur noch einen Verlag finden. Fallada fragte nicht weiter, er dachte an seine eigenen Manuskripte. Der Krieg hatte verhindert, dass seine letzten Romane, nachdem der Rowohlt Verlag dichtgemacht worden war, einen neuen Verleger fanden. Unterhaltungsromane, nichts Großartiges, aber wollten die Leute nicht gerade jetzt Ablenkung von der tristen Wirklichkeit? Wo waren diese Manuskripte – noch bei Rowohlt?

»Ich glaube, man muss sich beeilen, wenn man eine Rolle spielen will. Alle möglichen ganz unbekannten Leute scheinen sich schon wieder um die Futterkrippe zu drängen.« Benn plante ein Comeback, wusste aber nicht, wie. Es hätten sich schon neue Vereine, Bünde, Kammern, Gruppen zu bilden begonnen – doch er sei nicht aufgefordert worden, sich zu beteiligen. Er habe keine Ahnung, ob sein Name auf schwarzen, grauen oder sonst wie kolorierten Listen stehe, das würde ihn auch nicht interessieren. Im Übrigen sei er nie Pg. – Parteigenosse – gewesen, im Gegenteil im »Schwarzen Korps« angepöbelt und aus der Reichsschrifttumskammer hinausgeworfen worden.

Fallada schwieg. Die wiederholte Versicherung, kein Nazi gewesen zu sein, machte jemanden erst recht verdächtig. Aber was ging ihn das an? Ihn beschäftigte vielmehr die Frage, ob er selbst wohlgelitten war. Er hatte kein Treuegelöbnis auf den Führer gesprochen, stand bei den Nazis auf der Liste der unerwünschten Autoren – da müsste er jetzt doch eigentlich erwünscht sein.

Keinen Finger werde er rühren, erklärte Benn, um mit den neuen Machthabern in Tuchfühlung zu kommen. Die ganze Literaturszene sei ihm unendlich fern. Fallada wollte ihm das nicht glauben – hatte Benn nicht vorhin davon gesprochen, dass er für drei Bücher einen Verlag suche? Peter Suhrkamp habe sich gemeldet, aber dem hätte er die kalte Schulter gezeigt. Kurz vor Kriegsende war Suhrkamp im KZ Sachsenhausen interniert, im Februar aber überraschend wieder entlassen worden. Nun galt er als Opfer des Faschismus und hatte die erste Verlagslizenz in der britischen Zone erhalten.

Fallada kannte Suhrkamp und mochte ihn auch nicht. Kennengelernt hatte er ihn, als dieser noch Redakteur beim Ullstein-Magazin »Uhu« gewesen war und dort einige seiner besten Geschichten gedruckt hatte. Dann ging Suhrkamp zu S. Fischer. Das S. stand für Samuel; Bermann Fischer musste in der Nazizeit emigrieren, und Suhrkamp übernahm als Treuhänder. In den Büchern stand nun »Suhrkamp Verlag vorm. S. Fischer«. Für Fallada war Peter Suhrkamp ein »Erbschleicher«.

Benn wies erneut auf die Briefe auf seinem Schreibtisch. Das waren gar nicht, gestand er, Briefe an ihn, sondern Briefe von ihm an alte Bekannte, um sich wieder ins Gespräch zu bringen – nur hatte er keinen davon abgeschickt.

An seiner Stelle würde er das tun, meinte Fallada, als er sich im Gehen noch einmal umwandte.

Fallada hatte es nicht weit – ein paar Schritte, einmal um die Ecke, dann stand er vor seinem Haus. Das Licht im Treppenhaus ging nicht. Nicht zum ersten Mal hatte jemand die Glühbirne geklaut. Wozu gab es eine Portiersfrau – Berta müsste besser aufpassen.

Er hatte Ulla zu Hause erwartet, aber sie war noch nicht zurück von ihrem Beutezug. Hoffentlich war sie nicht in eine Razzia geraten. Viel konnte einem da nicht passieren, schlimmstenfalls wurde einem die Ware abgenommen. Aber eine Feststellung der Personalien mussten sie fürchten: Sie hatten noch immer keine Zuzugsgenehmigung, keine Arbeitsbescheinigung, lebten weiter illegal hier. Fallada wurde unruhig. Wo Ulla nur blieb?

Das Gespräch mit Benn ging ihm nach. Der Doktor hatte sein Auskommen, der konnte warten, bis seine Sachen wieder gedruckt wurden. Aber er, Fallada, musste dringend Geld verdienen mit seiner Schreiberei. Aber wie?

Suhrkamp, der war auch für ihn nichts. Er hatte den Mann immer schon für einen Intriganten gehalten, der ihn und Ernst Rowohlt auseinanderzubringen suchte. Väterchen sah das anders, meinte, Fallada täte Suhrkamp unrecht. Jedenfalls hatte Suhrkamp, kaum dass er im Fischer Verlag war, die dort erscheinende »Neue Rundschau« vollgeschrieben, unter anderem mit dem seltsam verschwurbelten Artikel »Der Erzähler Hans Fallada«, einem Eiertanz sondergleichen. Daran änderte auch das Pseudonym Charles du Bos nichts, es wusste doch jeder, wer dahintersteckte. Nein, Suhrkamp kam nicht in Frage.

Umso mehr vermisste Fallada sein Väterchen. Was hätte er dafür gegeben, sich mit olle Rowohlt beraten zu können. Aber der Kontakt war abgerissen. Am 26. März hatte Rowohlt noch vergeblich versucht, Fallada telefonisch zu erreichen, bevor er sich des Nachts nach Hamburg davongemacht hatte. Er hatte sich verdrückt, um Berlin nicht mit dem Volkssturm gegen die Russen verteidigen zu müssen. Nun saß er in Hamburg, das hieß: britische Zone, und man konnte nicht einmal Briefe wechseln, von Reisen und persönlichen Treffen ganz zu schweigen. Fallada hatte sogar das Gerücht gehört, sein Verleger befinde sich in amerikanischer Gefangenschaft, was er allerdings nicht glaubte.

Benn hatte ein Loblied auf den Schwarzmarkt gesungen, »das einzige Geschäft, das heute seinen Mann ernährt«. Für hundert Mark gebe es zwei Pfund Kaffee oder eine Spritze. Fallada kannte da von Ulla ganz andere Preise, er selbst war gänzlich ungeeignet für derlei Fischzüge.

Endlich kam Ulla zurück. Tatsächlich, eine Patrouille hatte sie aufgehalten, Amis. Kavaliere, einer von den Jungs hatte ihr sogar Zigaretten geschenkt. Chesterfields, acht Stück! Sie war bester Laune, so mochte er seine Ulla. Für ihre gute Stimmung hatte ein zuvorkommender Arzt gesorgt. Ulla kicherte: Er habe ihr im Pyjama geöffnet und sofort eine Spritze gesetzt. Für Fallada hatte er ihr Tabletten mitgegeben, sie würde ihren Mann doch nicht vergessen.

Für Kartoffeln hatte das Geld nicht mehr gereicht. Aber brauchten sie heute noch Kartoffeln?

Was er dringend brauchte, um endlich wieder arbeiten zu können, war eine Schreibmaschine. Ulla stutzte: Das hatte sie bisher nicht auf dem Einkaufszettel gehabt. Vielleicht auf dem neuen offiziellen Tauschmarkt in der Brunnenstraße. Was gab man für eine Schreibmaschine? Auf den Pelzmantel reflektierte bereits Vera, versprochen war versprochen.

Fallada wurde ungehalten – er war Schriftsteller, er brauchte eine Schreibmaschine. Gleich morgen würde er sich Briefpapier drucken lassen, um Redaktionen und Verlage anzuschreiben. Und er würde, doch diese Bemerkung verstand Ulla natürlich nicht, die Briefe auch abschicken.

Ulla lachte nur, zog ihn zu sich auf die Couch. Fallada wollte protestieren, wehrte sich halbherzig. Gab dann nach. Ulla machte doch, was sie wollte. Und er ließ sich nur zu gern verführen. Er wollte einfach gut schlafen und schluckte eine der Tabletten. Benn tat das schließlich auch. Morgen würde er anfangen, sich um Aufträge zu bemühen. Redaktionen abklappern, bei Verlagen anklopfen, überhaupt sich neu orientieren. Heute wollte er nicht länger nachdenken. Erst einmal ausschlafen. Er legte sich zu Ulla, suchte ihre Wärme. Sie war bereits im Reich der Träume, da wollte er auch hin, alles vergessen, wegschieben auf morgen, morgen …

Alte Kontakte wieder auffrischen – das war gar nicht so leicht, denn er hatte eigentlich keine. Vom Literaturbetrieb hatte er sich stets ferngehalten. Lesungen, Interviews, Auftritte bei Veranstaltungen so gut es ging vermieden. Am Austausch mit Kollegen war er nie sonderlich interessiert gewesen, er war weder Mitglied eines literarischen Zirkels, noch traf er sich mit anderen Schriftstellern in geselliger Runde. Ja, früher in Berlin, da kannte er durch den Verlag wenigstens einige Autoren, aber seit er sich in der mecklenburgischen Einöde vor den Nazis verkrochen hatte, war Ernst Rowohlt sein einziger Kontakt gewesen, und der wohnte jetzt fernab in der britischen Zone.

Wenn er allerdings überlegte, kannte er doch einige Leute bei Ullstein: die Redakteure in der sogenannten Romanabteilung. Dort war Lesestoff für die verschiedenen Ullstein-Blätter ausgewählt und für den Vorabdruck als Fortsetzungsroman zurechtgestutzt worden. Fallada hasste diese Arbeit, aber natürlich konnten seine 600-Seiten-Schinken nicht ungekürzt in Zeitungen oder Zeitschriften erscheinen, und jeder Vorabdruck spülte ordentlich Geld in die Kasse. Besonders lukrativ war es gewesen, wenn der Verlag ein Buch bei der »Berliner Illustrirten« unterbrachte. Das Blatt hatte eine Auflage von zwei Millionen gehabt. Wenn ein Roman über ein paar Wochen lief, war das zugleich die beste Werbung.

Nur waren diese Zeiten längst vorbei. Daran ließ sich nicht mehr anknüpfen, das war Fallada bewusst, als er sich durch die Ruinenlandschaft auf den Weg machte. Vom Bayerischen Platz war zwar nicht viel übrig geblieben, aber wenigstens fuhren die öffentlichen Verkehrsmittel recht zuverlässig. Er musste von der U-Bahn in die S-Bahn umsteigen, in Tempelhof dann in die Elektrische, Linie 99, alle vier Minuten, bis Friedrich-Karl-Straße. Auch hier lagen ganze Häuserzeilen in Trümmern, am Straßenrand Schuttberge. Die letzte Strecke zu Fuß, über eine Behelfsbrücke, die die beiden Ufer des Teltowkanals verband. Das traditionelle Zeitungsviertel rund um die Kochstraße hatten die Alliierten wegbombardiert, aber das imposante Ullsteinhaus stand noch. Das war gewiss kein Zufall: Das Backsteingebäude mit dem mächtigen Turm konnte man kaum verfehlen, selbst wenn man gewollt hätte. Die Russen hatten mit der Demontage der Druckmaschinen begonnen, als noch gekämpft wurde. Inzwischen gehörte Tempelhof zum amerikanischen Sektor, zwei GIs mit MPs standen Wache. Es war kein Geheimnis, dass die Amis die Herausgabe einer Zeitung planten, um der Ostpresse etwas entgegenzusetzen.

Fallada ging zum Haupteingang in der Ullsteinstraße, von den Nazis in Zastrowstraße umbenannt. Das Ullsteinhaus hieß auch nicht mehr Ullsteinhaus, sondern »Deutsches Haus«. Aber die steinerne Eule wachte noch immer über dem Eingang, und den Namen Ullstein hatten die Nazis nicht aus den Köpfen der Berliner tilgen können, vom »Deutschen Verlag« sprach niemand.

Von außen sah alles aus wie immer, aber die Eingangshalle … Hier hatte es gebrannt, die Wände waren rußgeschwärzt, Fallada meinte noch den Brandgeruch zu riechen. Zwischenwände waren eingestürzt – früher ein repräsentatives Entree, jetzt eine riesige kahle Halle. Der Portier war noch der alte. Wusste, wer Fallada war, er brauchte sich nicht weiter vorzustellen. Unaufgefordert begann der Mann zu erzählen: Bis auf den Brandschaden sei das Ullsteinhaus verschont geblieben. Die großen Löcher in den Wänden? Das waren die Russen. Für den Abtransport der Rotationspressen hätten sie Öffnungen in die Außenmauern geschlagen. Aus den oberen Stockwerken hatte man die schweren Maschinenteile mit Flaschenzügen in den Hof hinuntergelassen, manchmal auch einfach – der Portier ereiferte sich jetzt noch darüber – auf gestapelte Papierballen fallen lassen.

Als der empörte Mann nach Luft schnappte, nutzte Fallada die Gelegenheit. Er fragte nach Erik Reger. Dritter Stock, der Portier zeigte Richtung Treppe, der Fahrstuhl war noch nicht wieder in Gang. Was Reger betraf, so hegte er ihm gegenüber gemischte Gefühle. Einen extra für die »Berliner Illustrirte« geschriebenen Roman hatte der einmal rüde abgelehnt und ihn behandelt wie einen Schuljungen: Thema verfehlt, hinsetzen, 6. Zwei Jahre später hatten sie, wohl oder übel, eng zusammengearbeitet, als das Blatt den Roman »Die Frauen und der Träumer« brachte. Schrecklicher Titel, aber für ein Honorar von 15 000 Reichsmark konnte man schon mal Konzessionen machen. Es blieb nicht die einzige. Vereinbart gewesen war, dass die Illustrierte etwa ein Viertel des Romans bringen würde »unter Bevorzugung der helleren Partien und unter strikter Ausschaltung alles Widrigen«. Reger hatte aus 900 Manuskriptseiten um die 200 destilliert und war damit in Carwitz angereist, um notwendige Überleitungen und neue Szenen zu besprechen. Der Mann war ein Arbeitstier, bienenfleißig, nie zufrieden mit einem holprigen Übergang, einer weniger glücklichen Wortwahl – dabei ging es doch nur um eine Illustrierte, da lasen die Leute drüber weg. Sie hatten tagelang an der Umarbeitung geschanzt, Fallada hatte einige Passagen kräftig umschreiben müssen, die Reger den Lesern nicht zumuten wollte. Schreiben wie vorgegeben, das schmeckte ihm gar nicht. Er hatte sein Autorengewissen damit beruhigt, dass der Roman, der eigentlich »Die Eroberung von Berlin« hieß, bei Rowohlt erscheinen würde – leider kam es nie dazu, der Krieg machte den Plan zunichte.

Nun saßen sich die beiden Rowohlt-Autoren in einem kleinen Büro gegenüber. Regers Roman »Union der festen Hand« hatte 1931 Aufsehen erregt und war mit dem Kleist-Preis ausgezeichnet worden – den hätte Fallada damals auch gern bekommen, zumindest hätte man ihn teilen können, sein »Bauern, Bonzen und Bomben« war genauso ein Zeitroman und bestimmt nicht schlechter. Mehrfach waren sie sich auf dem literarischen Parkett begegnet. Erik Reger hieß eigentlich Hermann Dannenberger, Fallada Rudolf Ditzen, und so war das »Berliner Tageblatt« auf die hübsche Idee gekommen, »Zwei Pseudonyme über sich selbst« schreiben zu lassen. Reger hatte vor der Machtergreifung vor dem »Rattenfänger Hitler« gewarnt. Nachdem seine Emigration gescheitert war, lebte er in prekären Verhältnissen. Er konnte unter den Nazis weiter veröffentlichen, doch seine Romane wurden – ähnlich wie Falladas, teilweise von denselben ideologischen Scharfmachern – als Überbleibsel aus der Zeit des Kulturbolschewismus angegriffen.

Seltsam, sie hatten sich nichts zu sagen, obwohl sie doch so vieles verband. Wie hatte man überlebt, was gab es für Zukunftsaussichten? Aber Reger war verschlossen, keine rheinische Frohnatur, ein schwieriger Charakter. Seinem Gast bot er nichts zu trinken an. Immerhin, ein Thema hatten sie: Ernst Rowohlt. Reger hatte einen Brief von Väterchen erhalten, in dem er sich nach Falladas aktueller Adresse erkundigte und ein Schreiben beigelegt hatte, das bitte an Becher weiterzugeben sei. Becher? Reger lächelte süffisant, als er merkte, dass der Name seinem Besucher nichts sagte. Gut, neu in Berlin, da wusste er wohl noch nicht, dass Becher der neue starke Mann war, ein aus dem Moskauer Exil gekommener Kommunist, der das deutsche Kulturleben erneuern wollte. Eigentlich sollte er ihn von früher kennen – Becher hatte Anfang der zwanziger Jahre bei Rowohlt veröffentlicht, in der Flugschriftenreihe »Umsturz und Aufbau«. Fallada ärgerte sich über den schulmeisterlichen Zug seines Gegenübers.

Reger ließ nicht locker: An die kleine Broschüre zu Gerhart Hauptmann müsse er sich doch erinnern? Da waren sie alle drei vertreten. Damals, 1932, als Hauptmanns 70. groß gefeiert wurde, hatte man junge Autoren gefragt, was sie heute von dem Dramatiker hielten, der mit naturalistischen Stücken einst das Theater revolutioniert hatte und nun klassizistische Antiken-Dramen verfasste. Vom Anwalt der Armen zum Dichterfürsten war eine Karriere, die nicht jedem gefiel. Fallada hatte den Autor gelobt, der stets für die Schwachen Partei ergreife, Reger über ihn als »ein lehrreiches Beispiel« doziert, während Becher den greisen Dichter mit ein paar Zeilen abfertigte. »Die Weber«, das war einmal, seitdem sei Hauptmann »als Dichter schrecklich und oftmals gestorben«, als literarischer Repräsentant tauge er nicht: »Geblieben ist ein Mensch, 70 Jahre alt, der weiter nicht interessiert. Er ruhe im Frieden, den er mit den herrschenden Mächten geschlossen.« Ein Rabauke, dieser Becher, das war Fallada nicht eben sympathisch.

Nach einer halben Stunde signalisierte Reger, dass er keine Zeit mehr habe. Er hatte Fallada bis zum Schluss nichts zu trinken angeboten. Auf dem Tisch lag ein Memorandum, die Leitlinien für die neue Zeitung, eine Vorlage für den amerikanischen Presseoffizier. Fallada hatte das Gefühl, er sei taxiert worden und durchgefallen. Jedenfalls sah Reger offenbar keinen Anlass, ihn in seine Pläne einzuweihen, gar zu einer Mitarbeit aufzufordern. Bevor Fallada ging, erkundigte er sich noch nach dem früheren Chef der Romanabteilung. Einen Stock tiefer, aber Paul Wiegler, inzwischen im Rentenalter, käme nicht mehr jeden Tag. Da müsse er wohl ein andermal wiederkommen.

Um sich nicht vergeblich auf den Weg zu machen, hatte er Wiegler eine Karte geschrieben. Die Antwort kam prompt: Gerne würde er Fallada sprechen. Er sei jeden Vormittag im Ullsteinhaus, dritter Stock, Redaktion »Allgemeine Zeitung«. Er würde sich freuen, ihn zu sehen.

Der leutselige Pförtner war zwar mit seiner Stulle beschäftigt, aber so einfach kam keiner an ihm vorbei. Auf die üblichen Klagen über die Lebensmittelrationen – früher hatte man übers Wetter geschimpft, heute über die geringe Zuteilung von Fett – hätte Fallada gern verzichtet. Er hatte andere Sorgen: Er hatte nicht einmal Lebensmittelkarten, doch sollte er das dem Portier erklären?

Fallada wollte ihm gerade das Wort abschneiden, da holte der Pförtner aus seiner Loge ein Buch hervor und bat ihn um ein Autogramm. »Heute bei uns zu Haus«, das letzte Buch, das von ihm erschienen war. Bereitwillig gab er dem Mann ein Autogramm, für seine Leser war er immer da. Er wolle zu Wiegler, dritter Stock, Redaktion »Allgemeine Zeitung«, er werde erwartet, kenne den Weg. Die Wände waren frisch gestrichen – die Farben nicht sonderlich geschmackvoll, andere gab es wohl im Moment nicht.

Paul Wiegler war nicht gut auf Reger zu sprechen, ganz und gar nicht. Ein Strippenzieher und Intrigant, kein gutes Haar ließ er an seinem ehemaligen Mitarbeiter. Falladas Gedanken schweiften ab: Wiegler sah nicht gut aus, schmales

Gesicht, Tränensäcke, ausgemergelt – wahrscheinlich sah er selbst auch nicht viel anders aus, wer hatte heutzutage schon sein Normalgewicht.

Wiegler war ein Ullstein-Urgestein, ging auf die siebzig zu und harrte immer noch hier aus. Ob er es nötig hatte? Seine Literaturgeschichte wurde regelmäßig nachgedruckt, er hatte Biographien über diverse Geistesgrößen – Goethe, Beethoven, Wallenstein inklusive – verfasst, einen Roman geschrieben. Und pausenlos herausgegeben und übersetzt: Maupassant, Theodor Storm, Victor Hugo, Gustave Flaubert, Shakespeare, Schopenhauer – quer durch den Garten der Weltliteratur, niemand war vor ihm sicher. Sogar einen dicken Schinken über Wilhelm I. hatte er verzapft, den Nachlass von Gustav Stresemann herausgegeben und offenbar auch keine Probleme mit den Nazis gehabt.

Jetzt schien es für ihn nicht mehr so rundzulaufen. Der einstens mächtige Mann, der, abgeschirmt von einem Vorzimmerdrachen, Literaten und renommierte Dichter empfangen hatte – auf die Ullstein-Honorare waren alle scharf gewesen, selbst ein Gerhart Hauptmann war sich da nicht zu schade für einen Fortsetzungsroman in der Illustrierten –, saß in einem winzigen Zimmer auf einem klapprigen Stuhl und regte sich auf. Echauffierte sich, das war das richtige Wort, dachte Fallada. Wiegler war ein Mann aus dem vorigen Jahrhundert.

Ob Fallada jemals etwas von Heinz Ullstein gehört habe? Und ob, da wusste Fallada mehr als der alte Ullstein-Mann, der zwar den Verlagsgründer Leopold Ullstein kennengelernt hatte und natürlich alle fünf Brüder, aber Heinz, die Enkelgeneration, kannte der offenbar nicht. Fallada musste an die »Buddenbrooks« denken: Die erste Generation baut auf, die zweite vermehrt, die dritte wirtschaftet alles herunter. Heinz, der Enkel, hatte wenig Ahnung, aber viel zu sagen gehabt. Erst wollte er Theaterschauspieler werden, Max Reinhardt gab dem Promi-Sohn kleine Rollen. Dann ging's zum Film – »Die Dame und ihr Friseur« hieß das Machwerk, Drehbuch Heinz Ullstein, Regie Heinz Ullstein, Produktionsfirma Heinz-Ullstein-Film GmbH. Und wer spielte »die Dame«? Aenne Ullstein, die Ehefrau. Aus der Filmkarriere wurde nichts, da half alles Geld nichts, ein bisschen Talent sollte man schon mitbringen. Irgendwann hatte sich Heinz Ullstein im Rowohlt Verlag breitgemacht: Nach der letzten Finanzkrise gehörte der Verlag zu zwei Dritteln seiner Sippe, Väterchen hatte keine Wahl gehabt, hatte den jungen Nichtsnutz dulden müssen, der sich dauernd mit dem Lektor Paul Mayer gestritten hatte. Glücklicherweise war er nicht allzu häufig aufgekreuzt und wenn doch, dann erst um die Mittagszeit. Ein Lebemann halt.

Fallada sagte nichts von alldem und ließ Wiegler erzählen. Während die Ullsteins in die Emigration gegangen waren, war Heinz als Einziger in Deutschland geblieben und hatte sich in Berlin versteckt. Wie genau er überlebt hatte, wusste niemand, jedenfalls tauchte im Ullsteinhaus plötzlich dieser Ullstein auf.

Über das Schicksal der anderen Familienmitglieder war nichts bekannt, die Eigentumsverhältnisse ungeklärt. Erst setzten die Amis Heinz Ullstein als Treuhänder ein, dann wieder ab. Als sie kurz darauf den Zeitungsplan fassten, hatte aber wer die besten Chancen auf die Lizenz? Heinz Ullstein erhielt den Auftrag, eine Probenummer zu entwerfen. Da er selbst nicht vom Fach war, mussten altgediente Profis her. Dazu ein paar Leute mit Renommee. Paul Wiegler sollte den Chefredakteur abgeben, Rudolf Kurtz, eigentlich ein Filmfritze, half mit, alle alten Mitstreiter waren an Bord, um das Projekt zu stemmen, nur Reger lehnte kategorisch ab.

Wochenlang hatten sie bis spät in die Nacht gearbeitet, ohne auch nur einen Pfennig zu sehen. Und dann hatten die Amis ihre Nullnummer in der Luft zerfetzt, wollten nicht einmal weiter darüber diskutieren – warum? Reger hatte sich hinter ihrem Rücken mit dem amerikanischen Presseoffizier verbündet und erhielt an ihrer statt die Lizenz. Ausgebootet. Als Trostpflaster bekam Heinz Ullstein die Lizenz für eine Frauenzeitschrift – Wiegler lächelte säuerlich. Ein Blatt mit dem wahnsinnig originellen Namen »sie«. Er sei ja zu vielem bereit, aber eine Frauenzeitschrift ...

Fallada hörte nur mit halbem Ohr zu. Er suchte nach Publikationsmöglichkeiten, gescheiterte Projekte interessierten ihn nicht. Er horchte erst auf, als der verbitterte Wiegler den Namen Rowohlt erwähnte. Väterchen hatte eine Verbindung gestiftet, die es Reger und seinen Kompagnons ermöglichte, die Lizenzgebühr aufzubringen: zu Heinrich von Schweinichen, einem Papiergroßhändler. Solche Leute kannte der Verleger natürlich.

Bei Wiegler saß er nun schon viel länger als bei Reger, aber zu trinken hatte er auch hier nichts bekommen. Mehr aus Höflichkeit fragte er, was Wiegler zu tun gedenke – sich zur Ruhe setzen? Für den Chefredakteursposten einer Tageszeitung wäre er ohnehin zu alt, aber auch das sagte Fallada lieber nicht laut. Doch Wiegler hatte schon wieder was in Aussicht. Becher, das sei der Mann der Stunde – Fallada müsse rein in den Kulturbund, er selbst sei seit der Gründung dabei. Der Bund habe eine eigene Zeitschrift und einen Verlag, da passiere etwas, alle anderen redeten nur und kündigten an, aber – Wiegler zog aus dem Bücherstapel ein Heft hervor – hier werde zur Tat geschritten: »Aufbau. Kulturpolitische Monatsschrift«, Heft 1, September 1945.

Kunststück – wenn die Russen dahintersteckten, dann gab es Papier. Der Mann kam aus Moskau und wollte die deutsche Kultur wiederaufbauen. Fallada war skeptisch. Von Emigranten hatte er sich immer ferngehalten, die ganze Familie Mann, Thomas, Heinrich und sogar Klaus, die konnten aus dem Ausland klugscheißen. Er war in Deutschland geblieben, er hätte nie woanders leben und schon gar nicht woanders schreiben können. So manchen Knicks hatte er gemacht, machen müssen – im Vorwort, nicht aber im

Roman selbst. Kein Treuegelöbnis für den Führer oder ähnliche Peinlichkeiten, aber trotzdem: Der Herr Becher würde sich um andere Schriftsteller bemühen, Kommunisten, Hitler-Gegner, Leute mit blütenweißer Weste, seine war doch etwas angeschmutzt.

I wo!, meinte Wiegler. Da hätte er einen ganz falschen Eindruck. Die demokratische Erneuerung, wie sie Becher vorschwebe, schließe alle ein, die willens seien. Zu den Gründungsvätern gehöre zum Beispiel der Theaterkritiker Herbert Ihering, der auch in Berlin geblieben, beim Film untergeschlüpft war. Und er könnte ihm verraten: Sogar Gerhart Hauptmann sei dabei – Becher schon unterwegs nach Schlesien, Agnetendorf, um den greisen Dichter als Ehrenvorsitzenden zu gewinnen. Fallada staunte: Hauptmann war Repräsentationsfigur, egal für welches Regime. Kaiserreich, Weimarer Republik, Nazis. Hitler hatte ihn auf die »Gottbegnadeten-Liste« gesetzt, die Sowjets taten das offenbar auch. Hatte Becher damals, in der Broschüre, Hauptmann nicht gescholten, weil der Dichter sich mit den Mächtigen einließe? Fallada sagte lieber nichts.

Wiegler schob ihm das »Aufbau«-Heft hin. »Deutsches Bekenntnis«, der programmatische Auftakt von Becher. Danach »Blick auf den Weg der evangelischen Kirche«. Alfred Kurella, »Dobroljubow als Kritiker« – der Name sagte Fallada nichts. Wiegler lachte: Na, ein bisschen was musste man den Russen geben. Weiter: Thomas Mann über den kommenden Sieg der Demokratie, ein Aufsatz über James Joyce und den englischen Roman, Paul Valéry über die Politik des Geistes. Fallada müsse doch zugeben, das sei weltoffen auf hohem Niveau, keine einseitige Russenpropaganda. Fallada nickte. Seine Gedanken gingen in eine andere Richtung: Das war nicht seine Liga.

Das Heft konnte ihm Wiegler nicht überlassen. Fallada sollte sich die Adresse des Kulturbundes abschreiben und Becher aufsuchen.

Da platzte Rudolf Kurtz herein, ohne anzuklopfen, ein Vorzimmer gab es nicht. Auch nicht mehr der Jüngste, der alte Expressionist. Die beiden hatten neue Zeitungspläne, erfuhr Fallada nebenbei: »Nacht-Express«. Ein Boulevardblatt, lizenziert von den Russen. Eben wollten sie noch eine Zeitung für die Amis machen und jetzt? Wiegler lachte: Man muss eben sehen, wo sich Möglichkeiten auftun.

Becher, der längst alle, die in der Kulturszene Rang und Namen hatten, in seinem Kulturbund versammelt hatte, schien nur noch auf ihn gewartet zu haben.

Fallada hatte sich mit einem mulmigen Gefühl auf den Weg gemacht. Schlüterstraße 45, zwischen Ku'damm und Lietzenburger Straße, eine von diesen hochherrschaftlichen Villen. Hier war er letzten Monat bei dem Versuch, Lebensmittelkarten zu organisieren, kläglich gescheitert. Nicht nur das Bezirksamt residierte hier, sondern auch die Kammer der Kunstschaffenden, was immer sich darunter verbarg, und seit Neuestem der Kulturbund zur demokratischen Erneuerung Deutschlands. So richtig mit Vorzimmer und gleich zwei Vorzimmerdamen. Hoffentlich hatte ihn Wiegler angekündigt.

Fallada wurde in einen prächtigen, ganz in Weiß und Blau gehaltenen Saal geführt. Hinter einem mächtigen Schreibtisch saß ein großer, wohlgenährter Mann – vielleicht erschien ihm das nur so im Gegensatz zu ihm selber.

Alle Befürchtungen waren umsonst. Becher kam mit ausgestreckter Hand auf ihn zu und begrüßte ihn herzlich. Fallada brauchte sich nicht vorzustellen: Becher wusste alles über ihn. Der Mann hatte die ganze Nazizeit über in Moskau gelebt und kannte doch alle seine Bücher. Besser als so mancher Im-Land-Gebliebene.

Fallada hingegen hatte keine Ahnung, was die emigrierten

Autoren in den letzten zwölf Jahren getrieben hatten, wusste nichts von der Exilpresse, den in Amsterdam, Prag, New York, Paris und Shanghai erschienenen Zeitungen und Zeitschriften. In Moskau war Becher Herausgeber der »Internationalen Literatur« gewesen. Hier waren die Neuerscheinungen in Deutschland besprochen, auch Falladas Romane regelmäßig rezensiert worden. Ausgerechnet über den »Eisernen Gustav« hatte Becher geschrieben, über den Roman, bei dem Fallada einen deutlichen Knicks vor den Nazis hatte machen müssen.

Das alles behielt Becher für sich. Er ließ sich von seinem Gegenüber berichten, wie es ihm ergangen sei, und fragte nach seiner jetzigen Lage. Becher war ein guter Zuhörer. Schließlich erkundigte er sich nach dessen literarischen Plänen.

Sosehr sich Fallada eine solche Frage gewünscht hatte – er wusste keine Antwort.

Bevor die Pause zu lang wurde, erzählte Becher von seinem Besuch bei Gerhart Hauptmann. Fallada war immer noch überrascht. Er war davon ausgegangen, dass sich Becher und sein Aufbau-Verlag vor allem um die emigrierten Schriftsteller bemühten, sie zur Rückkehr nach Deutschland bewegen wollten. Die aus den KZs befreiten Autoren, die verfolgten Kommunisten, die im Widerstand gewirkt hatten. Aber Hauptmann? Der alte Mann hatte schließlich jede Ehrung von den Nazis angenommen. Becher wollte das gesamte geistige Deutschland in seinen Kulturbund aufnehmen, jeden, ja jeden, der ehrlichen Willens sei, sich am Wiederaufbau zu beteiligen. In Moskau sei er ein echter Patriot geworden.

Und die Russen – was haben die mit deutscher Kultur am Hut?

Ohne die Unterstützung der Russen hätte er es nie ins Riesengebirge geschafft. Mit zwei Kraftwagen, begleitet von einem Journalisten der »Täglichen Rundschau« – des Blatts der Russen, Fallada hatte es bei Benn liegen sehen – und einigen SMAD-Offizieren, war er zu dem greisen Dichter nach Schlesien gefahren. Sie brachten ihm Verpflegung, Konserven, Brot, Wurst, aber – Becher machte eine Kunstpause – was den Durchbruch brachte, waren die zwanzig Flaschen kaukasischer Kognak, die der sowjetische Kulturoffizier Grigori Weiß aus den Armeebeständen von Oberst Rokossowski organisiert hatte. Hauptmann erklärte daraufhin bereitwillig, zu dem neuen Deutschland zu stehen, und posierte für ein Foto. Es war klar, dass die Russen das publizistisch ausschlachten würden. Dazu taugten Dichter noch immer.

Becher sprach davon, dass er vom Erzähler Fallada viel erwarte. Dass man einen früheren Fallada-Roman bei Aufbau nachdrucken könne. Noch besser natürlich, wenn er einen neuen schreiben würde, der hier und heute spiele, die aktuellen Zeitprobleme schildere. Er könnte auch Essays für die Zeitschrift »Aufbau« beisteuern oder Feuilletons, Kurzgeschichten für die »Tägliche Rundschau«, all das könne er gerne vermitteln. Aber natürlich müssten sich, damit er produktiv werden könne, zunächst seine Verhältnisse verbessern. Sie hätten einen »Club der Kulturschaffenden« in der Jägerstraße, dort könne man markenfrei essen.

Fallada fühlte sich endlich mit seinen Nöten verstanden, war geradezu überwältigt. Er konnte gar nichts mehr sagen, hörte nur noch: Natürlich müsse er Mitglied im Kulturbund werden, deshalb sei er doch gekommen?

Wieder auf der Straße, musste Fallada erst einmal durchatmen.

Becher glaubte an den Autor Fallada. Mehr als dieser an sich selbst. Das tat gut. Nach langer Zeit wieder jemand, der große Erwartungen in ihn setzte. Er würde alles tun, sie zu erfüllen – er machte sich voller Zuversicht auf den Rückweg.

Ulla erwartete ihn schon, sie hatte auch Erfolg gehabt. Überall, wo er gegen die Wand gerannt war, hatte man ihr bereitwillig die Türen geöffnet. Die Zuzugsgenehmigung lag vor. Den Papierkram, verbunden mit viel Lauferei, hatte sie im Handumdrehen erledigt.

Auch war Post eingetroffen: Der Bürgermeister von Neustrelitz bestätigte, dass im Bezirk Feldberg keine Lebensmittelkarten ausgegeben wurden, mithin eine Lebensmittelabmeldung nicht erteilt werden könne. Stempel, Unterschrift, Datum: Neustrelitz, 29. September 1945. Ulla schnappte sich die Bescheinigung. »Lass mich das machen.« Damit würden sie endlich die Lebensmittelkarten bekommen. Er solle sich lieber um seine Arbeit kümmern. Zwar verstünde sie nichts davon, aber sie wüsste, was er dafür bräuchte, und präsentierte – tara! – die größte Überraschung an diesem Nachmittag: eine Reiseschreibmaschine. Geliehen von – er musste nicht lange raten – Vera. Die war dafür mit dem Pelzmantel abgezogen. Leihweise. Was machte er denn für ein Gesicht? Ulla lachte ihn aus. Sie waren doch keine spießigen Kleinbürger, pedantische Pfennigfuchser, die alles aufrechneten.

Fallada ließ sich mitreißen. Jetzt konnte endlich alles gut werden. Nur noch die Sachen aus Feldberg geholt und ordentlich eingerichtet. Wenn das Arbeitszimmer erst einmal stand, mit Schreibtisch, seinen Papieren und der Bibliothek, dazu eine Kanne Kaffee, dann konnte er sich gleich ranmachen. Endlich wieder einen vernünftigen Roman schreiben, er hatte doch etwas zu erzählen. Die letzten Jahre waren vertan, jetzt galt es mitzuspielen, mitzumachen, seinen Platz in der literarischen Welt zurückzuerobern.

Ulla hatte mit Vera zusammen eingekauft. Nicht dort, wo die kleinen Krauter handelten, Schwarzmarkt sei nicht gleich Schwarzmarkt, erklärte sie. In Charlottenburg oder Wilmersdorf gab's bessere Sachen als in Kreuzberg, das war nicht anders als in normalen Zeiten. Aber sie würde doch jetzt, wo sie Lebensmittelkarten hatten, kein Kilo Butter mehr für 800 Mark kaufen. Auf Karte gab es das für 3,60. Nein, sie war mit Vera Unter den Linden zum Brandenburger Tor geschlendert, zur »Schwarzen Börse«. Dort wimmelte es vor allem von Besatzungssoldaten. Und man konnte Dinge bekommen, die es nicht auf Karte gab.

Heute, wo sie beide so erfolgreich gewesen waren, könnten sie sich doch etwas gönnen. Fallada wollte eigentlich nicht. Andererseits fing er mit dem neuen Leben am besten morgen an, frisch und ausgeschlafen. Er nahm, was Ulla ihm kichernd reichte.

»Und plötzlich ist die Kälte weg. Eine unendlich sanfte Woge hebt sie auf und ihn mit ihr.« Diesen Satz hatte er geschrieben, am Schluss von »Kleiner Mann – was nun?«. Es gab Kritiker, die hielten das für ein kitschiges Happy End. Sicher, durch den bloßen Blick zu den Sternen am Abendhimmel stellte sich dieses wohlige Gefühl nicht ein, man musste schon an etwas Verbotenem genascht haben.

Am nächsten Morgen fühlte er sich weder frisch noch ausgeschlafen. Er hätte es wissen können, es war ja nicht das erste Mal.

Jutta nervte. Schön, dass Ulla dem Mädchen Spielzeug besorgt hatte, aber musste es ausgerechnet eine Ziehharmonika sein? So konnte er nicht arbeiten – raus! Soll sie mit dem Gör von der Scholz spielen, am besten draußen. Ulla protestierte, er habe wohl vergessen, dass sie nicht mehr in Feldberg seien. Hier auf der Straße, in der Trümmerlandschaft, wo Kinder in den Ruinen herumstromerten und herumliegende Handgranaten für interessantes Spielzeug hielten? Dann solle sie eben mitgehen und aufpassen, schnauzte er seine Frau an. Er brauche jetzt, verdammt noch mal, Ruhe.

Wenn sie aus dem Schlamassel herauskommen wollten, musste er sich zusammenreißen und an den Kulturbund schreiben. Eine Erklärung, warum er dem Verein so spät beitrete. Was noch wichtiger war: einen vertraulichen Brief an Becher. Aber erst die Pflichtübung.

»Am 4. Juli 1945, als sich im Haus des Berliner Rundfunks die vom Faschismus rein gebliebenen Kulturschaffenden Deutschlands zu einer ersten Kundgebung versammelten und mit der Gründung des Kulturbunds den Grundstein legten zu einer wahrhaftigen sittlichen Erneuerung Deutschlands, an jenem Julitage saß ich als Bürgermeister in einem kleinen mecklenburgischen Landkreis und kämpfte einen oft hoffnungslos aussehenden Kampf gegen das völlig wirtschaftliche und sittliche Chaos, in das die Hitler-hörige Gefolgschaft auch meine stillen Landgemeinden gestürzt hatte.«

Das war bestimmt der längste Satz, den er je zu Papier gebracht hatte. Besser konnte das auch Thomas Mann nicht. Er zündete sich eine Zigarette an, fürchterliches Kraut – Marke Eigengewächs, von Uli in Carwitz angebaut und geerntet. Ein Mittel, sich das Rauchen abzugewöhnen. Ulla hätte lieber in Ami-Zigaretten investieren sollen.

»Zur gleichen Zeit, da ein Johannes R. Becher, ein Paul Wegener, ein Bernhard Kellermann und mancher andere berufene Mund« – so salbungsvoll formulierte er doch sonst nicht –, »aufriefen zu einer Sammlung aller an Deutschland glaubenden Kräfte, machte ich Stunden, Tage, Wochen in völliger Verzweiflung durch. Meine schwerste Arbeit war nicht der Einbringung der Ernte, der Steuerung des Flüchtlingselendes, des Hungers und der Krankheiten gewidmet, meine schwerste, verzweifeltste, aussichtsloseste Arbeit galt der sittlichen Haltung des deutschen Menschen.«

Selbst in den schlimmsten Tagen der Hitler'schen Kulturschande habe er nie an den völligen Untergang geglaubt, sondern an die »Unsterblichkeit des Herzens in diesem Volk«. Das war alles ziemlich verquast, aber dann wurde Fallada konkret: »Nun, da der Terror, unter dem sich der Deutsche geduckt hatte, gefallen war, verzweifelte ich fast an ihm. Ich erlebte es, wie sich in der Stunde der äußersten Gefahr der Deutsche gegen den Deutschen kehrte, wie sie sich beneideten, bedrohten, bestahlen, denunzierten, wie sie mit ihren Anklagen, ihren Verleumdungen nie zum deutschen Bürgermeister, nein, immer zu dem Sieger liefen, als könnten sie sich nicht tief genug demütigen, als müssten sie sich selbst noch bespeien!« Jetzt war raus, was er als Bürgermeister erlebt und erlitten hatte. »Eben standen sie noch bei mir in der Amtsstube und erbaten und erhielten Kleider oder Betten für ihre Kinder, und schon gingen sie hin und stahlen den Kindern der Nachbarin ihr Letztes.«

Danach war es nicht leicht, die Kurve zu einem aufbauenden Schluss zu kriegen. »Es vergingen noch Wochen der Mutlosigkeit und des Zweifels, bis ich wieder an Arbeit denken konnte, endlich wieder an meine eigene Arbeit, bis ich auch den Weg zum Kulturbund fand, und dort endlich traf ich jene, welche an Deutschlands Erneuerung und Zukunft glaubten und arbeiteten, an seinen Wiederaufstieg aus der Hölle tiefster Erniedrigung und Schmach.«

Dass »in unserem Volk unzerstörbar der Geist von ehemals lebt«, das war Wortgeklingel, an das er selbst nicht so recht glaubte. Doch dieses Bekenntnis sollte genügen, um in den Kulturbund aufgenommen zu werden.

Sein anderes Anliegen war ein heikleres Thema. Was jetzt folgte, war nicht für fremde Augen bestimmt. Becher hatte er erst einmal gesehen, dem Mann jedoch vertraute er. Fallada spannte ein neues Blatt in die Maschine, ganz obenauf gesperrt: »Vertraulich!«

»Sehr geehrter Herr Becher, Sie hatten die Güte, mich zur Wiederaufnahme meiner schriftstellerischen Arbeit zu ermutigen und aufzufordern. Leider steht einem sofortigen Arbeitsbeginn – nach dem mein Herz sich sehnt – ein Hindernis entgegen.«

Er brauchte seine Sachen, die sich noch in Feldberg befanden. Aber dort war Major Miasnik.

Er sei ein guter Bürgermeister gewesen, das könnten sowohl der Landrat wie der Oberbürgermeister von Neustrelitz bestätigen. Es hätte keine Klagen gegen seine Amtsführung gegeben, sein Bezirk habe fast durchweg als bester abgeschnitten. Doch der Major hatte ihn ständig getriezt, unter den lächerlichsten Vorwänden um den Nachtschlaf gebracht, ihn angetrieben und immer höhere Anforderungen gestellt.

Nun kam der Punkt, auf den alles hinauslief, aber es brauchte Anlauf: »Glaubte ich zuerst, dass der Kommandant auf diese Art nur eine noch immer höhere Leistung aus mir herauspressen wollte, so musste ich bald einsehen, dass sein Ziel war, mich zu Grunde zu richten, um meine 24-jährige Frau in seine Hände zu bekommen. Er hat sie ständig verfolgt, sie zu umarmen versucht, wenn er sie allein traf, und hat ihr die schmählichsten Vorschläge gemacht. Als ich schließlich in einem völligen Nervenzusammenbruch bewusstlos war und meine Frau, die sich nun ganz schutzlos wähnte, sich die Pulsadern geöffnet hatte, hatte er sie noch aufgefordert, mich zu verlassen und seine Frau, will sagen seine Geliebte zu werden. Er wollte es ihr sogar verweigern, mich, der tagelang ohne Besinnung war, ins Krankenhaus zu begleiten, und sie zwingen, bei ihm zu bleiben.«

Dass Morphium bei seinem Zusammenbruch im Spiel war, tat nichts zur Sache und musste hier nicht erwähnt werden.

»Als meine Frau vor etwa drei Wochen unser Kind« – die genauen Familienverhältnisse gingen Becher nichts an – »aus Feldberg holte, erfuhr sie von der dortigen Bevölkerung, dass Major Miasnik der Polizei in Feldberg den Auftrag gegeben hat, meine Frau bei ihrem Wiederauftauchen sofort festzunehmen und ihm vorzuführen. Nur ihr schnelles Verschwinden aus Feldberg hat sie vor einer derartigen Verhaftung bewahrt.

Danach müssen wir aber annehmen, dass es uns unmöglich gemacht werden wird, unsere Sachen aus Feldberg zu holen, dass vielmehr das Bestreben von Major Miasnik nach wie vor darauf gerichtet ist, zum mindesten meine Frau wieder in seine Gewalt zu bekommen.

Sollte es Ihnen, sehr geehrter Herr Becher, möglich sein, uns aus dieser Not zu helfen, würde ich Ihnen mit einem vollen Einsatz meiner Arbeit zu danken versuchen.«

Ob die Macht des Kulturbund-Präsidenten so weit reichte?

Er musste Suse schreiben. Gleich morgen. Er konnte sie doch nicht ohne Nachricht lassen, jetzt, wo sich der Nebel lichtete.

»Unsere Situation ist jetzt die, dass wir endlich Einwohner, Bürger Berlins geworden sind und dass uns von Ullas alter sechseinhalber Zimmer-Wohnung dreieinhalb Zimmer zugebilligt worden sind.« Geld wäre von ihm vorerst nicht zu erwarten – aber das könnte sich bald ändern. Denn er hatte den nötigen Anschluss gefunden, um neu durchstarten zu können, teilte er Suse mit. »Dieser Kulturbund betreibt auch einen Verlag, den einzigen wohl, der bereits in der sowjetischen Besatzungszone produziert, und wir sind gerade in Erwägung darüber, ob dieser Verlag erst einmal den ›Blechnapf‹ neu groß auflegen wird oder ob ich mit einem aktuelleren Roman Ende des Jahres herauskomme.« Er hatte sich umgetan, das sollte Suse ruhig erfahren.

Ulla schaute ihm über die Schulter – wem schrieb er einen so langen Brief? Eifersüchtig war sie schon. Ob er denn Suse sehr vermisse? Das würde er gewiss nicht mit Ulla besprechen, aber sich selbst gegenüber musste er eingestehen: Suse fehlte ihm. Sie hatten eine lange gemeinsame Geschichte. War die Liebe auch vergangen, er hing an Suse. Nicht zuletzt fehlte ihm ihre ordnende Hand. Hier im Chaos ganz besonders. Gut, Ulla machte alle Behördengänge und Besorgungen, aber eine ordentliche Hausfrau war sie nicht, auch keine gute Mutter. Da war Suse unschlagbar. Sie war wie eine strenge Krankenschwester, verwahrte den Schlüssel zum Medikamentenschrank, den er ihr selbst gegeben hatte, kannte er doch seine Schwächen. Sie verbot ihm das Trinken, was zu heftigen Auseinandersetzungen führte, letztlich war es richtig und vernünftig, wenn Suse einschritt. Was Ulla nie machen würde, im Gegenteil …

Wie kam er dazu, seine beiden Frauen zu vergleichen. Fallada wischte die Gedanken weg und beendete den Brief. Es sei alles noch im Fluss, aber sie seien dabei, Ordnung in ihr Leben zu bringen. »Jedenfalls sind Ulla und ich gewillt, noch einmal ganz von vorne anzufangen.« Die Verhältnisse hatten sich geändert, das musste sie doch einsehen. »Du wirst uns, Suse, ohne Besorgnis Uli anvertrauen können, er muss doch, um im Leben etwas zu werden, einen vernünftigen Abschluss seiner Vorbildung bekommen.« Wie sie wohl reagieren werde?

Fallada machte ganz auf Familie. »Ulla und ich grüßen Euch von Herzen, Jutta besonders auch ihren kleinen Spielgefährten, den Achim. Dem großen Sohn und der großen Tochter einen besonderen Gruß ihres Vaters.« Fallada rief Ulla, sie sollte den Brief mit unterschreiben.

Am 13. Oktober hatte er seine Eintrittserklärung an den Kulturbund geschrieben, fünf Tage später stand der Text in der Zeitung. Sogar mit seiner faksimilierten Unterschrift. Allerdings fehlte ein ganzer Abschnitt, nämlich der über die Schuftigkeit der Deutschen, die ihre Mitbürger betrügen und sich an die Sieger ranwanzen. Das passte nicht ins Weltbild der Besatzungsmacht – die »Deutsche Volkszeitung« war das Zentralorgan der KPD. Am fehlenden Platz dürfte es nicht gelegen haben.

In dem kurzen Vorspann war die Redaktion deutlich auf Distanz gegangen: Nur wenigen Menschen, die während der Naziherrschaft in Deutschland blieben, sei es gelungen, »das faschistische Gift nicht in sich wirksam werden zu lassen. Hans Fallada gehörte nicht zu diesen wirklich Auserlesenen.« Was sollte das heißen – er hatte doch keine Naziliteratur geschrieben! »Dennoch begrüßen wir ihn als ehrlichen Mitkämpfer in den Reihen derer, die sich zur geistigen Erneuerung Deutschlands berufen fühlen und berufen sind. Wir glauben, dass Hans Fallada, der im besten Mannesalter steht, Wertvolles für die geistige Erneuerung Deutschlands geben kann und wird.«

Er müsste Becher befragen, wer sich hinter diesem »Wir« verbarg. Pluralis Majestatis des Kulturbund-Präsidenten? Oder steckten noch andere dahinter? Becher dürfte ungefähr gleich alt sein, vielleicht ein, zwei Jahre älter. Der fühlte sich gewiss im besten Mannesalter, erlebte gerade seinen Zenit, sprühte nur so vor Energie, war auf allen möglichen kulturellen Feldern unterwegs. Der handelte, während andere verlautbarten. Hoffentlich ließ man ihn auch.

Wenn Becher nur die Hälfte von dem, was er versprach, wahr machte, dann war das der Neuanfang für den Schriftsteller Hans Fallada.

Es klopfte. Immer lauter. Fallada, noch im Bett, wollte seine Ruhe haben, doch das Klopfen ließ sich nicht länger ignorieren. Ein Russe stand vor der Tür. Er stellte sich als Roman Pereswetow vor, Feuilletonchef der »Täglichen Rundschau«. Becher hatte ihn geschickt.

Er wurde hereingebeten, Fallada war noch im Schlafanzug, gestern war es spät geworden, auch gab es eigentlich keinen Grund, aufzustehen. Pereswetow war irritiert, schließlich war Mittag schon vorbei und die Gardinen immer noch zugezogen. Ulla, ebenfalls im Pyjama, gähnte herzzerreißend. Pereswetow starrte sie an, konnte den Blick kaum von ihr abwenden, riss sich dann aber zusammen und eröffnete Fallada, dass man ihn zum Mitarbeiter der »Täglichen Rundschau« machen wolle. Er sollte das Blatt regelmäßig mit literarischen Texten versorgen, nicht nur ab und zu etwas einschicken, sondern als »fester Freier«. Damit verbunden wären allerlei Vergünstigungen. Zum Auftakt würde man ihn den »Rundschau«-Lesern in einem Interview vorstellen. Was er davon halte?

Die »Tägliche Rundschau« war die Zeitung der Roten Armee, unterstand russischen Militärs, die politische Linie war klar. Die Redaktion saß im russischen Sektor, Göhrener Straße, Prenzlauer Berg.

Pereswetow hatte ein paar Ausgaben mitgebracht, darunter die, in der sich Gerhart Hauptmann für den »ehrenvollen

Besuch, der mir in meiner Einsamkeit von dem neuen Russland« zuteilwurde, bedankte. Es folgte ein Kotau, indem er bekannte, dass seine literarischen Wurzeln in Tolstoi zu finden wären. Fallada ging ein Satz durch den Kopf: Wer rodeln will, muss vorher den Schlitten ziehen – stand das nicht in »Anna Karenina«? Nun, Fallada wollte wieder rodeln, einen großen Roman schreiben, der an seine früheren Werke anknüpfte, und er war bereit, sich dafür vor einen Schlitten spannen zu lassen, wenn es auch ein russischer war.

Außerdem konnte er Becher schlecht enttäuschen, der sich seiner geradezu rührend angenommen hatte. Fallada hatte nicht nur eine Mitgliedskarte des Kulturbunds bekommen, sondern überdies eine Bescheinigung, dass er »als freier Schriftsteller mit einer wichtigen, der demokratischen Erneuerung Deutschlands dienenden Arbeit« beschäftigt sei. Und er hatte auch Ulla nicht vergessen: »Seine Ehefrau dient ihm dabei als Mitarbeiterin und Sekretärin.«

Vor allem hatte Becher dafür gesorgt, dass sie ab sofort Lebensmittelkarten mit höheren Rationen bekamen. Ihre bisherigen Karten taugten kaum zum Überleben, hatte Ulla ernüchtert festgestellt. Kategorie V, darauf gab es 300 Gramm Brot, 20 Gramm Fleisch und 7 Gramm Fett pro Tag. Als Nichterwerbstätige wurden sie behandelt wie Kinder, Rentner oder ehemalige NSDAP-Mitglieder! Das war die sogenannte Friedhofs- oder Gandhikarte, doch der Humor war ihnen vergangen. Dank Becher erhielt Fallada jetzt Kategorie II, die Schwerarbeiterkarte – Kategorie I war Funktionären vorbehalten –, und Ulla Kategorie III, die Arbeiterkarte, immer noch besser als die Angestelltenkarte. Das ergab für die Familie zusammen 1200 Gramm Brot, 185 Gramm Fleisch und 52 Gramm Fett. Nach wie vor mussten sie auf dem Schwarzmarkt dazukaufen.

Wieder klingelte es. Heinz Willmann, Bechers Adlatus. Fallada hatte den Generalsekretär des Kulturbunds schon in der Schlüterstraße gesehen. Er brachte ein Dossier, das ihm

Becher mit den Worten gegeben hatte: Das ist ein Stoff für Fallada. Becher war der Meinung, daraus sei ein großer zeitgenössische Roman zu machen.

Während der Schriftsteller in der Mappe blätterte, erläuterte Willmann: Gestapoakten. Ein Ehepaar, das zum Widerstand gegen Hitler aufruft. Verfolgt und verhaftet, kurzer Prozess vorm Volksgerichtshof, hingerichtet. Daraus ließe sich doch in der Tat etwas machen?

Fallada blätterte weiter. »Im Namen des Deutschen Volkes« – das Urteil. »In der Strafsache gegen 1.) den Einrichter *Otto* Hermann Hampel aus Berlin, geboren am 21. Juni 1897 zu Mühlbock, Bezirk Posen, 2.) die Ehefrau Martha *Elise* Hampel, geborene Lemme, aus Berlin, geboren 27. Oktober 1903 zu Bismarck, Bezirk Stendal, sämtlich zur Zeit in dieser Sache in gerichtlicher Untersuchungshaft, wegen Vorbereitung zum Hochverrat … Die Angeklagten haben gemeinschaftlich in der Zeit von 1940–1942 über 200 Flugschriften gefertigt und verbreitet, in welchen unter schwerster Beschimpfung des Führers und seiner Mitarbeiter zum Sturz der nationalsozialistischen Regierung, zum Abwenden vom Führer und seiner Bewegung, zur Aufgabe des Widerstandes im Kampfe und zur Nichtdurchführung der Rüstungsarbeit aufgefordert wird.« Der Volksgerichtshof hatte … wegen Zersetzung der Wehrkraft … Vorbereitung zum Hochverrat … landesverräterischer Feindbegünstigung … Fallada las nicht weiter, das Urteil stand schon vor Prozessbeginn fest. Willmann beobachtete Fallada, der bisher nichts gesagt hatte.

Er wollte einen Roman der Stunde schreiben, keine deprimierende Nazigeschichte, keine kitschige Unterhaltungsschmonzette. Es sollte wieder ein echter Fallada werden. Er wollte Becher nicht enttäuschen … Aber mit diesem Stoff konnte er nichts anfangen.

Was wusste er vom Widerstand? Von illegalen Aktionen gegen Hitler, von der Angst aufzufliegen, von dem Mut, es doch zu tun? Schließlich gab es überall Denunzianten. Was wusste er vom Kriegsberlin? Er hatte fernab in Carwitz gehockt, kaum etwas mitbekommen. Einmal, zu Weihnachten 1941, war Marga Kenter, eine Freundin der Familie, nicht wie sonst zum Fest erschienen: Ihr Verlobter, Musiklehrer wie sie, war von der Gestapo verhaftet worden, nächste Station Volksgerichtshof. Alfred Schmidt war bei ihm zu Besuch gewesen, aber der hatte auch nichts Konspiratives erzählt, nichts von dem, was er und die Gruppe um Hanno Günther taten. Offensichtlich wollte er sich Fallada nicht anvertrauen. Vielleicht war der es auch, der gar nichts wissen, nicht hineinbezogen werden wollte – ein Widerstandskämpfer war er nicht gewesen.

Fallada gab die Mappe zurück, nichts für ihn. Er könne keinen Roman über den antifaschistischen Widerstand schreiben. Damit hatte Willmann nicht gerechnet. Fallada sah ihn an: Der Mann war mit Becher aus Moskau gekommen. Ein typischer Funktionär. Becher mochte auch Kommunist sein, vor allem aber war er Dichter. Er verstand etwas von Literatur, der hier war nur Parteisoldat. Fallada konnte sich vorstellen, wie ein Roman über den heroischen kommunistischen Widerstand nach dem Geschmack Willmanns auszusehen hätte. Nur würde er dieses Buch nicht schreiben.

Er wolle nicht unhöflich sein, aber er müsse jetzt mit Ulla ins Krankenhaus am Barbarossaplatz. Typhusimpfung, das sei jetzt so vorgeschrieben.

Fallada hatte gedacht, dass die »Tägliche Rundschau« ausschließlich Russen beschäftigte oder zumindest stramme Kommunisten. Nun kam Gustav Leuteritz, Mitte vierzig, um ihn zu interviewen. Bis 1933 war der bei der sozialdemokratischen Zeitung »Hamburger Echo« gewesen, hatte einen Richard-Wagner-Roman geschrieben – »Die Königsbotschaft« – und Gedichte, daran wolle er aber nicht erinnert werden, gestand er freimütig. Dafür hatte Fallada vollstes

Verständnis, er verschwieg seine frühen Gedichte auch lieber. Leuteritz hatte Becher auf der abenteuerlichen Fahrt zu Gerhart Hauptmann ins Riesengebirge begleitet. Nach dem Krieg gehörte Schlesien zu Polen, die Deutschen wurden vertrieben. Das wäre Hauptmann, der da in seiner imposanten Villa mit Türmchen und Erkern saß, umgeben von einem riesigen Park, nicht anders ergangen, wenn er nicht unter dem Schutz der Sowjets gestanden hätte. Die Russen verehrten ihre Dichter, meinte Leuteritz lächelnd.

Und das Interview? Leuteritz hatte etwas zu erzählen, sein Gesprächspartner nicht. Literarische Pläne? Nichts. Fallada redete sich heraus, dass er nie über ungelegte Eier spreche, doch Leuteritz hatte nicht das Gefühl, der Autor, der ihm gegenübersaß, würde an etwas arbeiten. Nur, ohne einen Artikel konnte er nicht zurück in die Redaktion. Er entlockte Fallada ein paar allgemeine Aussagen, die Leuteritz frisierte, bis sie druckreif waren. »Heute weiß ich, dass es nicht so sehr auf das Zerbrechen der Formen ankommt, sondern darauf, die innere Wandlung des deutschen Menschen auch im Roman zu zeigen.« Und als Überschrift: »Vor allem die Jugend retten«. Fallada war einverstanden. Mit den alten Nazis war eh nichts anzufangen.

Ulla sah blendend aus in ihrem roten Kleid. Sie wollte zum Schwarzmarkt. Fallada hatte nie verstanden, warum sie sich so zurechtmachte, wenn sie bloß einkaufen ging. Doch ungeschminkt verließ sie nie das Haus.

Jutta musste mit, denn er wollte arbeiten. Willmann war ein zweites Mal mit dem Dossier da gewesen. Becher sei von der Idee überzeugt, und niemand anders als Fallada könne den Roman schreiben. Also hatte er sich die Mappe noch einmal vorgenommen.

Zwei alte Leute, eigentlich Mitläufer. An Hitler und die Volksgenossenschaft hatten sie geglaubt, bis ihr Schwager im Krieg fiel. Sie hatten kein Attentat geplant, keinen Sabotageanschlag. Sie hatten keinen Kontakt zu einer illegalen Gruppe, die in Hinterzimmern auf Druckmaschinen Flugblätter herstellte. Nein, die beiden Alten hatten in ihrer Küche Postkarten geschrieben und heimlich in Treppenhäusern verteilt.

Eigentlich eine ziemlich lächerliche Aktion – was die Hampels sich davon versprochen hatten? Grotesk, wie der Nazistaat reagierte: Die Gestapo mobilisiert, den ganzen Verfolgungsapparat in Bewegung gesetzt, als würde von den beiden eine echte Bedrohung ausgehen.

Ulla kam zurück vom Brandenburger Tor, da gab es halt die besten Sachen. Schaufensterbummel wie früher auf dem Ku'damm. Vera war – am Sonntag während eines Spaziergangs durch den Tiergarten – in eine Razzia geraten und auf einen Lastwagen verfrachtet worden. Ab zur Wache, obwohl sie gar nichts gekauft hatte. Die Stimmung unter den Festgenommenen sei bestens gewesen, eine große Fresserei, bei der sie auch etwas abbekommen hatte, galt es doch, die Beweise zu vernichten. Heute waren statt Soldaten Journalisten da gewesen, neulich schon welche von der »Times«, heute, für eine große Reportage, Fotografen von »Life«. Natürlich hatten die Amis Aufnahmen von der schönen Frau im roten Kleid gemacht, während Ulla bereitwillig posierte. Und wenn sie jemand erkannte, Frau Fallada auf dem Schwarzmarkt? Ulla lachte nur – die Russen lasen doch nicht »Life«.

Fallada ließ sich gern Schwarzmarktgeschichten von ihr erzählen, das könnte irgendwann Material für einen zeitkritischen Roman ergeben. Doch jetzt hatte er keinen Nerv dafür.

Er wandte sich wieder der Mappe auf dem Schreibtisch zu. Es war eine dünne Akte, vielleicht 90 Seiten. Ob das wirklich den Rohstoff für einen Roman abgab? Fallada bemühte sich um eine sachliche Wertung. Nicht vorschnell ablehnen. Unvoreingenommenheit. Wie ein Tischlermeister einen Bretterstapel auf seine Verwendbarkeit prüft.

Er drehte den Papierstapel um, begann hinten bei dem ältesten Dokument. Ermittlungsakten der Gestapo, die im Dunkeln tappte. Die abgegebenen Postkarten wurden untersucht in der Hoffnung, dass sie Rückschlüsse auf die Täter erlaubten. »In Bezug auf die Rechtschreibung, Interpunktion sind zahlreiche Fehler gemacht worden, die Stilistik ist mangelhaft.« Das liest sich, als würde ein Deutschlehrer einen Aufsatz beurteilen. Der Kommissar stellte die Überlegung an, ob der Verfasser vielleicht Ausländer sei. Dagegen spreche, dass im Berliner Volksmund gebräuchliche Ausdrücke vorkommen, auf einer Karte stand, man solle sich nicht von den Parteigenossen »belatschern« lassen. Später wurden die Fundorte akribisch kartografiert, woraus sich langsam ein Muster ergab. Die Schlinge zog sich zu.

Auch enthalten waren die Vernehmungsprotokolle. Fallada betrachtete das Foto von Otto Hampel, aufgenommen in Untersuchungshaft, en face, von rechts, von links. Erster Eindruck: ein Dutzendgesicht. »Bei näherem Zusehen freilich«, notierte Fallada, »fällt sofort der sehr lange, aber fast lippenlose Mund auf, wie mit einem Rasiermesser geschnitten. Dann die hohe, doch stark zurückfliehende Stirn. Etwas Erbarmungsloses, Fanatisches liegt in diesem Mund, freilich lässt die flüchtige Stirn auf nicht erhebliche geistige Fähigkeiten schließen.«

Plötzlich wusste er einen Namen für diesen Mann: Otto Quangel wird er im Roman heißen, Anna seine Frau. Damit war die Entscheidung gefallen: Er wird den Roman schreiben.

Zunächst die Charaktere. »Dieser Otto Quangel hat an die zwanzig Jahre in dem gleichen Betrieb, in demselben Werkraum mit etwa 80 Männern gearbeitet, er hat sich in diesen zwei Jahrzehnten dort nicht einen einzigen Freund erworben, er hatte nie ein persönliches Wort bei der Arbeit gesprochen, das über das Einfachste, Alltäglichste hinausging.« Mit seinen wenigen Verwandten pflegt er offenbar kaum Umgang. Ein Einzelgänger. Die einzige Bezugsperson: die Frau. Otto hat seine Anna geheiratet, da waren beide schon Mitte dreißig. Fallada suchte in der Akte nach einem Foto, fand aber keins von ihr.

Jutta stand schon eine Viertelstunde da und sah ihm über die Schulter, ohne etwas zu sagen. Wirklich ein musterhaftes Kind.

Die Fahndung, die Verhaftung, der Prozess: Fallada destillierte die Romanhandlung aus den Akten. Was ihn bei der Durchsicht der Polizeiverhöre besonders beeindruckte, war die Ehe der Hampels. Sie standen zueinander, obwohl sie wissen mussten, was ihnen drohte: Auf Hochverrat stand die Todesstrafe. Sie nahmen jeder die Hauptschuld auf sich und versuchten den anderen zu entlasten. Davon rückten sie nicht einmal in der siebenmonatigen Untersuchungshaft ab. Im Urteil wurde zwar etwas anderes behauptet, dass sie sich gegeneinander anschwärzten, das aber mochte Fallada nicht glauben, dafür gab es keinen Beleg. Nein, im Gegenteil, die völlige Übereinstimmung der beiden, das bedingungslose Eintreten füreinander, das macht die Hampels zu Helden.

Jutta begann jetzt doch zu quengeln, und Ulla rief aus der Küche. Bevor sie etwas kochen konnte, musste sie sich immer mit der Scholz absprechen.

Er musste zum Schluss kommen, der Geschichte eine Quintessenz abgewinnen. Es war eine wahre Geschichte, das wäre herauszustellen. »Diese beiden, Otto und Anna Quangel, haben einmal gelebt. Ihr Protest ist ungehört verhallt, anscheinend umsonst opferten sie ihr Leben einem aussichtslosen Kampf.« So konnte es nicht enden, Fallada fügte noch einen Satz an. »Ich, der Autor eines noch zu schreibenden Romans, hoffe es, dass ihr Kampf, ihr Leiden, ihr Tod nicht ganz umsonst waren.«

Zwei einfache Leute, keine verfolgten Juden, keine Kommunisten oder Sozis, auch nicht Offiziere der Wehrmacht, nein, ein Werkzeugmacher und seine Frau, ganz ohne ideologischen Hintergrund, hatten sich gegen Hitler gestellt. Ihre Tat war ein Exempel. Es waren nicht alle Deutschen Nazis gewesen. Nicht alle Mitläufer. Es gab Menschen, die aus purem Gerechtigkeitsempfinden gegen das Regime aufbegehrten. Er selbst hatte unter den Nadelstichen der Nazis gelitten, aber nichts getan. Otto und Elise Hampel verdienten ein literarisches Denkmal.

Sein Romanexposé war zu einem Aufsatz geworden. Überschrift: »Über den doch vorhandenen Widerstand der Deutschen gegen den Hitlerterror«.

In der Zeitung hatte gestanden, es gäbe Fisch: Seefische aus Pommern, Kabeljau aus Flensburg. Fragt sich nur, wo der gelandet war. »Schwund«, meinte Ulla. Irgendwoher musste die Ware auf dem Schwarzmarkt ja kommen.

Genau dort, auf dem Schwarzmarkt, hatte sie Leo zufällig getroffen. Leo Scholz, einen alten Bekannten. Der hatte ein Fuhrgeschäft, aber das allein ernährte ihn nicht, sein zweites Standbein war der Schwarzmarkt.

Fallada horchte auf: ein Fuhrgeschäft? Sie mussten dringend, möglichst noch in dieser Woche nach Feldberg fahren und von ihren Sachen holen, was die lieben Volksgenossen übrig gelassen hatten. Kleidung, Wäsche und Schuhwerk seien wohl restlos futsch – Ulla hatte sich längst damit abgefunden, Fallada keinesfalls. Die Feldberger Ganoven werde er zur Rechenschaft ziehen, das ließ er nicht mit sich machen! Möbel mussten sie holen, die Wohnung einrichten. Um endlich wieder ordentlich arbeiten zu können, brauchte er ein vernünftiges Arbeitszimmer. Dazu gehörte, dass er ein Stück seiner alten Bücherwelt um sich aufbaute.

Ulla hatte keine Adresse von Leo Scholz – der würde schon wieder auf dem Schwarzmarkt auftauchen. Ulla und ihre Bekannten, Fallada gefiel das gar nicht. Sie konterte: Und seine?

Anneliese war bei ihnen in der Meraner Straße erschienen.

Sie sah reizlos und alt aus, verbittert. Fallada erfuhr, dass sich ihre ganze Familie beim Zusammenbruch des Naziregimes die Pulsadern aufgeschnitten hatte. Sie und ihr Vater waren einigermaßen wiederhergestellt, die Mutter aber hatte sich anscheinend die Sehnen durchgeschnitten und die volle Bewegungsfähigkeit der Hände für immer verloren.

Anneliese, die interessierte Ulla nicht. Aber dass Fallada immer noch so an Suse hing, das ging ihr gegen den Strich.

Fallada schrieb nach Feldberg. An den Bürgermeister, seinen Nachfolger: »Sehr geehrter Herr Dobat, wie Ihnen wohl bereits zu Ohren gekommen ist, sind meine Frau und ich, während wir krank in Neustrelitz lagen, in der schamlosesten Weise bestohlen worden und zwar von Feldberger Bürgern.« Er werde diese Diebstähle nicht widerspruchslos hinnehmen. »Ich unterbreite Ihnen nachstehend eine Liste der mir gestohlenen Gegenstände und verspreche, vor einer Anzeige in den Fällen absehen zu wollen, wo sofort Rückgabe meines Eigentums erfolgt.«

Die Liste war zweigeteilt. Unter den »zu Unrecht beschlagnahmten Gegenständen« nannte er als Erstes die Schreibmaschine, die sich die Stadtverwaltung unter den Nagel gerissen habe. Es folgten: Bettwäsche, Handtücher, Medikamente, unrechtmäßig zugunsten des Krankenhauses beschlagnahmt. Außerdem: Lebensmittel – Erbsen aus eigener Ernte, eingemachtes Fleisch und Gemüse, Tabak und Bohnenkaffee, »von zwei bestimmten Personen veruntreut«. Dann kamen die »Diebstähle«: zwei goldene Siegelringe, eine goldene Filigranbrosche (alter Familienbesitz), eine Taschenuhr (Silber mit Goldrand), diverse silberne Schalen und Teller (der Tinnef interessierte ihn nicht sonderlich, es handelte sich um Turnierpreise, die Kurt Losch als Tennisspieler im Verein TC Grünwald 04 gewonnen hatte). Anzüge, Kleider, Leibwäsche, Strümpfe, Schuhzeug. Seife und Seifenpulver. Feuerzeuge und Zubehör, Petroleum und Benzin – Fallada konnte gar nicht mehr aufhören. Roggenschrot, fügte er noch hinzu. Und: Die Auflistung sei keineswegs vollständig.

Er musste Druck machen, sonst würde gar nichts passieren. Er fügte noch einen Satz hinzu: »Die Rückgabe der Sachen muss rasch erfolgen, denn ich beabsichtige schon in Kürze einen Vertrauensmann mit einem Lastzug, der von einem höheren Offizier vom Stabe des Marschall Shukow begleitet ist, nach Feldberg zur Abholung meines Eigentums zu senden.«

Das Romanexposé war bei Becher auf Begeisterung gestoßen – genauso hatte er es sich gewünscht, einen neuen Fallada. Spannende Handlung, lebenspralle Figuren aus der Feder eines geborenen Erzählers, das machte ihm keiner nach. Schon gar nicht die schriftstellernden Parteifreunde, deren Werke er jetzt drucken musste – Willi Bredel zum Beispiel. Aber sie waren alte Genossen, sie hatten viel gemeinsam erlebt, zuletzt in Moskau.

Becher hatte Kurt Wilhelm, dem Leiter des Aufbau-Verlags, Falladas Besuch angekündigt. Französische Straße 32, eine vornehme Adresse. Das stattliche Haus in Mitte – war darin nicht früher eine Bank gewesen? – hatte im Krieg jedoch einiges abbekommen.

Wilhelm führte Fallada herum. Der Verlag residierte hier erst seit einem Monat. Man hätte erst einmal den Schutt wegräumen müssen, und die Kassenhalle … ganz schlimm. Wichtiger als repräsentative Räume aber sei die Buchproduktion, und da spiele man weit vorn mit.

Den vorläufigen Romantitel hatte Wilhelm bereits von Becher gehört, »Im Namen des Deutschen Volkes (Streng geheim)«. Das Exposé hatte er gelesen, ganz großartig – das müsse man drucken, am besten in der »Aufbau«-Zeitschrift. Auflage 50 000. Das würde neugierig machen auf das kommende Buch. Wann er das Manuskript abliefern könne?

Eigentlich sprach Fallada so früh nicht gern über seine Bücher, von wegen ungelegte Eier. Das hier hatte er noch nicht einmal angefangen ... Andererseits, wenn einer in Rekordgeschwindigkeit schreiben konnte, dann doch wohl er. Heute war der 18. Oktober, Ende des Jahres, das dürfte kein Problem sein.

Wilhelm war zufrieden. Er hatte den Vertrag bereits vorbereitet, musste nur noch einsetzen: Ablieferung des Manuskripts: 1. Januar 1946. Ansonsten: Autorenhonorar 20 Prozent vom Ladenpreis, Vorauszahlung bei Ablieferung des Manuskripts 18 000 Reichsmark, 300 Freiexemplare (davon konnte er mindestens 200 verkaufen, das war bares Geld). Becher musste sich für ihn eingesetzt haben, so gute Konditionen dürften nicht alle Autoren erhalten. Fallada war mehr als zufrieden und unterschrieb.

Für die Zweitverwertung hatte Becher auch gesorgt. Lilly, seine Angetraute, war Chefredakteurin der »Neuen Berliner Illustrierten«. Fallada musste etwas bedröppelt geschaut haben, jedenfalls hatte sich Becher bemüßigt gefühlt hinzuzusetzen: Seine Frau verstehe das Gewerbe, sie sei bis 1933 Chefredakteurin bei der AIZ gewesen, der Arbeiter-Illustrierten, für die John Heartfield seine berühmten Fotocollagen schuf, auch Willmann sei dort Mitarbeiter gewesen. Fallada schwante: Hier kannten sich irgendwie alle, das war ein Netzwerk, in das er jetzt eingebunden wurde. Nun, es sollte ihm recht sein. Gleich morgen früh würde er in die Jägerstraße gehen und den Vertrag über den Illustrierten-Vorabdruck unterzeichnen. Das gab noch einmal Geld – besser konnte es gar nicht laufen.

Jetzt aber ging es zurück nach Schöneberg, zur zweiten Typhusimpfung, nächste Woche die dritte, dann wäre das schon mal geschafft.

Post aus Hamburg! Absender Ernst Rowohlt. Der Brief war vom 23. Oktober, also zwei Tage alt – er musste jemanden gefunden haben, der ihn mit nach Berlin genommen hatte, so gut funktionierte der Briefverkehr noch nicht.

Es gab viel zu erzählen. Rowohlt war mit einem Rucksack, der dreimal Wäsche enthielt, einem Anzug auf dem Leibe und einem Paar Schuhe an den Füßen von Grünheide aus getürmt. Außerdem war Väterchen wieder Vater geworden: Maria Pierenkämper – eine Schauspielerin, Fallada kannte doch Rowohlts Vorlieben – hatte Ende März einen kräftigen Jungen zur Welt gebracht (von Heirat war keine Rede). Wie es Fallada ergangen sei? Rowohlt hatte das Gerücht gehört, er sei Ende April gestorben. »Nun habe ich schon alle möglichen Versuche gemacht, um über Paul Wegener, mit dem ich, allerdings auf ziemlichen schwierigen Wegen, in Verbindung stehe, zu erfahren, ob und unter welchen Umständen Sie verstorben seien.«

Rowohlt wusste aus der Zeitung, dass er lebte. Der Austausch von Zeitungen zwischen den Zonen war offiziell verboten, aber Rowohlt hatte sich von einem Freund den »Volkszeitung«-Artikel am Telefon vorlesen lassen.

Der alte Verlagsmann war hellhörig genug, in Falladas Anschluss an den Kulturbund eine Gefahr für seine Pläne zu wittern, und kam gleich zur Sache. »Ich hoffe nur, dass Sie sich nicht in Berlin schon irgendwie gebunden haben, denn das können Sie sich ja denken, liebes Väterchen, dass es mein sehnlichster Wunsch ist, wieder mit Ihnen zu arbeiten und nunmehr sofort wieder als Fallada-Verleger auf dem Plan zu erscheinen.«

Ernst Rowohlt hatte zwar noch keine Lizenz, aber er wollte so schnell wie möglich loslegen, hatte schon sondiert, welche Druckerei und welcher Buchbinder zur Verfügung stehen würden. »Die Herstellung wird auch dadurch verzögert, dass die Engländer eine Vorzensur eingerichtet haben und alle Manuskripte vor Drucklegung erst nach Bünde in Westfalen eingereicht werden müssen. Die Amerikaner haben auch eine Zensur, aber dort soll es so gehandhabt werden, dass die fertigen Bücher, bevor sie ausgeliefert werden, vorgelegt werden müssen, um genehmigt zu werden.« Vielleicht könnte Sohnemann Ledig in Stuttgart – amerikanische Zone –, wo er bereits eine Lizenz hatte, Manuskripte in Druck geben. »Nun kommt aber die unangenehme Sache: Die Manuskripte, die Sie mir seinerzeit mitgegeben haben, liegen unglücklicherweise noch in Grünheide und ich habe noch nicht feststellen können, ob sie noch dort sind und ob sie auch nicht verschwunden sind.« Grünheide lag in Brandenburg, also in der russischen Zone, und war für Rowohlt derzeit unerreichbar. Ein Alptraum, sollten seine Manuskripte verloren gegangen sein!

Ulla war groß im Geldausgeben. In den Geschäften gab es nicht immer, was ihnen laut Karte zustand. Bestimmte Genussmittel gab es in keinem Laden, und dafür ging das meiste Geld drauf. Gleich nach dem Krieg hatte es eine regelrechte Morphiumschwemme gegeben, Bestände aus dem Heer, aus den Lazaretten und Lagern waren im Umlauf. Diese Zeiten waren vorbei. Es nützte gar nichts, wenn man ein Rezept hatte: Die Apotheken hatten nichts. Blieb immer nur der Schwarzmarkt, wo die Preise mächtig anstiegen: Morphin für 1000 Mark das Gramm, 80 Mark für die Ampulle, das waren gerade einmal 0,01 Gramm. Von Ullas Schmuck war kaum noch etwas da, was sie versetzen konnten.

War da noch das Blockhaus in Feldberg. Kurts Bruder Ewald war oft mit zur Sommerfrische hier gewesen, an ihn wollte Ulla das Haus nun verkaufen. Sie würden sowieso nie mehr nach Feldberg zurückkehren, wozu das Haus behalten?

Sie waren mit Ewald beim Notar verabredet, bei Alfred Jankuhn in Wilmersdorf, Ilmenauer Straße 11b. Ewald wohnte auch in Schöneberg, Innsbrucker Straße, gleich bei ihnen um die Ecke, aber gemeinsam gingen sie trotzdem nicht zu dem Termin.

Ulla hatte kein gutes Verhältnis zu ihrem Schwager, was auf Gegenseitigkeit beruhte. An ihr liege es nicht, versicherte sie. Die Losch-Familie habe sie gehasst, die kleine Verkäuferin, in die sich Kurt verguckt hatte. Musste er sie gleich heiraten? Dabei hatte Kurt gezögert, sie immer wieder vertröstet – ihre Tochter Jutta war schon fast ein Jahr alt, als er ihre Verbindung legalisierte. Fallada hörte das alles zum ersten Mal – keineswegs hatte Kurt sie vom Fleck weg geheiratet, im Gegenteil, sie eher versteckt, wenn nicht gar verleugnet.

Sie habe Kurt geliebt, das Seifen-Imperium sei ihr herzlich egal gewesen. Kurt ja auch, ihm war die Malerei wichtiger als der Handel mit Waschmitteln und billigem Parfüm. Der Ältere, Ewald, führte das Geschäft und erhielt einen höheren Gewinnanteil. Völlig zu Recht, Kurt war kaum mehr als ein Frühstücksdirektor gewesen. Er saß weder über Bilanzen, noch inspizierte er die Filialen, er genoss das Berliner Nachtleben und nahm sie mit in exklusive Clubs.

Das hatte ihr gefallen. Sie ließ sich gerne von ihm ausführen, er wiederum genoss die Blicke der anderen auf die schöne Frau an seiner Seite. Mochten sie sich die Mäuler zerreißen. Sie waren doch nur neidisch, dass er, ein Fünfzigjähriger, so eine junge Frau erobert hatte – Ulla war schließlich noch keine zwanzig, als sie heirateten.

Als Kurt an einer Verkalkung der Herzschlagader erkrankte, habe sie ihn gepflegt, aber das interessierte offenbar die werte Verwandtschaft nicht. Für sie blieb sie das Flittchen, das Kurt ausgenommen hatte und jetzt sein Erbe verprasste.

Der Notar hatte alles vorbereitet. Obenauf in der Akte lag der Erbschein des am 7. Mai 1944 verstorbenen Kurt Losch. Fallada hatte sich nie darum gekümmert, keine Fragen gestellt, so erfuhr er erst jetzt zu seiner Überraschung: Ulla war gar nicht Alleinerbin, Kurt hatte ihr nur ein Viertel vermacht. Drei Viertel gingen an Tochter Brigitte, geboren am 5. September 1939. Das war die nächste Überraschung: Jutta hieß eigentlich Brigitte, nicht mal Brigitte Jutta, nur Brigitte. Ob das Kind seinen Namen kannte? Es ging um 12 000 Reichsmark.

Die rechtliche Konstruktion war kompliziert, geschuldet der Tatsache, dass Haus und Grundstück in der russischen Zone lagen. Ewald Losch wurde nicht »Käufer« genannt, sondern »Bevollmächtigter«, wobei er berechtigt war, »das Grundstück zu veräußern und zu erwerben, Auflassung zu erteilen und entgegenzunehmen«. Formal blieb Ulla Eigentümerin, allerdings wurde Ewald »ausdrücklich ermächtigt, das Grundstück an sich selbst zu verkaufen und aufzulassen«. Diese Anwälte fanden doch immer einen Dreh, das Gesetz zu umgehen.

Jankuhn wies darauf hin, dass die Eintragung im Grundbuch erst stattfinden könne, wenn die Unbedenklichkeitsbescheinigung der Grunderwerbssteuerbehörde beigebracht sei. Dass der Vertrag möglicherweise einer Preisstelle für Grundstücke vorgelegt werden müsse. Er wies darauf hin – ja, wollte der Anwalt denn gar nicht mehr aufhören –, dass unter Umständen eine Genehmigung aufgrund des Wohnsiedlungsgesetzes erforderlich sei. Ihnen blieb nichts anderes übrig, als immer zu nicken.

Paragraph 11 des Vertrages verstanden sie, das konnten sie unterschreiben: »Die Erschienenen versichern an Eidesstatt, nicht Mitglied der NSDAP, SA und SS gewesen zu sein.« Ulla unterschrieb im eigenen Namen und als gesetzliche Vertreterin ihrer minderjährigen Tochter. Die war immerhin Haupterbin, und es könnte noch immer sein, dass das Vormundschaftsgericht den Vertrag nicht genehmigte. Deshalb setzte der Anwalt noch eine Erklärung auf, die er Fallada hinschob: »Ich übernehme gegenüber dem Kind Brigitte Losch, gesetzlich durch seine Mutter vertreten, die Verpflichtung, dem Kinde jederzeit den Gegenwert des Kaufpreisanteils an dem Grundstück in bar auszuzahlen.«

Nachdem alle Unterschriften geleistet und notariell bestätigt waren, kam der Anwalt mit der Kostenrechnung. Fallada schaute auf Ewald, doch der schüttelte den Kopf. Das war Sache des Verkäufers.

Die nächste Überraschung: Plötzlich stand Suse vor der Tür. Unangemeldet tauchte sie in der Meraner Straße auf. So war sie – Suse musste sich selbst überzeugen, wie es bei ihnen aussah.

Becher hielt Wort. Er wusste, Fallada brauchte eine bessere Wohnung, vor allem ein Arbeitszimmer, um den Roman in Angriff nehmen zu können.

Er hatte ihn gefragt, was er davon hielte, nach Pankow umzuziehen, in die russische Zone. Schöneberg gehörte zum amerikanischen Sektor, aber was bedeutete das schon.

Becher organisierte alles. Er verfügte über einflussreiche Verbindungen – Fallada staunte nicht schlecht. Dem Schriftsteller Hans Fallada eine ordentliche Bleibe zu beschaffen war ein offizieller Befehl des Pankower SMAD-Kommandanten an den Leiter des Wohnungsamtes, einen Herrn Krause. Der überflog die Liste sämtlicher Häuser, die leer standen, geräumt oder beschlagnahmt worden waren.

Provisorisch wurden die Falladas in das Haus Kavalierstraße / Ecke Wolfshagener Straße einquartiert. Ein Magistratsmitarbeiter wurde derweil abgestellt, um mit dem Autor die in Frage kommenden Häuser zu besichtigen. Erwin Hoof, so hieß der Mann, holte ihn ab, dann fuhren sie in einem Militärjeep die Liste ab.

Während der Fahrt dachte Fallada daran, wie er mit Peter Zingler, einem Rowohlt-Mitarbeiter, auf der Suche nach einer Bleibe durch Mecklenburg gefahren war. Das war 1933 gewesen, nachdem er durch eine bösartige Denunziation kurzfristig verhaftet worden war. Ernst Rowohlt hatte ihn mit Hilfe des Verlagsanwalts aus dem Gefängnis herausgeholt. Er musste weg aus Berlin, wollte sich verkriechen in der Abgeschiedenheit der Provinz. Zingler war es, der Carwitz entdeckt hatte – Fallada war damals viel zu fertig gewesen, um selbst eine Entscheidung zu treffen.

Nun saß er in einem Militärjeep und war wieder auf der Flucht. Er hatte Carwitz hinter sich gelassen, und ein junger Mann fuhr ihn im Auftrag seines neuen Mentors durch das zerstörte Berlin. In Niederschönhausen gab es Ecken, denen war nicht anzusehen, dass es einen Krieg gegeben hatte. Es waren schöne Villen, doch er lehnte alle ab. Auf keinen Fall wollte er in einem Haus wohnen, das früher Nazibonzen gehört hatte.

Die Aktion dauerte mehrere Tage. Fallada war nicht gut drauf, er sei etwas »unfrisch«, wie er Hoof sagte. Er litt unter heftigen Stimmungsschwankungen. Einmal beobachtete sein Fahrer ihn, wie er sich im Garten eines besichtigten Objektes unbemerkt, wie er glaubte, eine Spritze setzte.

Auf der Kommandantur war man unzufrieden. Der Befehl war immer noch nicht ausgeführt. Aber was konnte Hoof dafür? Fallada wusste einfach nicht, was er wollte.

Becher entschied für ihn. So kam Fallada ins »Städtchen«.

Die gute Nachricht musste Suse gleich mitgeteilt werden. Sie hatte ja gesehen, wie beengt und primitiv sie in der Meraner Straße gehaust hatten. »Wir haben ein sehr hübsches, völlig ›neu renoviertes‹ Haus mit 7 Zimmern bekommen, und vor allem: Wir haben es warm.« Als Otto Latendorf sein Haus im Eisenmengerweg 19 hatte zwangsräumen müssen, war es keineswegs renovierungsbedürftig gewesen. Im Übergabeprotokoll war vermerkt: »Eigentümer ist selbst Bauingenieur, Haus im besten und gepflegten Zustand hinterlassen. Keine Bombenschäden, außer etwas Dach- und Glasschaden.« Parterre gab es, neben Diele, Küche und Toilette, zwei Zimmer, im Obergeschoss drei Zimmer mit Flur und Bad. Im Keller, richtiger: Souterrain, zwei weitere Zimmer. Überall lackierte Türen, Linoleumfußboden. Zentralheizung. Renoviert werden musste das Haus erst, nachdem es zwei Monate leer gestanden hatte und geplündert worden war – Kohle- wie Elektroherd waren ausgebaut worden und müssten ersetzt werden.

Von der Besonderheit seiner neuen Wohnung, dass sie in einem abgesperrten Bezirk lag, den niemand ohne entsprechenden Ausweis betreten durfte, schrieb Fallada vorerst nichts.

Die Nachbarschaft von russischen Offizieren und kommunistischer Politprominenz scherte ihn nicht. Er pflegte keinen Kontakt mit ihnen, Becher ausgenommen. Die Bechers wohnten um die Ecke. Im Obergeschoss logierte Heinz Willmann. Man kannte sich seit Urzeiten. Willmann hatte, wie er inzwischen wusste, mit Lilly Becher schon bei der AIZ zusammengearbeitet, und im Moskauer Exil war er Bechers Mitstreiter bei der »Internationalen Literatur« gewesen. Er sprach fließend Russisch, Becher nicht, sagte das nicht alles? Fallada wurde mit ihm nicht warm. »Steine klopft man mit dem Kopf«, das war so einer von Willmanns Sprüchen. Er hielt sich viel darauf zugute, dass er früher einmal Steine geklopft hatte. Fallada vermutete, dass er dahintersteckte, als man ihm die Aufnahme in den Club der Kulturschaffenden verweigert hatte mit der Begründung, er sei Alkoholiker. Da kannte er ganz andere Mitglieder im Club. Und überhaupt, da hätten ja Grabbe, Fritz Reuter und E. T. A. Hoffmann auch draußen bleiben müssen … Nun, Becher hatte das in Ordnung gebracht.

Er ging sowieso nicht in die Jägerstraße, hatte keine Lust, im Club intellektuelle Debatten mit Kulturbündlern zu führen. Am kulturellen Leben nahm er, sosehr ihn Ulla auch drängte, nicht teil. Lieber blieb er zu Hause und schrieb. Er besuchte keine Kundgebungen. Jedenfalls nicht freiwillig – wenn Becher es für notwendig hielt, war er zur Stelle. Allerdings hütete er sich davor, parteipolitisch vereinnahmt zu werden. Das wäre auch nicht in Bechers Sinn gewesen. Fallada verfasste nicht wie andere Kollegen Stalin-Hymnen.

An den Abenden langweilte sich Ulla im Städtchen. Wenn ihr Mann schrieb, war er nicht ansprechbar. Sie versuchte ihn zu provozieren, indem sie ein paar Knöpfe ihrer Bluse öffnete. Ein bisschen an sich rumspielte. Doch er blickte kaum von der Maschine auf. Ulla maulte. Sie schaute ihm über die Schulter, um zu sehen, an was er gerade schrieb: »Oma überdauert den Krieg«. Da sollte er sich nicht wundern, wenn sie sich am Abend mit Morphium vergnügte.

Das Novemberheft war gekommen: »Aufbau. Kulturpolitische Monatsschrift mit literarischen Beiträgen«. Auf dem Umschlag prangte neben Heinrich Mann, Friedrich Wolf, Thomas Mann sein Name. Fallada schlug das Blatt auf. Als Auftakt eine Rede von Friedrich Wolf: »Auch wir können nicht schweigen«, danach Heinrich Mann über die Französische Revolution und Deutschland. Sein Aufsatz »Über den doch vorhandenen Widerstand der Deutschen gegen den Hitlerterror«. Zweispaltig gesetzt, kleinere Schrift – wahrscheinlich war sein Essay ursprünglich gar nicht für den Hauptteil, sondern für den Magazinteil am Schluss gedacht, wurde dann nach vorn gerückt. Weit nach vorn, stellte er mit Genugtuung fest.

Eine ewig lange Abhandlung über »Lessings Lehre vom Realismus«. »Der folgende Aufsatz entstammt der Feder des bedeutenden russischen Wissenschaftlers N. M. Grib« – von dem Fallada noch nie gehört hatte. Mehr interessierte ihn ein anderer Beitrag. Herbert Ihering salbaderte über »Gerhart Hauptmann und die Wende der Zeit«. »Gerhart Hauptmann war mit allen Fasern seines Wesens in das deutsche Schicksal verstrickt. Deshalb hat er ein Recht, heute zu sprechen: aus eigenen tragischen Irrtümern heraus die Sache seines Volkes zu vertreten, den gedrosselten Geist und die verkümmerten Sinne mit seinem Werk aufzurichten und den Mut zur Mitarbeit am eigenen Schicksal weiterzugeben an eine Jugend, die den Hass auf ein sich vordrängendes Mittelmaß nur umso tiefer empfinden wird, je mehr sie sich zur Humanität und zum Bekenntnis der Weltliteratur verpflichtet fühlt.«

Ziemlich hohle Phrasen, fand Fallada. Trotzdem: Hier war er in guter Gesellschaft. Auf der zweiten Umschlagseite war er als »ständiger Mitarbeiter« aufgeführt. Er hatte schon eine Idee, was er der Redaktion als Nächstes anbieten könnte: einen Text über Alfred Schmidt-Sas, der ebenfalls vom Widerstand eines Deutschen handelte.

Sie hatten für das Haus einen Wohnberechtigungsschein erhalten, ausgestellt vom Bezirksamt Pankow. Danach war Fallada in sein Haus Eisenmengerweg 19 »zurückgekehrt«: »Gegen ein weiteres Wohnen daselbst haben wir nichts einzuwenden.« Korrekt war das nicht – es wurde suggeriert, dass es seine Villa sei. Von Miete war auch keine Rede. Aber sollte er sich deshalb beschweren?

Der gestohlene Elektroherd war noch immer nicht ersetzt worden. Zuerst hatten sie auf einer Art Heizofen gekocht. Dann wurde ein Gasofen geliefert, doch sie mussten feststellen, dass das Haus gar keinen Gasanschluss hatte. Da das Haus gegenüber über einen solchen verfügte, konnte es keine große Sache sein. Dachten sie. Die Sache zog sich hin, Fallada war schon mehrfach bei der Kommandantur vorstellig geworden, und immer wieder hatte man ihn vertröstet. Währenddessen benutzten sie einen Laubenherd, ein kleines Ding mit Kochloch. Ein wahres Kunststück, was Ulla mittags vollbrachte, besonders wenn es mehr als nur Eintopf gab.

Fallada fand, der Haushalt inklusive Gasleitung falle in Ullas Ressort, er müsse in Ruhe arbeiten. Sie lief von Pontius zu Pilatus, kehrte aber unverrichteter Dinge zurück. Da sie im Städtchen wohnten, waren die Deutschen nicht zuständig, und die Russen waren es auch nicht, weil sie, die Bittsteller, Deutsche waren und keine russischen Offiziere.

Seit dem 1. November war der Briefverkehr zwischen den Zonen wieder möglich, so konnte er gleich das Schreiben von Rowohlt beantworten. »Liebes altes Väterchen«, begann er auf vertraute Weise, »die Leute haben es mir erzählt, dass Sie in Hamburg wieder ihr Wesen treiben, sogar Ihre Stimme soll am Rundfunk vernommen worden sein. Ich freue mich, dass Sie heil und ganz aus dieser bösen Schlammastik herausgekommen sind – habe es aber auch gar nicht anders von Ihnen erwartet. Ulla und ich, wir haben sehr schwere Zeiten hinter uns, aber gottlob hinter uns. Ich fange jetzt wieder an zu arbeiten, habe besonders einen brandeiligen Roman für die ›Neue Berliner Illus.‹ in Arbeit, der später als Buch im Aufbau-Verlag erscheinen wird. Dort ist man auch bereits an einem Neudruck für den ›Blechnapf‹.« Übrigens sei der Aufbau-Verlag – Fallada konnte das Sticheln nicht lassen – sehr viel optimistischer als seinerzeit Rowohlt. »Sie haben mit einer Auflage von 5000 Stück kalkuliert, jetzt bei uns beträgt die Erstauflage 30 000 Stück.« Mit Suhrkamp habe er neulich zu Mittag gegessen. »Übrigens fand ich ihn noch ungenießbarer als früher, das Ausspritzen feiner Giftstrahlen betreibt er noch immer in der alten Manier.«

Väterchen antwortete postwendend, die Briefe gingen wieder hin und her wie in ihren besten Zeiten. Ein echtes Problem im Westen sei die Papierbeschaffung: »Den Hamburger Verlegern wird es wie ein Märchen klingen, wenn sie erführen, dass der Aufbau-Verlag Ihren ›Blechnapf‹ sofort in einer Auflage von 30 000 druckt.« Im Radio hatte Rowohlt gehört, dass Falladas neuer Roman vom aussichtslosen Kampf eines kleinen Mannes aus dem Volk gegen die Hitler'sche Staatsmaschine handelt. »Es ist natürlich außer jedem Zweifel, dass dieser Roman glänzend im gesamten Ausland zu verkaufen ist«, war Rowohlts Kommentar, und er machte einen Vorschlag: Fallada solle ihm den Auslandsvertrieb überlassen. Vielleicht könne man mit Aufbau überhaupt so was wie eine Interessengemeinschaft bilden. »Sollte es Ihnen möglich sein, in dieser Beziehung schon einmal vorzufühlen, so würde ich das sehr begrüßen.«

Rowohlt erkundigte sich nach dem Geschäftsführer des Aufbau-Verlages, aus welcher Ecke der Mann komme und was er bisher gemacht habe? Da konnte ihm Fallada keine Auskunft geben. Kurt Wilhelm war Angestellter im Otto Elsner Verlag gewesen, der ihm nichts sagte, aber das interessierte ihn auch nicht. Der Vertrag, den er ihm angeboten hatte, war mehr als in Ordnung gewesen, und das war schließlich das Wichtigste. Im Übrigen war Aufbau der Kulturbund-Verlag, Willmann und Klaus Gysi waren die Gesellschafter, doch für Fallada war es schlicht der Verlag von Becher.

Es war nicht schwer, herauszuhören, worum es Rowohlt ging. Eine legendäre Verlegergestalt wie Väterchen war der andere nicht. An Selbstbewusstsein hatte es Ernst Rowohlt nie gemangelt. Er hielt sich für den besten Verleger seit den Zeiten des seligen Samuel Fischer.

Zum Schluss kam Rowohlt auf den Mann zu sprechen, der sich anschickte, das Erbe von S. Fischer anzutreten: »Was Sie über Suhrkamp schreiben, amüsiert mich sehr, trotzdem er mir maßlos leidgetan hat, es ist ja doch typisch, dass ausgerechnet dieser übervorsichtige und übergescheite Mann nun doch in den allerletzten Jahren geschnappt wurde. Wie oft hat er mit erhobenem geistigem Zeigefinger vor mir gesessen und mich belehrt, ich solle vorsichtig sein, mich ganz zurückziehen und keinen Laut von mir geben. Man sieht eben, dass es mit der Gescheitheit alleine auch nicht geht, und außerdem haben Sie ganz recht, er ist im Grunde seines Herzens und Verstandes doch der ewige Schulmeister geblieben. – Trotzdem würde ich mich freuen, wenn ich den alten Burschen wieder vor mir sehen kann …«

Leo Scholz, Auto-Scholz, war wieder aufgetaucht. Er würde den Transport ihrer Sachen aus Feldberg übernehmen und Falladas Bücher holen, die noch in Carwitz standen. Es gehe eben nichts über alte Freunde, meinte Ulla triumphierend. Und das Allertollste: Sie habe einen Nachmieter für die Meraner Straße gefunden, Fallada solle mal raten, aber würde doch nicht darauf kommen: Leo ziehe in ihre alte Wohnung ein. Die zurückgelassenen Möbel würde er übernehmen. Sie hatten sich darauf geeinigt, dass sie ungefähr 400 Reichsmark wert seien. Leo werde dafür Kartoffeln und Kohlen liefern. Ja, man musste eben die richtigen Leute kennen. Ulla mit ihren Schwarzmarktgeschäften, auf die sie so stolz war.

Heute kam der russische Offizier wieder, der sein Auto zum Kaufladen umfunktioniert hatte, alles professionell aufgezogen, mit eigenem Dolmetscher. Er selbst saß im Auto, in der Hand ein Messer, vor sich einen großen Behälter mit Butter. Ließ sich von den Deutschen Uhren oder Goldschmuck zeigen, und dann wurde verhandelt, wie viel Pfund Butter es dafür gab. Manchmal auch Speck oder Büchsenfleisch. Nein, lachte Ulla, Betrug sei ausgeschlossen. Der Russe habe doch einen Ruf zu verlieren, sein Auto sei so etwas wie ein Dauerstand auf dem Wochenmarkt. Einmal sei ein Offizier der russischen Geheimpolizei vorbeigekommen, habe mit dem Mann hinter dem Steuer gesprochen, und sie dachten schon, das wäre das Ende, jetzt werde er abgeholt. Doch dann ging der Handel fröhlich weiter. Fallada staunte, dass die Besatzungssoldaten an dem illegalen Treiben mitmischten.

Auch die Amis mischten mit, erzählte Ulla. Die seien gewitzter und zivilisierter, sie schwatze lieber mit ihnen als mit den Russen, bei denen wisse man nie. Die mit ihrem Uhrentick. Ein Ami hatte ihr erzählt, dass sich seine Kameraden billige Uhren aus der Heimat kommen ließen, um sie auf dem Schwarzmarkt teuer an Russen zu verkaufen.

Wenn Fallada sich vorstellte, wie Ulla in ihrem roten Kleid mit den GIs flirtete, kochte Eifersucht in ihm hoch. Sie fand das »süß« und küsste ihn. Für sie beide hatte sie etwas Besonderes mitgebracht. Er sollte Oma für heute Abend den Krieg überdauern lassen und sich lieber an sie schmiegen. Sich entspannen, loslassen, alles vergessen. Die Tablette würde helfen, über die Schwelle zu treten. Er ließ sich überreden – morgen war auch noch ein Tag. Ulla lächelte selig, sie war bereits auf dem Weg ins Reich der Träume.

»Mit einem schönen Gruß von Lilly.« Becher hatte zwei Ausgaben der »Neuen Berliner Illustrierten« mitgebracht. Hier also sollte »Im Namen des Deutschen Volkes« in Fortsetzungen abgedruckt werden. Die neue sah aus wie die alte: gleiches Format, gleiche Aufmachung, Fotoreportagen, Tiefdruck – zum Verwechseln ähnlich.

Auf dem Titelblatt wieder einmal Gerhart Hauptmann, ein Greis, schon etwas weggetreten, mit seiner Frau. Das Foto war bei Bechers Besuch in Agnetendorf aufgenommen worden. Bildunterschrift: »›Tag und Nacht, im Traum wie im Wachen, gedenke ich Deutschlands.‹ So heißt es in dem Aufruf an das deutsche Volk, in dem Gerhart Hauptmann von seinem festen Glauben an Deutschlands Neugeburt spricht.« Auf Seite 2: »Der Kulturbund zur demokratischen Erneuerung Deutschlands hält eine Präsidialratssitzung ab.« Ernste Männer in Mänteln, offensichtlich haperte es mit der Heizung, auf dem Tisch Kaffeetassen und Papiere. Professoren verschiedenster Disziplinen, Schriftsteller, Schauspieler. Paul Wegener wieder dabei. Neben Becher saß Karlheinz Martin vom Hebbel-Theater – vielleicht konnte ihm Becher mal Theaterkarten besorgen? Eine einzige Frau, Renée Sintenis, die Bildhauerin.

Den Rest blätterte Fallada rasch durch. Dann endlich der Teil, wo bald sein Roman stehen würde. »Wiedersehen im Nebel«, 2. Fortsetzung. »Annelies lächelte, und als Thiele nichts antwortete, nahm sie sein Gesicht zwischen ihre Hände und küsste ihm in schwesterlicher Zärtlichkeit den Mund. ›Ich liebe dich ja‹, sagte sie. ›Ich liebe dich. Und wenn wir nun auch darüber zugrunde gehen – ich liebe dich!‹« Was für ein Kitschbruder, dieser Edmund Sabott – den Namen hatte Fallada nie gehört. »Auch er hatte seine Liebe zu ihr von jeher als Verhängnis empfunden, das er zu fürchten hatte.« Nein, weiter las Fallada nicht. Aber wenn er ehrlich war: So viel besser waren seine »Frauen und der Träumer« in der alten »Berliner Illustrirten« auch nicht gewesen.

Der Roman ging über viele Seiten. Ein Gedicht, von wem schon: Gerhart Hauptmann, drei flaue Flüsterwitze – da hätte er bessere beisteuern können –, Rätsel. Strom sparen war das große Thema. Wie sie die Wohnung sauber halten soll, wenn sie keinen Staubsauger benutzen darf?, fragte eine Frau Müller. Die Antwort des Hauptamtsleiters der Energie- und Versorgungsbetriebe: Nur zwischen 6 bis 22 Uhr sei die Benutzung verboten, also früher aufstehen und staubsaugen. Fallada schüttelte den Kopf: Die Nachbarn würden sich freuen. Für sie taugte der Tipp sowieso nichts. Erstens hatten sie so einen Luxus wie einen Staubsauger nicht, zweitens konnte er sich Ulla als staubsaugende Hausfrau nicht vorstellen. Diese Meldungen würden ihr schon besser gefallen: Das Kranzler, Unter den Linden, hatte wiedereröffnet, das Adlon inserierte »im Wiederaufbau!«, und der Wintergarten kündigte an: »Das Welt-Varieté in Berlin kommt wieder!«

Auf der letzten Seite, auch wie früher, eine lustige Bildgeschichte, diesmal: »Hans im Glück. Ein Märchen von 1945«. Das war eine gute Idee – Falladas Lieblingsmärchen war so aktuell wie nie zuvor: »Es war einmal ein Mann, der ging auf den Tauschmarkt.« Er tauscht seinen Mantel gegen eine Laute, seine Mütze gegen eine Tabakspfeife, den Rock gegen eine Vase, die Hose gegen eine Angelrute. »Glücklich, so viel getauscht zu haben, ging er auf den schwarzen Markt, um noch schönere Dinge zu tauschen. Aber dort hielt die Polizei Razzia. Da er seine Papiere im getauschten Rock gelassen hatte, konnte er sich nicht ausweisen.« Das letzte Bild zeigt Hans in einer Gefängniszelle. »Nun sinnt er Tag um Tag, wie er sich die Freiheit ertauscht, und wenn es ihm nicht gelungen ist, dann sinnt er darüber noch heute.« Fallada ärgerte sich: Der Zeichner hatte nichts, aber auch gar nichts verstanden. Der Hans im Märchen tauscht nicht einfach verschiedene Gegenstände, sondern einen Klumpen Gold so lange ein, bis er am Schluss einen Stein hat, den er froh ist wieder loszuwerden. Hans ist glücklich – ihn unglücklich im Knast enden zu lassen, nur um den Schwarzmarkt zu verteufeln, verdrehte den Sinn der Geschichte ins Gegenteil.

Unten auf der letzten Seite war vermerkt: »Verantwortlicher Redakteur: Hans Reuter«. Kein Wort von der Herausgeberin Lilly Becher. Aber das wäre wohl auch zu viel Becher gewesen.

Er hatte zwar einen Vertrag mit der Illustrierten über »Im Namen des Deutschen Volkes« geschlossen, aber der Roman war noch längst nicht fertig. Ehrlich gesagt, er hatte noch gar nicht angefangen, es existierte keine Zeile. Wann hätte er das auch machen sollen – Becher hielt ihn auf Trab. Als Ersatz hatte er an ein altes Projekt gedacht – die handschriftliche Fassung gab es schon, die hatte er im Gefängnis geschrieben. »Der Trinker« musste nur noch abgetippt werden. Na, erst mal ansehen, was er damals zu Papier gebracht hat.

Fallada teilte Ernst Rowohlt seine Adresse mit und schwärmte von dem neuen Domizil. Einen Vorzug, den er Suse wohlweislich nicht mitgeteilt hatte, strich er ihm gegenüber heraus: »In der Nähe ist das Schlosskasino der Roten Armee, da können wir ein anständiges, friedensgemäßes Pilsener mit 12 % Alkohol oder auch einen guten Schnaps trinken.«

Es hatte keinen Sinn, lange um den heißen Brei herumzureden. »Sie können es mir wirklich glauben, dass ich mir nichts sehnlicher gewünscht habe und noch wünsche, als irgendeinen Posten auf dem von Ihnen geführten Kahn zu bekommen. Wenn ich mich erst einmal an den Aufbau-Verlag gebunden habe, so war da einfach die Notwendigkeit, erst einmal ein paar Kröten in die Hand zu bekommen, entscheidend. Becher, dem ich Ihre Briefe zu lesen gab, ist sehr von dem Gedanken einer Interessengemeinschaft zwischen Aufbau-Verlag und Rowohlt-Verlag eingenommen, unter uns, ich glaube, er würde Ihnen am liebsten die Leitung des Aufbau-Verlages, der doch vermutlich der größte deutsche Verlag werden wird, übertragen. Was manche Kacker hier in Berlin dazu sagen werden, braucht Sie ja nicht zu kümmern.« Rowohlt müsse sich mit Becher verständigen: »Sie müssen irgendeine Form der Zusammenarbeit finden, die mich nicht undankbar gegen neue Freunde und nicht treulos gegen die alten handeln lässt.«

An Aufträgen fehle es ihm nicht, im Moment arbeite er vor allem für die »Tägliche Rundschau«, »wo man so fantastische Honorare zahlt wie selbst nicht in den üppigsten Ullstein-Zeiten«, berichtete er. »Becher sorgt tatsächlich wie ein Vater für mich, erschließt immer neue Geld-, freilich auch Arbeitsquellen für mich.« Gerade war wieder eine Einladung gekommen, diesmal von der Deutschen Zentralverwaltung für Volksbildung, Sitz: Wilhelmstraße 68, in der Sowjetischen Besatzungszone. Eine Aussprache über die Grundlagen eines neuen deutschen Filmschaffens am Donnerstagvormittag im Hotel Adlon. Der Film, der interessierte ihn schon, auch wenn seine Erfahrungen, vom Geld abgesehen, nicht die besten waren. Aber wann sollte er das alles machen?

Das Leben in dem abgeriegelten Bezirk hatte einen entscheidenden Nachteil: Es gab keine Spielkameraden für Jutta. Mit den Russenmädchen mochte sie nicht spielen, da hatte sie große Scheu. Fallada kümmerte sich mehr um sie, als es ihre Mutter tat. Ulla war die meiste Zeit eine Rabenmutter, die, periodisch von Schuldgefühlen geplagt, dann wieder meinte, alles gutmachen zu müssen, und haufenweise Spielsachen vom Schwarzmarkt anschleppte. Liebe bekam Jutta von ihr nicht. Ihm dagegen gefiel es, den Ersatzpapa zu spielen. Fallada war ein Familienmensch, seine Kinder fehlten ihm.

Er wollte wenigstens die Großen, Uli und Mücke, bei sich haben, unbedingt, doch dazu benötigte er Suses Zustimmung. Da war Überzeugungsarbeit zu leisten, er musste ihr noch einmal schreiben. »Wir haben jetzt ein reizendes 7-Zimmer-Haus, das durch eine brave Zentralheizung immer puttenwarm ist, wir bekommen morgen oder übermorgen noch einmal 60 Zentner Koks, so dass wir sicher sind, in diesem Winter nicht frieren zu müssen, also, alles drängt zur Entscheidung ...« Es sei an der Zeit, dass die Kinder wieder etwas Vernünftiges lernen. »Bitte mache Dich ganz von dem Gedanken frei, dass ich von der Absicht getragen bin, Dir die Kinder etwa wegzunehmen oder zu entfremden. Uli bedarf – von der Schulbildung abgesehen – unbedingt einer männlichen Hand, und auch für Mücke sehe ich in einem Dorfe wie Carwitz nicht die geringsten Lebensaussichten.« In Carwitz gab es nur eine Zwergschule – alle Altersstufen in einer Klasse, da sprach alles dafür, auch das Mädchen nach Berlin zu holen.

Und tatsächlich, diesmal zeitigte sein Brief einen Teilerfolg. Suse war damit einverstanden, dass Uli, ein hochgeschossener Junge von 15 Jahren, zu ihnen zog; mit Ulla hatte er sich in Feldberg gut verstanden. Sie war keine Stiefmutter für ihn, sondern die junge Frau seines Vaters. Gerade einmal sieben Jahre älter als er. Suse musste sich eingestehen, dass Uli in ihrem Scheidungsdrama immer zu seinem Vater gestanden, während Mücke zu ihr gehalten hatte. Nein, das Mückchen solle lieber bei ihr in Carwitz bleiben.

Der Transport ihrer Sachen aus Feldberg entwickelte sich zu einem neuen Drama.

Sie brauchten einen russischen Begleitoffizier. Das war geklärt, ein Major Strettloff sollte diese Aufgabe übernehmen. Wichtiger noch: Falladas Anzeige gegen Miasnik hatte Erfolg gehabt. Ein Kriegsgerichtsrat vom Hauptquartier der SMAD in Karlshorst hatte in Neustrelitz und Feldberg Erkundigungen eingezogen, auch in Carwitz bei Suse war er gewesen, und Miasnik war abgesetzt worden. Sie brauchten den Mann nicht mehr zu fürchten. Alle Bedingungen für die

Unternehmung waren erfüllt, die Vorzeichen für die Fahrt denkbar günstig. Nur Auto-Scholz, Ullas Leo, verschob immer wieder den Termin. Fallada wurde nervös, er brauchte nun wirklich seine Bücher, und er war in ständiger Sorge, dass der Rest ihres Hab und Guts auch noch gestohlen würde.

Am Sonnabend, dem 30. November, sollte der Transport endlich vonstattengehen. Doch kurz davor sagte Leo ab: Er hatte angeblich bei der Fahrbereitschaft Tiergarten keine Genehmigung erhalten. Fallada schäumte. Deine Freunde! Doch alles Wüten half nichts, und als er sich wieder beruhigt hatten, beschlossen sie: Ulla fährt trotzdem mit Major Strettloff nach Feldberg und Neustrelitz, um wenigstens die Formalitäten zu klären und den eigentlichen Transport vorzubereiten.

Er musste Suse noch mitteilen, dass der angekündigte Lastwagen nicht kommen würde. Alles unerfreulich. Ständig war irgendetwas zu regeln, tauchten neue Probleme auf. Der Koks ging zur Neige. »Aufgeladen waren die Kohlen für mich jedenfalls in der vorigen Woche schon einmal – von den Russen, dann tauchte die Version auf, die Deutschen hätten mir meine Kohlen zu liefern, und sie wurden wieder abgeladen.« Absurd. Aber wenn er nicht bald Nachschub bekomme, dann würde er gewaltigen Stunk veranstalten. Denn er sei »ein unwahrscheinlich angesehener und begehrter, aber auch sehr beneideter Mann« geworden: »Vor etwa zwei Wochen sollte ich zum Beispiel aus meinem hübschen Haus heraus, weil es einem Oberst gefiel. Ich weigerte mich, die Unterhaltung zwischen dem Leutnant, dem dieser Rayon anvertraut ist, und mir wurde hitzig, schließlich sagte er mir, wenn ich nicht in einer Stunde draußen sei, würden meine Möbel auf die Straße gesetzt und ich verhaftet. In einer Stunde – brausten einige Autos an, vom Stabe in Karlshorst, von der russischen Zeitung, vom Kultur-Betreuungs-Offizier, von der Kommunistischen Partei, und dem Leutnant, der immer gelber und kleiner wurde, wurde klargemacht, dass Fallada kein Mensch sei, mit dem man so umginge.«

Schließlich habe sich noch der Kommandant von Pankow eingefunden. Mit ihm sei vereinbart worden, dass Falladas vorläufig hier wohnen blieben, aber umzögen, sobald eine Villa gefunden sei, die ihren Wünschen entspreche. »Es wäre uns nämlich ganz angenehm, aus diesem rein russischen Rayon herauszukommen«, erklärte er Suse, um die Aussichten gleich in den schönsten Farben auszumalen. »Unterdes ist diese Villa gefunden und ihr wird jetzt von Elektrikern, Rohrlegern, Glasern und Tischlern der letzte Schliff gegeben.«

Die Villa war eigentlich für Bernhard Kellermann bestimmt, der im Moment in Brandenburg wohnte. Fallada kannte natürlich dessen Roman »Der Tunnel«, Auflage über eine Million, viermal verfilmt – erst als Stummfilm, dann als deutsche Produktion mit französischer Version, schließlich als englische. »Kleiner Mann – was nun?« war zweimal verfilmt worden, in Deutschland und Amerika, immerhin. Kellermann war es in der Nazizeit nicht viel anders ergangen als ihm: ein im Lande gebliebener unerwünschter Autor, der jetzt zu den Gründungsmitgliedern des Kulturbunds gehörte. Ulla fuhr nach Werder, um sich von ihm den offiziellen Verzicht auf die Villa bestätigen zu lassen, doch kehrte sie unverrichteter Dinge zurück.

Drei Tage später war alles entschieden: Sie durften im Eisenmengerweg bleiben. Fallada atmete auf: Es ging nicht nur um das Arbeitszimmer. Er sehnte sich so sehr nach einem Heim, in dem sie es sich gemütlich machen konnten. Er war doch eigentlich ein Kleinbürger, das ihnen in der letzten Zeit aufgezwungene Bohemeleben liebte er nicht. Das Leben im Städtchen hatte außerdem einen nicht zu unterschätzenden Vorteil: Ulla und er bekamen drei tägliche Mahlzeiten aus dem russischen Offizierskasino. Unabhängig von ihren Karten.

Es lief gut. Innerhalb von ein paar Wochen war es ihm gelungen, wieder mitzuspielen: Der Autor Hans Fallada war zurück. Wobei er sich eingestehen musste, dass es ohne Becher nicht möglich gewesen wäre.

Mit der Rückkehr der äußeren Ordnung müsste es gelingen, auch die innere Unruhe zu bändigen. Allerdings war sein Arbeitszimmer als einziger Raum im ganzen Haus noch ein wüstes Chaos. Er hatte Gertrud Kramer ausfindig gemacht, die früher als Sekretärin für ihn gearbeitet hatte und jetzt bei den Amis angestellt war. Sie hatte sich als getarnte Jüdin entpuppt, hieß eigentlich Levy – und der hatte er seinen »Kutisker«-Roman diktiert! Das war ein Auftrag vom Propagandaministerium gewesen, aber doch kein billiger antisemitischer Roman im »Stürmer«-Stil, wie die Bakonyi ihm unterstellt hatte. Seine langjährige Sekretärin hatte deshalb das Manuskript nicht abtippen wollen, so war er damals an die Kramer geraten.

Sie begann damit, seine Bücher vorzusortieren, es fehlten noch die Regale, um sie alphabetisch aufzustellen. Vorläufig wurden seine Schätze bis unter die Decke gestapelt. Dabei war ein Großteil seiner Bücher, darunter die schönsten, noch in Carwitz.

Reichlich viele Anforderungen wurden jetzt an ihn gestellt, das war die Kehrseite, doch wollte er ihnen unter allen Umständen gerecht werden. Einsam und ungestört am

Schreibtisch, das war Vergangenheit. Becher ließ ihm kaum eine Verschnaufpause, an allen möglichen Sitzungen und Tagungen musste er teilnehmen. Reine Pflichtübungen, schrecklich langweilig. Wenigstens gab es dort gut zu essen und zu trinken. Und zu rauchen, anders hätte er diese Termine kaum durchgestanden.

Endlich. Fallada atmete auf, er hatte schon Schwierigkeiten mit der Zensur befürchtet, aber Wilhelm teilte ihm mit, der »Blechnapf« sei genehmigt. Gestrichen worden war nur das Vorwort. »Dies ist ja an und für sich unbedeutend«, meinte der Aufbau-Verlagsleiter, »doch möchten wir Sie fragen, ob Sie es für ratsam halten, der neuen Auflage auch ein neues Vorwort voranzustellen.«

Ein neues Vorwort – kein Problem. Einen Roman würde er immer gegen Eingriffe verteidigen, doch Vorworte zählten für ihn nicht zum eigentlichen Werk. Nur war der »Blechnapf« ein besonderer Fall – »an und für sich unbedeutend«, ob Wilhelm wirklich so ahnungslos war?

1933 hatte es Fallada für notwendig gehalten, in einer Vorrede darauf hinzuweisen, dass die geschilderten Verhältnisse einer überwundenen Vergangenheit angehörten. Ernst Rowohlt konnte ihn nicht davon abbringen, diesen »Knicks« vor den braunen Machthabern zu machen. Das Vorwort war ausdrücklich nur für Deutschland bestimmt, in den ausländischen Ausgaben durfte es nicht gedruckt werden. Er stand damals unter scharfer Beobachtung, in Deutschland vonseiten der Nazis, die gegen den Roman hetzten, aber auch vonseiten der Emigranten, denen dieser Kotau nicht entgangen war. In der Exilpresse war zu lesen, er hätte die KZs gerechtfertigt, was nicht stimmte, davon stand da kein Wort. Aber Thomas Mann hatte recht, als er notierte: »Um in Deutschland möglich zu sein, muss ein Buch seine menschenfreundliche Gesinnung in einer Einleitung verleugnen und in den Boden treten.«

Das waren Dinge, die er mit Ulla nicht besprechen konnte. Er brauchte sie gar nicht erst um ihre Meinung zu fragen. Sie hatte keins seiner Bücher gelesen, »Wer einmal aus dem Blechnapf frißt« nicht, auch »Wolf unter Wölfen« nicht. »Kleiner Mann – was nun?« vielleicht, jedenfalls behauptete sie das. Nun, auch Suse war kaum zum Lesen gekommen, aber er hatte doch vielerlei mit ihr besprechen können. Ein Ratgeber wie einst Väterchen Rowohlt fehlte ihm jetzt. Er würde sich hüten, Wilhelm auf diesen heiklen Punkt aufmerksam zu machen; auch bei seinem neuen Freund Becher war Vorsicht geboten.

Die Zensoren hatten völlig recht, das alte Vorwort durfte niemals mehr gedruckt werden. Fallada setzte sich sofort hin und verfasste ein neues. »Eine der ersten Taten der Nazis war es, dass sie dieses Buch vom Blechnapf auf die schwarze Liste setzten.« Das entsprach der Wahrheit, auch wenn es fälschlicherweise den Eindruck erwecken könnte, der Roman sei verboten gewesen. Er war in der Nazipresse angegriffen worden, ein Publikationsverbot drohte, und man musste mit der Beschlagnahmung des Buches rechnen, aber nichts geschah. Weiter im Text. »Eine der ersten Taten des neuen demokratischen Deutschlands ist es, dieses Buch wieder zu drucken.« Dies scheine ihm beinahe symbolisch. »Jede Zeile in diesem Roman widerstreitet der Auffassung, die von den Nationalsozialisten über den Verbrecher gehegt und durchgeführt wurde an ihnen. Jetzt ist wieder Platz für Humanität …« Er betonte: Keine Zeile wurde bei dieser Neuauflage geändert. »Vielleicht denke ich heute in manchen Dingen anders als damals vor elf Jahren, als ich dieses Buch schrieb. Umso mehr ein Grund, nichts zu ändern. Wir können unsere Bücher nicht in jeder Lebensphase umschreiben.«

Unsere Vorreden schon, dachte er. Aber so müsste es gehen. Schnell noch datiert: »Berlin, am 1. Dezember 1945«. Es war zwar schon der 5., aber der 1. machte sich besser. Das Buch konnte in Druck gehen.

Seiner Frau ging es wieder lila, nachdem es sehr schwarz um sie gestanden hatte. Ulla war haltlos, konnte von dem süßen Gift einfach nicht genug kriegen. Er dagegen hatte die Sucht im Griff, wusste mit Genussmitteln umzugehen, glaubte er zumindest.

Sie war völlig durch den Wind und hatte Rouge aufgetragen, um das zu verdecken. »Landluft aus der Tüte«, sagte sie immer. Doch es war ihr anzusehen, wie es um sie stand. Sie war mager geworden, und das lag nicht an der mangelnden Lebensmittelversorgung.

Er musste unbedingt einen Arzt für sie finden. In der Meraner Straße hatte er quer über den Hof nach Doktor Benn rufen können. Hier musste er einen neuen »Hausarzt« für Ulla finden, damit sie nicht – zu Phantasiepreisen, die ihren Etat ruinierten – auf dem Schwarzmarkt gepanschtes Zeugs kaufte. Er hätte lieber vermieden, darüber mit Becher zu sprechen, doch wahrscheinlich hatte der längst gemerkt, was mit ihnen los war. Neulich war er zu unpassender Zeit auf einen Nachbarschaftsbesuch hereingeschneit – ob er da, als er die Spritze sah, wirklich annahm, dass Ulla Probleme mit der Galle hat?

Eins musste man ihr aber lassen. Sie konnte noch immer, wenn sie in Form war, ungeheuer geschickt mit den Behörden umgehen. Jedenfalls hatte sie es geschafft, für Uli, der in ein paar Tagen bei ihnen im Eisenmengerweg eintreffen sollte, Lebensmittelkarten zu besorgen, und zwar nicht die Jugend-, sondern die Angestelltenkarte. Sie hatte, gewiss mit bezwingendem Augenaufschlag, auf die Studien verwiesen, die der junge Mann betreiben müsse.

Tatsächlich würden sie für den neuen Esser an ihrem Tisch mehr brauchen, als auf der Karte stand: Der Junge putzte ordentlich was weg. Polizeilich war er ordnungsgemäß bei ihnen gemeldet, auch das hatte Ulla organisiert. Was die »Studien« betraf: Uli würde ordentlich büffeln müssen, denn er hatte viel aufzuholen. Beschlossen war, dass er Griechisch aufgeben würde, Englisch war jetzt wichtiger. Zunächst Privatunterricht, um ihn fürs Gymnasium fit zu machen.

Die Post war nicht dazu angetan, Falladas Laune zu heben. Der Feldberger Bürgermeister Dobat hatte sich nach Wochen zu einer Antwort bequemt. »Ich habe mich bemüht, in dieser Angelegenheit Klarheit zu bekommen; die Ergebnisse meiner Untersuchung sind aber noch recht bescheiden.« Sobald er etwas erreicht habe, würde er sich melden …

Es half alles nichts, er musste es neu angehen, ihre Möbel aus Feldberg und seine Bücher aus Carwitz zu holen. Diesmal aber nicht mit Leo oder anderen dubiosen Bekannten, sondern mit einem professionellen Fuhrunternehmer. Dazu ein paar Leute, die anpacken konnten, und natürlich mit russischem Begleitschutz. Wenn er erst seinen Schraps beisammenhatte, könnte er sich an den Roman setzen.

Suse war kooperativ, hatte mit der Bahn Bettzeug für Uli vorgeschickt. Dass sie jetzt in einem bücherlosen Haus leben sollte, gefiel ihr weniger. Na gut, Suse konnte sämtliche Bücher aus der Veranda haben, das waren vor allem Unterhaltungsromane, die konnte er entbehren. Nur auf die Sammlung der Märchenbücher wollte er nicht verzichten.

Das Krankenhaus in Neustrelitz schickte eine Liquidation über 962,10 Reichsmark. Spezifikation: Behandlung auf der Privatabteilung 20 Tage à 6,– RM 120, dazu 50 Injektionen à 4,– RM. Fallada musste sie vertrösten, im Moment hatte er nur geringe Einnahmen, die kaum zur Befriedigung der täglichen Bedürfnisse ausreichten.

Die Suche nach seinen Manuskripten gestaltete sich schwierig. Rowohlt hatte ihn an Frau Martha Engel verwiesen, die über sein Haus in Grünheide Bescheid wisse. Sie meldete sich aus Berlin; die Manuskripte würden in Ernst Rowohlts Wohnzimmer liegen. Die Russen hätten damals kein Interesse daran gezeigt. Aber: »Mit Sicherheit kann ich nur von zwei Manuskripten sagen, dass sie *da waren*.« Sie hatte »da waren« unterstrichen, was nicht gerade zu seiner Beruhigung beitrug. Im Moment würden dort zwei Jungen zwischen 16 und 20 Jahren wohnen, die hätten sicher nichts weggenommen. Sie kenne deren Eltern, und sie gab ihm die Adressen. Am besten gleich anschreiben. Oder nach Grünheide fahren, das war allerdings eine Tagestour.

Eigentlich wollte er nicht hin, doch er hatte nun einmal zugesagt. Der Kulturbund veranstaltete im Staatstheater Schwerin eine Kundgebung zum Nürnberger Prozess, als Redner waren Becher und Fallada angekündigt.

Der Prozess lief schon seit drei Wochen. Fallada hatte die Wochenschau-Berichte gesehen: »Der Augenzeuge« hatte das Verhalten der Angeklagten gezeigt, während im Gerichtssaal ein Dokumentarfilm über die KZs vorgeführt wurde. Unglaublich, wie wenig Empathie die Gesichter von Göring und den anderen Nazigrößen zu erkennen gaben. Der eitle Göring blickte selbstgefällig in die Runde, als wolle er Beifall heischen. Widerlich.

Becher trat öfter als Redner auf, Fallada nicht. Er hatte mehrere Tage gebraucht, um seine Rede zu formulieren, improvisieren konnte er nicht. Politische Meinungsäußerungen, davor hatte er sich immer gedrückt. Diesmal gab's keine Ausrede.

Fallada würde ein paar Tage weg sein, müsste Ulla mit Jutta allein lassen. Er machte sich Sorgen, kannte er doch ihren Zustand, und schrieb noch schnell einen Zettel für Doktor Bell. »Wie vorausgesehen werde ich morgen, Sonnabend, früh um 8 Uhr nach Schwerin fahren und voraussichtlich erst am Montag Mittag zurückkehren«, informierte er den Arzt. »Ich wäre Ihnen dankbar, wenn Sie wie besprochen in dieser Zeit nach meiner Frau sehen würden, ev. durch die Schwester. Meine Frau hat kein M. in der Reserve, ich habe am Donnerstag und Freitag innerhalb von 24 Stunden je ca. 5 ccm gegeben. Mit bestem Gruß Ihr dankbarer Fallada«.

Am Morgen stand Bechers Fahrer Punkt 8 Uhr vor der Tür. Sie machten noch einen kleinen Umweg in die Breite Straße, um das Schreiben an Doktor Bell abzugeben. Becher hatte Fallada eine von ihm unterzeichnete Bescheinigung mitgebracht: »Wir bitten, Frau Fallada bei der Überführung der Möbel ihres Mannes, des Schriftstellers Hans Fallada, aus Feldberg, Mecklenburg, nach Berlin behilflich zu sein.« Darunter stand derselbe Text noch einmal in Kyrillisch. Handschriftlich, wahrscheinlich hatte Willmann das hinzugefügt. War nicht verkehrt, wenn man Russisch konnte.

Sie trafen rechtzeitig ein, um vor Beginn noch ein paar Leute zu begrüßen. Alles natürlich Mitglieder im Kulturbund. Und alle wollten etwas von Becher. Hela Gruel wollte sich noch kurz mit ihm verständigen, sprach aber vor allem von sich: Sie habe sich beim Trümmerräumen verletzt, würde wohl nie mehr auf der Bühne stehen können, am liebsten wäre ihr eine Intendanz, muss auch kein großes Theater sein ... Eine junge Sängerin, Fallada schätze sie auf fünfundzwanzig, musste unbedingt noch anbringen, dass sie nächstes Jahr Schwerin, ihr erstes Engagement, verlassen würde, sie habe einen Ruf an die Berliner Staatsoper erhalten. Ein Schriftstellerkollege war auch da, Willi Bredel, gleichfalls Aufbau-Autor. Mit ihm würden sie anderntags zusammenkommen.

Das Staatstheater war bis auf den letzten Platz gefüllt. Die Kundgebung begann mit Musik – die Mecklenburgische Staatskapelle spielte die »Coriolan«-Ouvertüre –, danach begrüßte Pastor Kleinschmidt, ebenfalls Kulturbund, die aus Berlin angereisten Gäste.

Becher hielt eine flammende Rede, Fallada war viel zu aufgeregt, um zuzuhören, aber es klang ihm allzu deklamatorisch. Becher endete pathetisch: »Lassen Sie mich abschließend dieses Volksurteil über die Nazikriegsverbrecher zusammenfassen in zwei Zeilen: Die auf Vernichtung sannen, richtet sie! Richtet, vernichtet sie! Sprengt sie ins Nichts!«

Tosender Beifall. Dann war er an der Reihe.

Er begann mit dem sogenannten Mann von der Straße. Wenn man mit ihm über den Nürnberger Prozess spreche, gebe es zwei Reaktionen: Gleichgültigkeit oder Rachegelüste. Beides verständlich und doch keine Haltung, die eines Bürgers des neuen, demokratischen Deutschlands würdig sei. Ein solches Musterexemplar habe er indes noch nicht entdecken können, im Gegenteil, er habe »gerade im letzten halben Jahre, da die Hitler'sche Knute fortfiel, erfahren müssen, dass ein Großteil unserer Mitbürger den niedrigsten Instinkten mit Diebstahl, Denunziation, Neid Raum gegeben hat«. Nach dieser Diagnose des moralischen Verfalls musste er die Kurve kriegen, sollte doch der Glaube an ein besseres Deutschland heraufbeschworen werden.

Er schilderte seine Beobachtungen bei dem Wochenschau-Bericht. Göring nannte er einen »entwöhnten Morphinisten, bei dem an Stelle des Morphiumrausches der Machtrausch getreten war«. Man solle sie nur ansehen, diese Leute aus dem engsten Kreis des Führers: »den homosexuellen Röhm, den Trinker Ley, den an Wahnvorstellungen leidenden Hess, der flieht, sobald die Sache gefährlich wird, den kleinen Goebbels, der seine Minderwertigkeitsgefühle abreagiert durch einen enormen Frauenverbrauch«, nicht zu vergessen Streicher, »diesen Bullen, tierisch mit seinen Speckfalten im Nacken«. Er redete sich in Rage, spürte, das kam an bei den Leuten. Er schaute auf Becher, dem diese Art der Abrechnung offenkundig weniger gefiel. Die Paladine des Führers als Trinker, Morphinisten, Homosexuelle hinzustellen war diesem denn doch zu einfach, noch dazu von Fallada. Gerade sagte er: »Alles Leute mit einem Knax.« Hatte Fallada nicht selber einen Knax?

Seine Stimme wurde immer piepsiger, er sprach schon über eine halbe Stunde. Sein Hals war trocken, staubtrocken. Er hätte etwas zu trinken gebraucht, und nicht nur Wasser. Dabei kam er jetzt zu der Stelle, an der er mit Becher wetteiferte. Das musste mit Aplomb vorgetragen werden.

Wenn die Menschen in Trümmern vergeblich auf die Heimkehr der Männer warteten, »so denket stets daran: jene in Nürnberg, sie haben all dies Unglück über uns gebracht – unser Fluch ihnen«! Wenn die Welt auf alles Deutsche mit Misstrauen sähe, »so denket immer daran: jene in Nürnberg tragen auch daran die Schuld – unser Fluch ihnen«! Und wenn zwölf Jahre Nazierziehung nicht spurlos an den Menschen vorübergegangen, sie unduldsam und streitsüchtig geworden seien, »auch das ist das Werk dieser Nürnberger – und darum seien sie verdammt«!

Er hatte diesen dreifachen Fluch in den Saal schmettern wollen, doch seine Stimme trug nur noch bis in die ersten Reihen. Er meinte zu spüren, dass die Leute sehnsüchtig auf das Ende seiner Ausführungen warteten. Ihm ging es nicht anders, rasch kam er zum Schluss:

»Ausgelöscht, vergessen, vorbei. Auch dann werden wir vielleicht noch kein reiches Volk sein an materiellen Gütern, aber dann werden wir errungen haben das, was mehr ist als jeder Reichtum: die Freiheit des Geistes, die Reinheit des Denkens, wiedererkämpft das wahre Deutschland, das immer in den Zeiten seiner größten äußeren Not seine geistigen Höhepunkte erlebte. An dieses Deutschland wollen wir immer denken, wir wollen an es glauben und auf es hoffen – immer!«

Die Leute klatschten. Die Staatskapelle spielte den ersten Satz von Beethovens Schicksalssinfonie. Dann hatte Hela Gruel ihren Auftritt: Sie trug Gedichte von Becher vor: »Du, meine deutsche Heimat, die so schwer / Darniederliegt – muss ich dich auch verklagen / Und zähle alle die Verbrechen her, / Um derentwillen du so schwer geschlagen.« Kurt Schiller sang mit körniger Stimme Mussorgski, es folgte Sigrid Ekkehard, selbige ehrgeizige Schweriner Sängerin, mit dem Gebet aus »Tosca«. Wollte die Veranstaltung denn nie enden? Dann noch die Ouvertüre zu Wagners »Rienzi« und endlich Schluss.

Am nächsten Tag trafen sie sich mit Bredel. Eine eher schlichte Natur, befand Fallada. Ein echter Hamburger Prolet, hatte auf der Werft und als Dreher in der Maschinenfabrik gearbeitet. Darüber Romane geschrieben, die Fallada nie zur Kenntnis genommen hatte. Immer auf der Barrikade, Hamburger Aufstand, Spanienkämpfer in der Internationalen Brigade, Agitation deutscher Soldaten in Stalingrad. Bredel war mit Ulbricht und Becher aus Moskau gekommen. Fallada fühlte sich deplatziert in dieser Gesellschaft. Sollten die Kommunisten ihre Erinnerungen an die alten Kämpfe austauschen, er hatte dazu nichts beizutragen.

Überrascht war er, als ihn Bredel plötzlich auf »Wolf unter Wölfen« ansprach. Der hatte den Roman während des Exils gelesen. Sehr gründlich, er wusste über Details Bescheid, an die sich Fallada selbst kaum noch erinnerte. Und das bei einem Buch von 1115 Druckseiten. Seine Verblüffung war ihm anzusehen, Bredel klärte ihn auf: Er hatte 1940 in Moskau ein Gutachten über »Wolf unter Wölfen« verfasst, um zu prüfen, ob das Buch ins Russische übersetzt und in der Sowjetunion erscheinen sollte. Bredel hatte das befürwortet, wohl wissend, dass der Jargon schwer in eine andere Sprache zu übertragen war. Dafür hatte Bredel ein Faible, er konnte sich bis heute über bestimmte Ausdrücke und Wendungen amüsieren, die nur auf dem Berliner Pflaster gedeihen konnten.

Die »Volkszeitung«, das Organ der KPD, brachte in der Montagsausgabe einen großen dreispaltigen Bericht über die Veranstaltung. Seine Rede wurde mit einem Absatz abgetan, Bechers hingegen – Fallada zählte nach – zwölf Absätze eingeräumt. Dass Redenschwingen nicht sein Metier war, hatte er schon vorher gewusst.

Auf der Rückfahrt erfuhr er, dass Aufbau im nächsten Jahr gleich drei Bredel-Bücher herausbringen würde, zwei Romane und einen Erzählungsband. Natürlich keine große Literatur, lächelte Becher, und – unter uns – Bredel würde auch nicht halb so viel Vorschuss erhalten wie Fallada. Übrigens dachte Becher daran, seine Schweriner Rede zusammen mit anderen als Buch zu publizieren, Titel: »Deutsches Bekenntnis«. Fallada wollte seine Rede nicht gedruckt sehen.

Eben war er noch als Volksredner aufgetreten, da stand bereits der nächste Termin an. 12. Dezember, Haus des Rundfunks in der Masurenallee. Vereinbart hatte das, wie konnte es anders sein, Becher.

Der eindrucksvolle Klinkerbau mit den glänzenden Keramikverblendungen lag zwar im britischen Sektor, aber der Rundfunk befand sich in der Hand der Russen. Das unversehrte Gebäude stand da wie einst in jener längst vergangenen Zeit, als der plötzlich gefeierte Autor Fallada aus seinem Roman »Kleiner Mann – was nun?« las. Während der Nazizeit hatte hier niemand mehr etwas von ihm wissen wollen.

Becher musste sich nicht erst durchfragen, er kannte sich aus. Im großen Sendesaal hatte er im Juli die Gründung des Kulturbunds verkündet, seitdem ging er hier ein und aus. Thema der Runde war, wie der Kulturbund bei der Gestaltung des Rundfunkprogramms mitwirken könne. Wieder einmal kannte man sich: Intendant Hans Mahle war aus Moskau zurückgekehrt, wo er mit Becher, Pieck und den anderen Genossen der Gruppe Ulbricht im Hotel Lux gewohnt hatte. Was Wera Sakwawar genau machte, fand Fallada nicht heraus. Kapitän Wladimir Grigorjewitsch Mulin – wieso eigentlich Kapitän? – wurde als Leiter der Radiopropagandaabteilung vorgestellt. Ein SMAD-Mann, doch kein Hardliner. Höflich, umgänglich, sprach perfekt Deutsch, verstand sich gut mit Mulin. Friedrich Eisenlohr war auch dabei. Becher und Fallada beteiligten sich rege.

Becher war wieder mal auf einen Sprung vorbeigekommen, die beiden Männer waren unter sich. Ulla war unterwegs Besorgungen machen, Lilly in Ahrenshoop – vielleicht könnte man dort ein Erholungsheim für den Kulturbund aufziehen. Er hatte seinen Roman »Abschied« mitgebracht, gerade neu bei Aufbau erschienen, entstanden im Moskauer Exil. Sein einziger Roman – er bewunderte den Erzähler Fallada, das könne er nicht.

Das Buch hätte auch »Abrechnung« heißen können. Abrechnung mit einer lieblosen Kindheit und einer schwierigen Jugend. Bechers Vater war Staatsanwalt, ein Mann, für den Recht, Zucht und Ordnung das höchste Gut waren. Emotionen kannte er nicht oder ließ sie sich nicht anmerken. Stocksteif, gepanzert. Liebe hatte das Kind nicht erfahren.

Dieses Milieu kannte Fallada nur zu gut: Sein Vater war Kammergerichtsrat gewesen. Die Juristen im Kaiserreich waren alle gleich, einer wie der andere.

Beide hatten – Verwirrungen in der Pubertät – einen Doppelselbstmord inszeniert mit fatalem Ausgang: Becher hatte seine Freundin Franziska Fuß erschossen, Fallada seinen Freund Hanns Dietrich von Necker. Sie selbst überlebten. Ihre Juristenväter hatten dafür gesorgt, dass sie nicht als Mörder verurteilt wurden.

Beide kamen früh mit Morphium in Kontakt, wurden süchtig und kannten die Hölle des Entzugs. Weil Fallada mit Rowohlt befreundet war, erzählte Becher eine Episode aus seiner Zeit als junger Dichter. Er hatte wegen seiner Abhängigkeit eine Klinik aufgesucht; die Ärzte erklärten, jetzt sei es noch möglich, ihn zu retten. Acht Tage Entzug, dafür wollten sie 100 Mark haben – die hatte er nicht, und seinen Vater brauchte er gar nicht erst zu fragen. Da habe er sich an Rowohlt gewandt, der zögerte. Am Ende hielt es Becher in der Klinik nicht aus. Gleich am ersten Tag drei Viertel Morphium weniger …

Beide waren dem Expressionismus verfallen, auch wenn sie nicht mehr daran erinnert werden wollten. Hier hatten sie Ausdrucksmöglichkeiten für ihre heftigen Erregungszustände gefunden. »Erdbeben und Explosionen sollten sein, um die spießige Ruhe der Welt zu erschüttern«, heißt es über das damalige Lebensgefühl in »Abschied«. Mit großer Gebärde war Becher als Revolutionär aufgetreten, zum dichtenden Kommunisten konvertiert.

Der eine war im Land geblieben, der andere emigriert. Aber waren damit die Parallelen ihrer Lebenslinien wirklich erschöpft? Fallada hatte unter der Hitler-Diktatur gelitten, Becher unter Stalins Schreckensherrschaft. Die willkürlichen Verhaftungen nachts im Hotel Lux, man konnte nie sicher sein.

Der Dichter, der öffentlich voller Pathos den Aufbruch beschwor, war ein Melancholiker, der in seiner »Welt-Verlorenheit« unter Schwermut litt. Der Schriftsteller, der in seinen Büchern oft in die Idylle auswich, wurde obsessiv von den dunklen Seiten der Existenz angezogen.

Beide litten sie unter Depressionen, denen jeder auf seine Art zu entkommen suchte. Sie waren gebrochene Menschen, hatten beide einen »Knax«.

So nahe wie an diesem Nachmittag waren sie sich nie gekommen.

Bestens gelaunt lud Fallada den Antiquar Wolfgang Keiper ein, ihn doch einmal im »Schmoll- und Grollsitz Niederschönhausen Friderizianischen Andenkens« zu besuchen. Keiper war ein Büchernarr, er konnte stundenlang über Papiere, Formate, Typographie, Druckvarianten, Einbandstoffe reden. Er hatte auch einen kleinen Verlag, spezialisiert auf Faksimiledrucke. Sein letztes Projekt, in der Spätphase des Kriegs, war eine vierteilige Feldpostausgabe von »Also sprach Zarathustra« gewesen. Verrückt. Mit Fallada hatte er ein anderes verrücktes Projekt, ein autobiographisches Buch über Frauen und Bücher, ausgeheckt. Nun, von beidem verstand Fallada etwas, ernsthaft war er die Geschichte nicht angegangen, aber es machte Spaß, darüber mit Keiper zu plaudern.

Früher hatte er bei ihm gekauft, jetzt wollte er an ihn verkaufen. Nicht die Bibliothek im Ganzen verramschen, abzugeben hatte er die bei Seemann in Leipzig erschienenen Pergamentbände »Kunst und Künstler«, alles, was er von Paracelsus hatte, vielleicht auch das Grimm'sche Wörterbuch. »Morgen startet die Ex-Seifenflocke wieder einmal nach Feldberg, am Sonntag hofft sie mir mit einem Lastwagen plus zwei Anhängern gefüllt mit guten Dingen vor die Augen zu treten.«

Fallada hatte Ulla einen Brief an Suse mitgegeben. Weihnachten nahte, und Fallada baute schon einmal vor. »Wir haben diesmal ganz leere Hände – einmal gibt es wirklich nichts zu kaufen, zum andern fehlt es uns an allem, an Zeit, an Geld, an Gelegenheit, um ev. auf dem Schwarzen Markt doch etwas zu finden.« Mücke könnte sich ein paar Karl-May-Bände, vielleicht die Folge »Aus dem Reich des silbernen Löwen«, aussuchen. Für die andern hätten sie leider nichts.

Dafür klappte wenigstens diesmal alles mit dem Transport. Fallada drückte dem Fahrer 600 Mark in die Hand, dazu Kunsthonig und Korn, was wollte der Mann mehr.

Sie packten aus. Ulla staunte über die Bücherberge und meinte, sie könnten eine Leihbücherei aufmachen. Fallada lachte, aber sie hatte das ernst gemeint. Wie naiv, sie ahnte ja nicht, was für Schätze das waren. Die wertvollen Klassiker-Erstausgaben würde er niemals aus der Hand geben, in eine Leihbücherei gehörten Schmöker. Ulla hatte auch einige der Möbel, die auf Godenschwegers Veranda lagerten, geholt und leider – wirklich blöd – eine Spritze samt Kanülen dort liegen lassen.

Außer Büchern hatte sie noch etwas mitgebracht: Uli. Das gab ein großes Hallo, Fallada freute sich, den Bengel bei sich zu haben. Der konnte das Zimmer im Souterrain beziehen, war schon alles vorbereitet.

Post vom Berliner Rundfunk. Wera Sakwawar war offenbar für die dortige Programmplanung zuständig. Sie erinnerte an die Vereinbarung mit dem Kulturbund und kam gleich mit einem ganzen Bündel von Ideen und Wünschen.

Zunächst wollten sie Fallada in der Sendereihe »Schriftstellerporträts« vorstellen, und zwar im Gespräch mit einem anderen Literaten, den er selbst vorschlagen könne. Noch dringender die Bitte: Fallada sollte etwas zu Bechers Roman »Abschied« sagen. In der Sendereihe »Buch- und Theaterbesprechung« wollten sie die Neuerscheinung vorstellen, das Sendeskript lag bei, Fallada müsse nur eine abschließende Bewertung hinzufügen. Die Ausstrahlung sollte in den nächsten Tagen sein, am besten noch im Dezember.

Fallada hatte zwar regelmäßige Mitarbeit zugesagt und einen entsprechenden Vertrag unterschrieben, aber vereinnahmen lassen wollte er sich nicht.

Sakwawar hatte ihre Telefonnummer angegeben, doch er besaß noch keinen Anschluss. Oberstleutnant Schemjakin von der »Täglichen Rundschau« hatte zwar dem Fernsprechrechnungsamt geschrieben, es sei im Interesse der Zeitung dringend notwendig, mit Herrn Fallada ständig in Verbindung zu stehen, aber passiert war nichts. Vielleicht war es ohnehin besser, einen Brief zu schreiben und Uli damit in die Masurenallee zu schicken.

Über »Abschied« wollte er nichts Wertendes beisteuern, es könnte sonst der Eindruck entstehen, die ganze Sendung ginge von ihm aus. »Und so decken sich unsere Auffassungen doch nicht. Ich würde in einer Besprechung des Becher'schen Romans wohl auch das Politische betonen, aber in noch viel stärkerem Maß das Künstlerische, das Bekennerische. Es würde mich schon reizen, den Roman dieses Lyrikers zu besprechen, aber dann nur nach diesem Gesichtspunkt.« Was das Porträt betreffe, so sei er ebenfalls skeptisch. Er wüsste keinen Autor, mit dem er sprechen wolle. Was sie von folgender Idee hielte: »Ich spreche mit meiner Frau, entwickele ihr meine Pläne, höre ihre Gegenvorschläge, mache die ganze Sendung – kurz gesagt – sehr menschlich und privat, wodurch sie sicher an Wirkung gewinnen würde.« Das wäre einmal ein ganz anderer Weg, der vielleicht nicht nur ihm Freude machte.

Und dann wurde er auch noch offiziell zum Mitarbeiter der »Täglichen Rundschau« gekürt. Etwas irritiert war er schon, als er anstelle eines Vertrags das folgende Papier bekam: »Befehl Nr. 376 der Redaktion und des Verlages: Anstellung des Schriftstellers der Kulturabteilung ab 15. 12. 1945«. Schließlich war es das Blatt der Roten Armee, da ging alles nach Befehl. Ein paar Tage zuvor hatte bereits »Oma überdauert den Krieg« in dem Blatt gestanden, Weiteres würde folgen.

Die Berliner Presselandschaft blühte auf. Jetzt durften auch deutsche Zeitungsprojekte starten, natürlich immer nur mit Lizenz der Besatzungsmächte. Erik Reger hatte mit amerikanischer Lizenz den »Tagesspiegel« ins Leben gerufen. »Der Kurier« erschien mit französischer Erlaubnis. Erfolgreiche Konkurrenz machte ihnen der russische »Nacht-Express«, Fallada blätterte extra an die entsprechende Stelle, um es Schwarz auf Weiß zu sehen: Chefredakteur Richard Kurtz, fürs Feuilleton zeichnete Paul Wiegler verantwortlich. Ihn hatten sie auch nicht vergessen und baten – für die Weihnachtsausgabe wollten sie einen bekannten Namen haben – um eine Geschichte für die Beilage. Möglichst exklusiv und etwas Neues.

Pünktlich zur abgesprochenen Stunde lieferte er am 21. Dezember »Essen und Fraß«. »Es war einmal ein junger Mann, nämlich ich, der Schreiber dieser Zeilen, den verurteilten in seiner Jugend Ärzte und Eltern, Landwirt zu werden, weil meinen Nerven das Großstadtleben ›nicht bekömmlich‹ sei. So ist es gekommen, dass ich ein gutes Dutzend meiner Lebensjahre die Füße unter den Tisch der Rittergutsbesitzer habe stecken müssen – und dass die immer großzügige Gastgeber waren, das kann ich nicht behaupten.« Was folgte, war eigentlich keine richtige Geschichte, sondern pointierte Erinnerungen aus seiner Zeit auf den Gütern, wo

– selbst zu Weihnachten – für die einfachen Leute nur ein abscheulicher Fraß auf den Tisch kam.

Mit dem Text schickte er Uli zur Redaktion in die Zimmerstraße im alten Zeitungsviertel rund um die Kochstraße. Die Elektrische der Linie 47 hielt in der Grabbeallee, praktisch vor ihrer Tür, aber Uli nahm immer das Fahrrad, selbst für weite Strecken.

Fallada hatte noch einen Brief an Wiegler dazugelegt mit der Bitte, er solle Uli doch gelegentlich die Druckerei zeigen, vielleicht wäre das etwas für seinen Sohn. Und noch eine Bitte: Er wolle ein Inserat aufgeben, das unbedingt in die Weihnachtsnummer müsste, es lautete: »Gut dressierten Rassehund, Rottweiler oder Airedale oder Deutschen Schäferhund, kauft Fallada, Berlin-Niederschönhausen, Eisenmengerweg 19.« Wiegler möge sich persönlich darum kümmern, dass das noch ins Blatt kommt. »Der Hund ist mein Weihnachtsgeschenk an meine Frau, und da ich ihn in persona wegen zu viel Arbeit bis zum Fest nicht geschafft habe, soll sie ihn wenigstens am Weihnachtsfeste gedruckt sehen, als Beweis meines ernsten Willens.«

Das erste Friedensweihnachten. Keine Bomben mehr, keine Angst mehr für Leib und Leben. Sie sind alle durchgekommen, sie sind die wahren Hinterbliebenen. Das musste gefeiert werden.

Der Weihnachtsbaum stammte aus dem eigenen Garten, Uli hatte ihn ausgesucht und abgesägt. Eine krumme Fichte, so krumm, dass Ulla sie mit einem Bindfaden am Fensterriegel verankern musste. Aber sie wurde reichlich mit Lametta und Kugeln geschmückt, sogar Kerzen fanden sich. Da fiel es gar nicht mehr auf, wie krumm ihr Baum war.

Bei den Geschenken zog Jutta das große Los, und das hatte sie Becher zu verdanken. Der hatte einen riesigen Kaufmannsladen – mit allem Zubehör wie Verkaufstisch, Kasse und Waage – im Keller einer Villa gefunden. Vorbesitzer waren wohl die Kinder eines Nazibonzen gewesen, aber das sah man dem Spielzeug ja nicht an. Der Kaufmannsladen war so groß, dass Jutta hineinkriechen konnte und höchst gekonnt Dinge feilbot, die es derzeit in den richtigen Läden nicht gab, Waschpulver zum Beispiel oder Nudeln.

Ulla war irritiert gewesen, als ihr Fallada zu Weihnachten eine Zeitung überreichte. Er schlug die Kleinanzeigen im »Nacht-Express« auf und zeigte auf die Rubrik »Kaufgesuche«. Zwischen dringend gesuchten Dingen wie Geldschrank (Tresor), Drehstrom-Motor und Nähmaschinen-Ersatzteile las sie: »Gut dressierten Rassehund ...«

Es gab, ganz traditionell wie früher in Carwitz, eine Weihnachtsgans. Sie kam auch aus Carwitz, in Berlin hätten sie keine auftreiben können. Fallada dachte wehmütig daran, wie sie seinerzeit geschlemmt hatten, nicht nur am Schlachttag. Die reinste Völlerei. Wie gut die Herta damals gekocht hatte, gepökelte Gänsebrust oder Ente, gefüllt mit Dörrobst, Zimt und Anis ... Schnell wischte er die Gedanken beiseite, Ulla konnte auch gut kochen, aber es gab ja nichts.

Die Lebensmittelkarten für die ersten beiden Januar-Dekaden waren bereits ausgeteilt worden, und so aßen sie die Fleischration für 40 Tagen schon in der kurzen Zeit am Jahresende auf. Fallada war in diesen Dingen nicht diszipliniert, Ulla erst recht nicht, sie lebten nach dem Motto: Nicht den Kopf um morgen zerbrechen, Hauptsache, man war heute versorgt.

Ein unerwartetes Weihnachtsgeschenk kam vom »Nacht-Express«. Fallada hatte kein Honorar ausgemacht, nun schrieb ihm Rudolf Kurtz: »Ich habe mir gestattet, Ihnen ein Honorar von RM 1000,– anzuweisen – das höchste Honorar, das wir überhaupt zahlen können.« Es würde sie freuen, gelegentlich wieder eine Arbeit von ihm bringen zu dürfen. Fallada war sich sicher: Bei diesen Honoraren würde ihm schon etwas einfallen.

Am Abend waren sie bei Bechers eingeladen. Die Wohnung war natürlich größer als ihre und der Baum keine mickrige Fichte wie bei ihnen zu Hause. Auf den geschmückten Tischen brannten Kerzen.

Erfreut registrierte Fallada, dass Rudolf Kurtz da war. Willmann natürlich auch mit seiner Hanna, außerdem ein sowjetischer Schriftsteller, der gut Deutsch konnte, sowie Liselotte und Annemarie, beide aus dem Kulturbund-Sekretariat. Ein paar andere Gäste konnte er nicht einordnen.

Becher klopfte an sein Glas und hielt eine Rede auf Fallada. Er sei, was den Reichtum und die Vielseitigkeit seiner Figuren anbelange, der wohl bedeutendste lebende deutsche Erzähler. Was war ihm das peinlich – Fallada fühlte sich vorgeführt. Er war Bechers Vorzeigeautor, die neueste Errungenschaft für seinen Verein. Mit »Wolf unter Wölfen« habe er, in der Nachfolge eines Grimmelshausen, deutsche Zeitgeschichte gestaltet, referierte Becher. Das hörte Fallada schon lieber, doch dann wurde ihm ganz anders. »... so ist auch der ›Eiserne Gustav‹ ein Werk, das wir nicht vergessen wollen und auf das wir Deutsche stolz sein dürfen, ein pädagogisches Poem: Preußen daheim, Kasernenhof als gute Stube, mit überzeugender Konsequenz zu katastrophalem Ende geführt, anarchistische Auflösung des eisern erstrebten Familienglücks ...«

Fallada wurde heiß und kalt. »Der eiserne Gustav« war der Roman, den er wegen des Schlusses in diesen Tagen lieber nicht erwähnte, am besten ganz verschwieg. Und nun bedachte Becher ausgerechnet dieses problematische Buch mit seinem literarischen Lorbeer. Fallada stürzte den Wein hinunter, ließ sich nachschenken. Er wusste, was Becher am »Eisernen Gustav« gefiel: die radikale Kritik am Preußentum, das autoritäre Väter hervorbrachte und keine Liebe zu den Söhnen zuließ. Das war sein Thema, siehe »Abschied«.

Es wurde zu Tisch gebeten. Es gab Bockwurst und Salzkartoffeln. Vielleicht wollte Becher sich volkstümlich geben.

Wein hätte man mitbringen sollen, Fallada hatte das »vergessen«, dafür hatten die anderen Gäste genug beigesteuert. Und Becher hatte auch was im eigenen Keller, nicht zu knapp.

Ulla flirtete mit einem Mann, den er schon einmal auf der Straße im Städtchen gesehen hatte. Natürlich, sie war die Schönste an diesem Abend, alle Augen richteten sich auf sie, warum musste sie deshalb nur gleich …? Der Mann sei Arzt, raunte sie ihm zu.

Fallada unterhielt sich mit dem sowjetischen Schriftsteller. Woher er so gut Deutsch könne? Konstantin Fedin war 1914 in Nürnberg gewesen, um seine Sprachkenntnisse zu verbessern. Nach Ausbruch des Ersten Weltkriegs verweigerte man ihm die Rückkehr nach Russland; er musste bleiben und lebte in Zittau, Dresden, Görlitz, Zwickau und zuletzt wieder in Nürnberg. Der russische Kollege kannte deutsche Städte, in die Fallada nie gekommen war. Fedin lachte: Er sei auch in Davos gewesen, zur Kur in einem Sanatorium. Das habe ihm Gorki ermöglicht, beide seien Mitglieder der Petrograder Serapionsbrüder gewesen. Fallada horchte auf, E. T. A. Hoffmann war einer seiner Lieblingsautoren. Ja, nach dem Vorbild der Berliner Gruppe hätten sich auch in Petrograd Schriftsteller unter diesem Namen zusammengefunden.

Fallada sah zu Ulla: Sie plauderte immer noch mit dem Arzt, schüttelte lachend ihre Lockenpracht. Er war kurz davor, einzugreifen, wandte sich aber wieder Konstantin Fedin zu. Was er jetzt mache? Er sei gerade aus Nürnberg gekommen, wo er als sowjetischer Beobachter am Prozess teilnahm.

Sie wurden unterbrochen. Ein prominenter Gast zu später Stunde, der nicht lange bleiben wollte: Wilhelm Pieck. Er hatte auch eine Weinflasche mitgebracht, aus seinem Garten, wie er schmunzelnd meinte. Neulich hätten zwei junge Frauen vor seiner Tür gestanden, die Töchter des früheren Hausbesitzers. Haus und Garten seien beschlagnahmt, ob sie die im Garten vergrabenen Weinflaschen ausbuddeln dürften? Durften sie natürlich, er war ja kein Unmensch. Diese Flasche hätten sie ihm geschenkt.

Fallada nahm das Gespräch mit Fedin wieder auf. Der Nürnberger Prozess interessiere die Deutschen auf der Straße überhaupt nicht. Sie wüssten ohnehin, dass sie betrogen worden waren, und was immer man jetzt an Dokumenten präsentierte, sie glaubten nichts mehr. Den ganzen Prozess könnte man sich sparen, am besten die Schurken und Verbrecher gleich an die Wand –

Pieck schaltete sich in das Gespräch ein. Der Prozess sei keine überflüssige Veranstaltung, Verbrechern müsse man in aller Öffentlichkeit den Prozess machen. Fallada ließ ihn nicht ausreden, er wurde laut. Pieck blieb ruhig, mit Engelsgeduld redete er auf Fallada ein. Es hatte aber keinen Zweck, der Mann war in Rage und Argumenten nicht zugänglich. Offenkundig besoffen.

Pieck verabschiedete sich. Becher atmete auf, als er gegangen war. Gut, dass ein anderer Nachbar nicht anwesend war: Walter Ulbricht verstand in derlei Dingen keinen Spaß.

Becher wurde schlagartig klar: Seine Freundschaft mit Fallada konnte ihm gefährlich werden. Der Mann war unberechenbar. Auf öffentliche Auftritte mit ihm sollte er künftig besser verzichten.

30. Dezember, das Jahr ging zu Ende. Es war ein erlebnisreiches Jahr gewesen. Der Krieg war aus, die größten Nazischurken tot oder hinter Gittern. Nicht alle natürlich, aber ihre Herrschaft war vorbei. Er musste nicht mehr fürchten, dass seine Bücher verboten oder verbrannt wurden. Mit den neuen Herrschern hatte sich Fallada arrangiert und einen einflussreichen Fürsprecher gefunden. Becher protegierte ihn, das war bestimmt nicht allen recht. Wie sicher war seine Position?

Gestern war er noch euphorisch, doch das hielt nicht an.

Der Erfolg, plötzlich überall präsent zu sein, beunruhigte ihn. Er wurde das Gefühl nicht los, es könnte schon morgen alles wieder vorbei sein. Man hatte ihm gesteckt, dass »Bauern, Bonzen und Bomben« und »Der eiserne Gustav« auf einer schwarzen Liste – einer offiziellen Liste vom Berliner Magistrat! – standen mit dem Vermerk: aus den Bibliotheken auszusondern. »Der eiserne Gustav«, gut, das verstand er, er hätte sich niemals darauf einlassen sollen, den Schluss zu ändern, dem Roman noch einen Nazischwanz anzuhängen. Aber »BBB«? Hatten die Kommunisten plötzlich etwas dagegen, wenn die SPD-Bonzen in einem schlechten Licht erschienen?

Wenn er schon dabei war, Bilanz zu ziehen: Im letzten Jahr hatte er Aufträge erfüllt, aber nichts ihm Wichtiges geschrieben. Was hatte er noch in der Schublade, das sich auf dem literarischen Markt verwerten ließe? Nicht viel, doch immerhin drei mehr oder minder druckreife Bücher. »Ein Mann will hinauf« oder, der Titel gefiel ihm noch besser, »Die Eroberung von Berlin«. Der Roman war zwar nie als Buch erschienen, aber unter der Überschrift »Die Frauen und der Träumer« in der alten »Berliner Illustrirten« verwurstet worden. »Der Trinker« – passte nicht in eine Zeit, in der Aufbau und nicht Untergang angesagt war. Blieb »Der Jungherr von Strammin«, eine harmlose Geschichte, Lesefutter – warum nicht?

Und die private Bilanz? Er wollte nicht undankbar gegen neue Freunde und nicht treulos gegen die alten sein, das hatte er mit Blick auf die Verlagskonkurrenz an Rowohlt geschrieben, aber es war komisch, wenn er darüber nachdachte: Der Satz traf auch sein Dilemma mit den Frauen. Er war Ulla dankbar für ihre Liebe und wollte zugleich nicht treulos gegen Suse sein.

Morgen, Silvester, hatten sie beschlossen, nicht zu feiern. Es war in den letzten Tagen zu viel Alkohol geflossen. Vielleicht blieben sie nicht einmal bis Mitternacht auf. Im nächsten Jahr dann werde er den großen Roman schreiben, nicht bloß Geschichten für Tageszeitungen.

Eine unangenehme Sache galt es noch zu erledigen: Er musste der »Neuen Berliner Illustrierten« mitteilen, dass es nichts mit dem Roman geworden war. Das druckfertige Manuskript von »Im Namen des Deutschen Volkes« hätte er laut Vertrag am 1. Januar abgeben sollen. Nach dem Exposé hatte er sich nicht mehr mit dem Projekt beschäftigt. Es existierte noch keine Zeile, aber musste er das in dieser Deutlichkeit kundtun? Der Schriftleitung erklärte er, er werde sich bemühen, seine Arbeitsverpflichtung so schnell und so gut wie möglich zu erfüllen, könne sich aber auf keinen Ablieferungstermin festlegen. Durch Lilly Becher ließ er ihnen, gewissermaßen als Lückenbüßer, das erste Buch seines auf mehrere Teile geplanten, aber nie beendeten Schelmenromans »Wizzel Kien« zustellen.

»Es wird laut, das nicht wohlklingende Geräusch einer Kinder-Ziehharmonika als Begleitung einer kleinen Mädchenstimme, die ein Lied eigener Komposition nach einem nicht verständlichen Text singt. Eine männliche Stimme ruft empört: ›Ruhe!‹

Gedudel und Gesang gehen unverändert weiter. Die männliche Stimme noch lauter, noch empörter: ›Jutta, ich habe um Ruhe gebeten!‹

Das Kind beharrt darauf, musikalisch zu bleiben. Der Mann, fast flehend: ›Jutta, ich bitte dich ernstlich …‹ – Mit erhobener Stimme: ›Ulla! – Uschi!‹«

Sie soll dem Fräulein Tochter endlich beibringen, dass er arbeiten und sie mit dem Gequake aufhören muss. Soll lieber mit dem Kaufmannsladen spielen. Er brauche absolute Stille im Haus: »Ich fange nämlich unwiderruflich und endgiltig mit meinem neuen Roman an.«

Eine hübsche Szene aus dem Schriftstelleralltag, die am Anfang des Rundfunkporträts steht, das Fallada als »Zwiegespräch zwischen dem Verfasser und seiner Frau« anlegte. Völlig unbekannt dürfte den Hörern, sofern sie Fallada-Leser waren, diese Situation nicht gewesen sein: »Ruhe, jetzt wird gearbeitet!« heißt ein Kapitel in »Heute bei uns zu Haus«. Nur damals war Tochter Mücke der Störenfried, und die Ehefrau des Autors hieß Suse. Selbst die berühmte knarrende Treppe aus dem Carwitzer Heim taucht wieder auf, war doch die erste Hälfte der Sendung eine Rückerinnerung an die Entstehung des Inflationsromans »Wolf unter Wölfen«, an sein von den Lesern verschmähtes Lieblingsbuch »Wir hatten mal ein Kind«, an den gescheiterten Versuch »Der ungeliebte Mann«. Eine Plauderei über den literarischen Schaffensprozess. Das war Feuilleton. Was dann folgte, war ein Bekenntnis.

»Als der Zusammenbruch Deutschlands kam, als ich später krank wurde, da war es mir oft, als läge ich in einem tiefen Abgrund, alles dunkel, Nacht ohne Stern, Leben ohne Hoffnung.« Fallada hat in diesem – geschriebenen! – Dialog die weitaus größten Gesprächsanteile, Ulla ist bloß Stichwortgeberin. Gegen Ende beschränkt sie sich auf kurze Einwürfe: »Und später –?«, »Und du –?«, »Aber was ging –?«

»Ich konnte unmöglich so leben, als hätte es den April 1945 nicht gegeben und nicht den Mai und nicht den Juli und auch den August nicht«, gestand Fallada, »alles Monate, Wochen, Tage, an denen ich nicht gewusst habe, was anzufangen mit meinem Leben. Es war leergelaufen, das konnte ich mir nicht ableugnen, und es jetzt wieder füllen mit kleinen Erinnerungsresten von früher, das ging doch nicht!«

Erst nach einer langen Pause voll innerer und äußerer Hemmungen habe das Leben wieder einen Inhalt bekommen, jenen Inhalt, der seinem Wesen entspreche: Romane schreiben. Dabei komme es nicht so sehr darauf an, neue Formen zu finden, im Gegenteil, seine Mittel des realistischen Erzählens taugten noch. Was der neue Roman, auf den er sich so sehr freue, wie er ihn zugleich fürchte, leisten müsse: die innere Wandlung des deutschen Menschen zeigen, der das Zusammenstürzen seiner Vergangenheit durchlebt hatte.

Damit aber keine Missverständnisse aufkommen: »Ich will um Gottes willen keine Tendenzromane schreiben, Romane mit irgendwelchen politischen Plakaten, nein, sondern ich hoffe, es gelingt mir noch einmal, Menschenromane zu schreiben, Bücher von Menschen, die heute leben und die uns, die wir heute leben, nahe und verwandt sind, Gefährten unseres eigenen Schicksals.«

Es war auch diesmal alles knapp terminiert. Das Manuskript für den Funk wurde am 7. Januar fertig, einen Tag später schon sollte die Aufnahme stattfinden, tags darauf die Sendung ausgestrahlt werden. Wieder schickte Fallada Uli in die Masurenallee, um den Text abzugeben, am besten in der Intendanz bei Christiansen. Fallada fragte brieflich an, »ob es erwünscht erscheint, dass wir für die Szene am Anfang unsere Jutta samt Ziehharmonika mitbringen, oder ob Sie es für besser halten, ein Kind zu ›liefern‹«. Doch weder Jutta noch ein anderes lärmendes Gör wurde gebraucht – die Einleitung wurde vom Regisseur Peter Huchel gestrichen. Er mache doch kein Hörspiel, sondern eine Literatursendung.

»Ein Roman wird begonnen« war der Titel des Zwiegesprächs. Doch Fallada hatte immer noch nicht begonnen. Bei der »Neuen Berliner Illustrierten« nahm man ihm das übel. Ein Herr Kappus schrieb: »Dass Sie zu dem vereinbarten Termin nicht liefern konnten, zwingt uns, den Gesamtplan für den Romanteil der Illustrierten überstürzt zu ändern, und diese Schwierigkeit verschärft sich durch die gegenwärtige Ungewissheit, wann mit dem Eingang Ihres Manuskriptes zu rechnen ist. Wir bedauern daher umso mehr, dass Sie nicht schon früher, nachdem Sie erkannt hatten, Sie würden den Roman nicht rechtzeitig zustande bringen, uns hiervon verständigten.«

Fallada hatte angenommen, dass die Redaktion über Becher, dem seine Nöte bekannt waren, beziehungsweise über dessen Frau Lilly schon im Bilde wäre. Den Vertrag wollte Kappus trotzdem nicht annullieren, zum Glück – Fallada hätte nicht gewusst, wie er den Vorschuss zurückzahlen sollte. Allerdings hatte Kappus eine Bitte, die ihn ins Schwitzen brachte. »Seien Sie so liebenswürdig, den – wenn auch nur im Entwurf – bisher entstandenen Teil ihres Romans an uns gelangen zu lassen, und errechnen Sie, unter Einbeziehung aller möglichen hemmenden Faktoren, den spätesten Zeitpunkt, zu dem Sie uns das druckfertige Manuskript übergeben können.«

Es half alles nichts, er musste Farbe bekennen. Ihm widerstrebe es, einen Termin zu benennen, den er dann doch wieder nicht einhalten könne, zumal er eine Hauptschwierigkeit im Stoff noch immer nicht gelöst habe. »Grade für einen Vorabdruck scheint es mir unbedingt notwendig, dass auch etwas Jugend und ein wenig Liebe in diesem Buch vorkommt, dass, kurz gesagt, auch die jüngere Generation unter den handelnden Personen vertreten ist. Da liegt nun eine außerordentliche Schwierigkeit, denn an sich sind die drei Personenkreise aus einer älteren Generation: das Pamphlet schreibende Arbeiterpaar, die Leute von der Gestapo und der Kreis der arbeitsscheuen Rennwetter. Das Buch würde gar zu traurig und düster ohne diese junge Generation werden. Wie sie aber zwanglos und handlungsfördernd einzufügen ist – dieses Problem habe ich noch immer nicht lösen können. Ich bin aber überzeugt, ich finde auch da einen Weg – nur Geduld!«

Sie waren eingeladen, aber hatten wenig Lust hinzugeben: Wilhelm Piecks 70. Geburtstag wurde im Staatstheater groß gefeiert. Vielleicht müssen wir, meinte Fallada. Dafür spreche auch: Das Programm war so umfangreich, dass die Gäste unmöglich ungefüttert nach Hause geschickt werden können. Ulla war nicht überzeugt. Sie würde ja gerne mal wieder ausgehen, ihr schickes neues Kleid ausführen, aber diese grauen Parteileute wüssten das sicher nicht zu würdigen. Und dann auch noch diese unendlich langweiligen Reden. Neulich, zum amerikanischen Presseclub, da war sie gerne mitgegangen, zu diesen humorlosen Kommunisten dagegen … Nein, sie blieben zu Hause.

Becher, der seit der Weihnachtsfeier etwas reserviert erschien, hatte die Festschrift vorbeigebracht. Ein Blick in das Heft und er musste Ulla recht geben: Schon bei der Begrüßungsansprache vom Zentralkomitee der KPD wären sie eingeschlafen. Die Broschüre enthielt Beiträge von Ulbricht, Ackermann, Honecker, in denen der Kämpfer, Freund und Führer des Volkes gefeiert wurde. Becher hatte dem Jubilar ein Gedicht gewidmet: »Verwurzelt tief in deines Volkes Grund / Wuchs auf dein Leben. Wer hat den Gefahren / Getrotzt wie du, und wenn von siebzig Jahren / Die Rede ist, tut diese Zahl uns kund …«

Der alte Herr war ganz in Ordnung, doch bei aller Freundschaft, Fallada würde Pieck keine Elogen schreiben. Das höchste der Gefühle: Er würde ihm eine Widmung in das Buch schreiben, sobald der »Blechnapf« aus der Druckerei kam – »Dem unermüdlichen Kämpfer Wilhelm Pieck« –, mehr konnte er sich nicht abringen.

Ob er wisse, wie Piecks Haushälterin heißt? Ulla pflegte mehr Kontakt zu den Leuten im Städtchen als er, schließlich tauschte man sich auf der Straße nicht nur über Einkäufe und Kochrezepte aus. Ulla weihte ihn kichernd ein: Franziska Muckenschnabel. Ihr war Falladas Faible für sprechende Namen bekannt, und sie hatte noch einen parat. Der Pankower Bürgermeister? Bruno Mätzchen. Ulla kriegte sich kaum ein vor Lachen, sie hatte offenbar etwas genommen.

Jutta schlief schon, Uli hatte sich in sein Zimmer verzogen. Ja, der Junge. Uli wusste nichts mit Jutta anzufangen. Von Ulla ließ er sich nichts sagen, er fühlte sich ihr intellektuell turmhoch überlegen. Was sie, gottlob, nicht merkte, Fallada aber nicht entging. Sie warfen sich manchmal Blicke gegenseitigen Einverständnisses zu, Vater und Sohn, ein Männerbund, der zusammenhielt.

Mit dem Haus waren sie noch immer nicht glücklich. Außer dem Einbau eines kleinen Ersatzherdes war nichts passiert. Die Heizanlage stand wieder nur auf 6,2 statt auf

8,4, so kamen die Heizkörper nicht auf Touren, im Arbeitszimmer und auf dem Flur fehlten die dringend notwendigen Doppelfenster, die bodentiefe Balkontür schloss nicht dicht ab – wie sollte er da schreiben, wenn es nicht warm wurde, mit klammen Fingern tippen? Er musste sich an den Militärkommandanten Oberstleutnant Tarakanow wenden.

Er hätte gewarnt sein können.

In der »Täglichen Rundschau« hatte er in vier Folgen seine Erlebnisse aus der Nazizeit geschildert, die Verhaftung 1933, den Gefängnisaufenthalt 1944. Gut, er hatte nicht erwähnt, warum er kurz vor Kriegsende in die Anstalt gekommen war, und bei der Darstellung, wie er unter den Schikanen der Nazis gelitten hatte, hatte er etwas übertrieben und seine Gegnerschaft herausgestrichen. Alles ein bisschen geschönt halt, aber machten das nicht alle Deutschen in diesen Tagen? Im Vorwort zur Artikelserie hatte er geschrieben: »Zwölf Jahre lang, zwölf endlose trostlose Jahre hindurch habe ich unter der Naziherrschaft nicht ein Wort von dem schreiben dürfen, was mir am Herzen lag.« Das indes stimmte: »Altes Herz geht auf die Reise« hatte ihm nicht gerade am Herzen gelegen.

»Fallada erinnert sich. Bemerkungen zu einem Comeback« war der Artikel in der »Berliner Zeitung« überschrieben. Scheinheilig wunderte sich Kurt Bolt: »Wie war es nur möglich, dass der – wie er selbst sagt – zu ›zwölf Jahren erzwungenen Schweigens, Ertragens, ohnmächtigen Sichwehrens‹ verurteilte arme Fallada-Ditzen ausgerechnet während der Nazizeit literarische Erfolge verzeichnen konnte, die von kaum einem anderen Schriftsteller erreicht worden sind?« Über ein Comeback Falladas würden sich die Leser freuen, meinte Bolt, doch verwies er den Autor klar auf seinen Platz. »Was man jedoch von Fallada jetzt erwartet, das sind neue gute Unterhaltungsromane und keine schlechten Tatsachenberichte antifaschistischer Prägung, auch wenn sie seiner

Phantasie wieder das beste Zeugnis ausstellen.« Fallada entging der Sarkasmus nicht.

Die Familie Fallada unterschied sich nicht von anderen Familien: Der Mann ging arbeiten und schaffte das Geld heran, die Frau ergatterte die Lebensmittel. Nur dass bei ihnen Morphium zu den Lebensmitteln gehörte und Fallada gar nicht genug Geld heranschaffen konnte.

Die 12 000 Mark vom Hausverkauf waren längst weg. Zunächst hatten sie Schulden tilgen müssen – Vera hatte abgesahnt. Sie war wieder öfter im Eisenmengerweg zu Gast, manchmal kam ihr Mann Werner mit, ein Fotograf, der im Moment hauptsächlich von Passbildern lebte – gab es doch etliche, die sich eine neue Identität zuzulegen gedachten.

Eine alte Bekannte aus Neustrelitz, Frau Buchmann, hatte ihnen eine Uhr anvertraut, die Ulla für sie auf dem Schwarzmarkt verkaufen sollte. Ulla hatte einen angeblich vertrauenswürdigen Mann gefunden, der bereit war, 2000 RM dafür hinzulegen, auf Ratenzahlung. Doch außer der Anzahlung passierte nichts. Fallada, der es wieder einmal richten musste, hatte alle Mühe gehabt, dem Mann die Uhr wieder abzujagen. Der Eigentümerin teilte er schließlich mit: Für etwa 1000 RM könnte Ulla es noch einmal versuchen, ansonsten gehe die Uhr zurück.

Der Fuhrunternehmer Rudolf Bauer, der ihre Sachen aus Feldberg geholt hatte, meldete sich. Eine kleine Bronzefigur – von Fallada war die nicht, musste Ulla gehören – war versehentlich bei ihm zurückgeblieben. Prompt folgte sein eigentliches Anliegen: Ihm war Wagen und Führerschein abgenommen worden, angeblich habe er Wucherpreise verlangt. Fallada möge bitte bestätigen, dass alles korrekt gelaufen sei.

All diese Sachen hielten unheimlich auf. Er wollte doch mit dem Roman anfangen.

Eine Geschichte, die ihm aus persönlichen Gründen besonders am Herzen lag, hatte er für Kurtz und dessen »Nacht-Express« reserviert, »Junge Liebe zwischen Trümmern«. Das war ihre Liebe, Ullas und seine – ein gemeinsames Erlebnis aus der U-Bahn hatte er direkt übernommen. Vor ein paar Tagen war er mit ihr – strahlend und springlebendig – unterwegs gewesen, um sein Honorar bei der »Täglichen Rundschau« abzuholen. Das ließ er sich immer bar an der Kasse auszahlen, wo er Ulla vorstellte, die das dann in Zukunft für ihn erledigen könnte.

Bei der Rückfahrt war die Bahn voll besetzt gewesen, die Leute, müde und abgespannt, starrten vor sich hin. Sie dagegen waren bester Laune und überlegten, was sie alles mit dem Geld anstellen könnten. Sie alberten herum, schließlich waren sie noch kein Jahr verheiratet, küssten sich und waren zärtlich zueinander wie ein frisch verliebtes Paar. In solchen glücklichen Momenten lebte er auf, mochte sich mancher Griesgram auch sein Teil denken. Ulla kämmte ihre Lockenpracht, und eine alte Dame im Wagon ereiferte sich: Das hier sei kein Frisiersalon. Ulla reichte darauf provozierend den Kamm an ihren Mann weiter: Ein bisschen kämmen würde seinen Haaren auch guttun. Es kam zu einem Wortgefecht mit der alten Dame, die etwas von »aufgedonnerten Weibern« murmelte, was Ulla mit »alte Pappeule« konterte. Schlagfertig war seine Ulla, das musste man ihr lassen.

Die kleine Geschichte kam bei der Redaktion der »Rundschau« gut an, aber Kurtz musste ihm mitteilen, dass ihre normalen Honorare weit bescheidener waren, als Fallada es von der Weihnachtsbeilage kannte. Also keine 1000 Mark Honorar, sondern 150, leider. Fallada verbarg seine Enttäuschung: Es sei eben nicht alle Tage Sonntag, vor allem nicht Weihnachten, auch mit 150 Eiern sei er einverstanden.

Auf dem Brief stand als Absender: Dr. Klaren, Film-Aktiv, Krausenstr. 38/39. Das war das alte UFA-Haus. Er öffnete den Umschlag. »Sehr geehrter Herr Fallada! Ihnen brauche ich über unsere in Gründung begriffene Filmproduktion nicht viel zu schreiben. Sie dürften informiert sein. So genügt es, wenn ich Ihnen sagen lasse: Wir warten auf Sie! Wir sind gespannt auf Vorschläge, deren Verwirklichung Ihnen am Herzen liegt, und was uns betrifft, soll alles geschehen, um sie zu verwirklichen. Darf ich Sie bitten, uns so bald als möglich, und zwar, wenn es sich mit Ihrer Zeit irgendwie vereinbaren lässt – am besten zwischen 11–2 Uhr – aufzusuchen?«

Fallada dachte an die Zeit zurück, als er mit Berthold Viertel, Kurt Weill und Caspar Neher zusammensaß und sie über eine Verfilmung von »Kleiner Mann – was nun?« nachdachten. Sie waren ein gutes Team gewesen, inspirierende Diskussionen bis Mitternacht. Doch nach der »Machtergreifung« waren alle Pläne Makulatur, Viertel und Weill wurden ins Exil getrieben, und ein drittklassiger Regisseur übernahm, der sich an den neuen Richtlinien der Reichsfilmkammer orientierte. Fallada hatte sich zurückgezogen, sich demonstrativ den Film nicht angesehen. Welche Erfahrungen er danach mit der Filmindustrie gemacht hatte, darüber brauchte man kein Wort zu verlieren.

Einen menschlich anrührenden Film zu schaffen, das wäre schon ein Traum, den er gern verwirklichen würde. Aber er war überlastet, wann sollte er das alles machen? Geld verdienen war das Gebot der Stunde.

Zwei Stoffe immerhin konnte er dem Film-Aktiv anbieten: »Der Jungherr von Strammin«, als Roman zurzeit im Aufbau-Verlag im Druck, reine Unterhaltung und Entspannung. Oder »Im Namen des Deutschen Volkes«, an dem Roman arbeite er gerade, vielleicht habe Dr. Klaren den Aufsatz im »Aufbau« gelesen. »Bei diesem Arbeitsvorhaben habe ich nur immer das Bedenken, dass wir an unserm Publikum vorbeireden werden. Unsere Mitbürger sind dieser Dinge so müde, sie wollen nichts mehr weder von Bekenntnis noch von Zustandsschilderung hören. Und für deutschen Mitbürger arbeiten wir doch in erster Linie, nicht für das Ausland.«

Erst im Nachhinein erfuhr er von der Gemeinheit, mit der die Bakonyi ihn an den Pranger zu stellen versuchte.

Seine ehemalige Sekretärin hatte im »Neuen Hannoverschen Kurier« eine Meldung über seine Pläne gelesen. »Vor allem gilt es, die Jugend zu retten«, das stammte aus dem Interview für die »Tägliche Rundschau«. Nun fühlte sie sich, dieses Aas, bemüßigt, in einem offenen Brief zu fragen, ob er als Erzieher der Jugend auf dem Weg zur Demokratie tauge. Zum Gegenbeweis zitierte sie aus privaten Briefen. Fallada war unsicher: Hatte er das wirklich geschrieben? Damals, 1943, war er mit dem RAD, Reichsarbeitsdienst, in Frankreich gewesen. Der Krieg tobte, die Angriffe kamen näher, und natürlich hatte er gehofft, Deutschland würde den Krieg gewinnen. Sicher, die jahrelange Propaganda war nicht spurlos an ihm vorübergegangen. Die Sätze, die Bakonyi zitierte, waren einfach fürchterlich, da muss er schwer betrunken gewesen sein. Woran er sich genau erinnerte: Dass sie sich geweigert hatte, das »Kutisker«-Manuskript abzutippen, und er geantwortet hatte, sie hätte das durchaus ohne Schaden für ihre Seele machen können. Sie glaube doch wohl nicht im Ernst, dass er einen billigen antisemitischen Roman im »Stürmer-Stil« schreibe?

Ihre Darstellung lief darauf hinaus, dass Fallada sich von den Nazis hätte einfangen lassen. Er habe zwar keine Sympathien für die Nazis gehabt, unter ihren Nadelstichen gelitten, doch seinen Frieden mit ihnen machen wollen. Und heute die nächste Kehrtwendung. »Ja, ist dies nun der echte Fallada, ist dies die letzte Verwandlung – oder wollen Sie auch jetzt nur wieder ihren Frieden machen mit den herrschenden Mächten?«

Alles höchst unappetitlich. Der »Neue Hannoversche Kurier« war nur ein Provinzblatt, versuchte er sich zu beruhigen, das lohne keine Aufregung. Doch er konnte sich nicht beruhigen. Da war sie wieder, die Angst, die ihm den Boden unter den Füßen wegzog, ihn in den Abgrund riss. Er wurde ganz flatterig. Fraß den Hass in sich hinein, stieß Ulla weg, als sie ihn trösten wollte.

Nein, er würde nicht öffentlich antworten, man durfte derlei nur nicht durch Gegendarstellungen noch befeuern. Aber er kam nicht umhin, sich im privaten Umfeld zu erklären. Becher reichte schon, dass dem Artikel vorangestellt war: »Wie wir aus Berlin erfahren, nimmt Hans Fallada an der Arbeit des Kulturbunds zur demokratischen Erneuerung regen Anteil.« Alles klar, diskreditiert werden sollte der Kulturbund. Seine Schwestern ließ der Schriftsteller wissen, Bakonyi sei lange Zeit seine »Sekretärin gewesen und hat mich immer stille verehrt, bis sie an irgendeinem besoffenen Tag in mein Bett kroch und rausgeschmissen wurde«. »Was tut ein Frauenzimmer nicht alles, deren Liebe man mal – und ziemlich grob – verschmäht hat«, das musste für Rowohlt genügen, der wissen wollte, wie Becher reagiert habe. Väterchen spielte noch immer mit dem Gedanken – »dies sage ich Ihnen natürlich zunächst ganz vertraulich« –, in die Leitung des Aufbau-Verlages einzutreten, ob Fallada seine Fühler in dieser Richtung leise tastend ausstrecken könnte?

Die Leser hielten zu ihm. Er bekam zahlreiche Briefe, in denen die Indiskretionen der Else Marie B. verurteilt, ja abscheulich genannt wurden. Es schrieben allerdings auch Leute, bei denen Vorsicht angesagt war. Der Humorist Hans Reimann etwa, der alles und jeden parodieren konnte, aber für »Das Schwarze Korps«, das widerliche Naziblatt, geschrieben hatte.

Der olle Riemkasten, Herausgeber von Falladas Reclam-Bändchen, meldete sich ebenfalls, beklagte vor allem aber seine eigenen Probleme. »Ich kann den Nachweis entschiedener Anti-Gesinnung erbringen, ich habe an die 50 nichtbraune Bücher geschrieben und rund 500 Zeitungsartikel, alle nichtbraun.« So ganz ohne Grund war er dann doch nicht in die Mühlen geraten. »Wahrscheinlich werfen sie mir mein Buch ›In Gottes eigenem Land‹ vor, erschienen im

›Völkischen Beobachter‹ und ohne Zweifel ein Nazibuch, wenn auch sehr schwach hellbraun.« Fallada musste lächeln – »sehr schwach hellbraun«, in ihrer Not wurden die Leute in der Farbenlehre erfinderisch. Es sei zwar alles Unsinn, was gegen Fallada vorgebracht werde. »Aber ich muss still sein und warten, das halte ich für mein Teil für besser. Bescheinige ich Ihnen jetzt irgendetwas, so hieße es nur: Der eine Nazi wäscht den andern weiß.«

»Alles auf dieser Erde kostet seinen Preis, Ulla, nichts wird einem auf diesem Stern umsonst gereicht.« Schön formuliert – der Satz stammte aus dem Radiogespräch, und leider war er wahr. Sie mussten für ein bisschen Glück einen hohen Preis zahlen. Wer Sorgen hat, hat auch Likör. Bei Fallada hieß es: Morphium. Mit den Sorgen stieg der Drogenkonsum.

Jeder hatte seine eigene Spritze. Ulla meinte zwar, sie seien doch ein Ehepaar, aber Fallada hatte darauf bestanden. Er hatte zerstochene Arme, Rollvenen, da war es schwierig und brauchte nicht selten mehrere Versuche. Besonders wenn er zitterte und es schon dringend wurde.

Ulla war für die Beschaffung zuständig, im Wechsel besuchte sie vier Ärzte. Das sei das letzte Mal, hieß es dann immer, aber alle wussten: Die Frau käme davon nicht mehr los. So manches Mal schon hatte sie Doktor Bell oder einen der anderen – Fallada wollte die Namen gar nicht wissen – um Nachschub anflehen müssen, wenn sie unter Abstinenzerscheinungen litt. Von ihm und seiner Sucht, glaubte Fallada zumindest, wussten Ullas Bezugsquellen nichts. Ob Becher klar war, wie es um ihn stand?

Fallada nahm sich »Abschied« vor, Bechers Roman, den er im Funk besprechen sollte. Eine Gefälligkeitsrezension war das nicht. Fallada war schlichtweg begeistert von dem Buch – das hätte er seinem Freund niemals zugetraut. Ein geradezu fanatischer Wille zum Bekenntnis, der nichts und niemanden, vor allem nicht sich selbst schonte. Wie er sein bürgerliches Zuhause schildert, wie den Vater Staatsanwalt in seiner Pedanterie, seinem Überlegenheitsdünkel. Ach, dieses Milieu war ihm nur zu vertraut, die Enge und Bedrängnis von Elternhaus und Schule, die Irrungen und Wirrungen der Pubertät. Und auch die Flucht in eine andere Welt, in die der Literatur.

Das Lesen wird für Hans, Bechers Protagonisten, eine Obsession, in den Büchern findet er »eine ungeahnte Bestätigung der eigenen Verworrenheit«. Die geheimnisvolle Faszination des Schreibens: »Vor dem leeren weißen Blatt Papier sitzend, war es mir, als sei dieses Blatt eine Art Zauberspiegel: alles was mich bedrängte, vermochte er in seiner schneeweißen Einsamkeit widerzuspiegeln. Was vordem in mir verstreut und durcheinander lag, ordnete sich bei seinem Anblick und wurde übersichtlich.«

Selbstverständlich würde er wunschgemäß die Bedeutung des Romans besonders für die heutige Zeit hervorheben: Der Autor bleibe nicht beim Negativen, sein Held finde tastend, unter hundert Rückschlägen, auf den rechten Weg, die Gesellschaft zu verändern. »Anderswerden« ist das zentrale Motiv dieses Entwicklungsromans, vordergründig heißt das vom Bürgersohn zum Revolutionär. Das hörte sich nach holzschnittartiger Tendenzliteratur an, aber so war der Roman nicht. Becher war ein Poet, nicht bloß Parteilyriker.

Ein paar Passagen strich er an, um sie in der Sendung ausführlicher zu zitieren. Da war die Szene, als Hans zum ersten Mal bei einer Frau ist, einer Animierdame namens Fanny. Hieß die Frau, die Becher bei dem schrecklich missglückten Doppelselbstmordversuch erschossen hatte, nicht Franziska, sprich Fanny?

Die Fanny des Romans hat bessere Tage erlebt; sie zeigt Hans ein Fotoalbum, in dem sie in mannigfachen Verkleidungen als »Internationale Transformations-Tänzerin« zu sehen ist. Heute tanzt sie nur für ihn. »Beim Umkleiden verschob sich der Wandschirm seitwärts. Fanny schlüpfte in das Kostüm: ein flatterhaftes Gehänge, den Kopf verhüllend, senkte sich von oben herab auf sie, bis sie den Kopf aus dem Glitzern hob und sie in glitzerndem Silber dastand. Ein Glühen schminkte sie auf die Wangen, die Augenbrauen strich sie nach, tiefschwarz. Die Lippen verkleinerte sie, dass sie rundlich wurden wie eine Nelke. Das Haar richtete sie hinten hoch, nach vorne fiel es in die Stirn über, in wirren Fransen.«

Fallada musste an seine Fanny denken. Ulla ließ ihn nie zuschauen, wenn sie sich zurechtmachte. Erst wenn sie fertig war, durfte er das Kunstwerk bewundern.

»Mit kleinen Schritten tanzte Fanny im Kreis, die Walzertakte nur andeutend. Die Arme hielt sie in die Hüften gestemmt. Nun winkte sie mit der einen Hand, warf eine Kusshand, neigte sich. Einen glitzernden Kreis tanzte sie, und doch war es, als tanzte sie eine weite Strecke zurück, in ihrem Leben. Tanzte sich los von dem einen, der sie scheinbar mit Riesenkräften umklammert hielt, aber sie schüttelte ihn im Tanz ab. Wie ich hier in Fannys Zimmer Fräulein Klärchens gedachte, in der erfundenen Erzählung von unserem gemeinsamen Liebestod, so tanzte jetzt Fanny, in meiner Gegenwart, dem anderen zu, den sie einmal liebgehabt hatte und den sie über mich hinweg in ihrem strahlenden Tanz grüßte. Dann kehrte sie wieder. Tanzte vor mir her, balancierend wie eine Seiltänzerin auf einer hohen, schwebenden Brücke. Tanzte das Vergessen.«

Fallada blätterte eine Seite weiter. Das Liebespaar steht auf der Großhesseloher Brücke. »Nun stand ich oben, auf der Höhe des Todes, mit der freien, weiten Aussicht, und sollte den Todessprung wagen. Ich wagte nicht, bis an den Rand vorzutreten, die Aussicht, welche die Nähe des Todes darbot, genügte mir. Fanny sollte allein springen. Aber Fanny ließ meine Hand nicht los, zog und zerrte mich bis zum Rand vor, da aber erwachte ich und lag neben Fanny. Eine ganze

Nacht lang hatte ich ihr Leben eingeatmet. Meine Wärme war von der ihren nicht mehr zu unterscheiden.«

Todessehnsucht, Tanz des Vergessens … Fallada fühlte sich ganz persönlich angesprochen. Der Alkohol und das Morphium, das war ihr Tanz des Vergessens. Selbstmord, das war eine gemeinsame Phantasie von ihnen. Über Monate hindurch hatten sie kaum etwas anderes besprochen als die Vorzüge von Zyankali vor dem Strick. Aber hatten sie es wirklich ernst gemeint? Es war eine Phantasie. So wie man von einer Reise träumt, die man doch nie antreten wird.

Ulla hatte sich nach seinem Zusammenbruch als Feldberger Bürgermeister die Pulsadern aufgeschnitten, aber das war ein demonstrativer Hilferuf gewesen. Ihm selbst lag so etwas fern. Was ihn daran hinderte, seine Selbstmordgedanken in die Tat umzusetzen, war nicht zuletzt die Verantwortung für die Kinder. Uli lebte schon bei ihnen, Jutta sowieso, wenn jetzt noch Mücke käme … Und mit Ulla wollte er auch noch ein gemeinsames Kind – eine richtige Familie sein, so wie in besten Carwitzer Zeiten. Sie hatten ein Haus und bislang noch immer alle satt bekommen.

Aber die innere Unruhe wollte sich nicht legen. Sein Leben war leergelaufen. Verzweifelt versuchte er, es wieder zu füllen. Ein richtiger Roman, nicht bloß Auftragsschreiberei, wäre so etwas. Etwas, hinter dem er stehen konnte, was seinem Schriftstellerleben wieder Sinn gab. Doch dazu fühlte er sich im Moment nicht fähig.

Es würde alles versanden, hatte er gehofft. Vergeblich. Die »Neue Zeitung« in München druckte den Bakonyi-Artikel nach, eine überregionale Zeitung mit einer Millionenauflage, Erich Kästner leitete das Feuilleton. Das Blatt war die Stimme der Amerikaner und wurde auch in Berlin wahrgenommen.

Dann stand Bakonyis »Offener Brief« auch in der Frauenzeitschrift »sie«, die Heinz Ullstein, der Nichtsnutz, mit amerikanischer Lizenz herausgab. Was sollte das in einer

Frauenzeitschrift, die sonst nur Mode und Schnittmuster, Kochrezepte und den üblichen Schnickschnack brachte? Das konnte kein Zufall sein, das sah ganz nach gelenkter Presse aus und erinnerte ihn fatal an das, was er in der Nazizeit erlebt hatte.

Er stand unter enormem Druck. Mit der »Täglichen Rundschau« hatte er einen Vertrag über zwanzig Artikel geschlossen, da war kaum die Hälfte geschafft. Der Rundfunk beschäftigte ihn permanent. Für die Sendereihe »Die Stimme des Kulturbunds« hatte er über seine »Ahnen« gesprochen, die literarischen Prägungen in seiner Kindheit und weitere Vorbilder. Die mitgeschnittene Schweriner Rede wurde im »Forum der Demokratie« gesendet. Auf die Besprechung von »Abschied« folgte sogleich die nächste Autorenstunde, diesmal hatte er ein abgebrochenes Romanprojekt hervorgeholt: »Wizzel Kien, der Narr von Schalkemaren«. Wie sollte er alle diese Verpflichtungen erfüllen ohne Aufputschmittel?

Er ging schon nicht mehr vor die Tür, blieb tagelang im Schlafanzug. Wozu sollte er sich anziehen? Unrasiert, ungekämmt. Die Zähne putzen, das machte er mit Alkohol. Allmählich verwahrloste er – ein Zeichen, dass er im Begriff stand, sich grollend seinem Niedergang zu ergeben.

Das Schlimmste aber: Am Schreibtisch wollte ihm nichts mehr einfallen, er lebte von der Substanz, beutete sein literarisches Reservoir aus. Lange konnte das nicht mehr gutgehen. Ohne Schlafmittel ging schon jetzt gar nichts mehr. Sie nahmen alles, was zu kriegen war. Schmerzmittel wie Dilaudid, im Notfall das schwächere Pantopan, auch wenn das kein echter Ersatz war. Ulla war unterwegs, Morphium zu besorgen. Er hatte sie losgeschickt mit den Worten: »Koste es, was es wolle.«

Er wusste nicht, wie er sich gegen diese Presseangriffe wehren sollte, er fühlte sich ohnmächtig. Welche Konsequenzen würden sie haben, würde ihn noch jemand drucken?

Der Rundfunk meldete sich wegen der »Wizzel Kien«-

Sendung: Sonnabend, den 26. Januar, 15 Uhr, live. Ein Fahrer würde ihn um 14 Uhr abholen. Unmöglich, in seiner Verfassung konnte er nicht aus dem Haus, so durfte ihn niemand sehen. Fallada sagte ab – »Grippe«.

Von der »Täglichen Rundschau« kam ein Brief. »Wir möchten Sie bitten, am Montag, 28. 1., etwa gegen 15 Uhr in der Redaktion bei dem Stellvertreter unseres Chefredakteurs Herrn Major Schemjakin vorzusprechen, da Herr Major Schemjakin einige Angelegenheit gern persönlich mit Ihnen behandeln möchte.« Roman Timofejewitsch werde ihn mit dem Auto abholen. Fallada wurde heiß und kalt. Das war keine Einladung, sondern eine Vorladung.

»Lieber Dr. Benn« – Ulla bemerkte noch rechtzeitig ihren Irrtum und verbesserte – »Lieber Dr. Bell, ich bin in einer schrecklichen Abstinenz und weiß wirklich nicht mehr, was ich machen soll. Bitte, bitte helfen Sie mir, schicken Sie mir etwas, damit ich über den schlimmsten Zustand wegkomme.«

Bell erkannte gleich, hier ging es weniger um die Frau als um den Mann. Fallada hatte einen Tobsuchtsanfall gehabt, in der Wohnung randaliert, alles kurz und klein geschlagen. Jutta schrie, Uli stand bleich da und wusste nicht, was er tun sollte. Niemand wagte es, sich dem Blindwütigen in den Weg zu stellen. Der massive Schreibtisch aber widerstand allen Attacken, sosehr sich Fallada auch mühte, ihm ein Bein abzubrechen.

Ohne viel Mühe gelang es dem Arzt, Fallada zu zähmen. Die Aussicht auf eine Spritze, die Vorfreude auf das süße Gift besänftigte ihn sofort. Sich fallen lassen, mit geschlossenen Augen ins Nichts stürzen … Er sank in einen tiefen Abgrund, alles dunkel, Nacht ohne Sterne.

So konnte es nicht weitergehen. Der Mann war am Ende.

»Der Patient wird im Wagen von Herrn Johannes Becher und seiner Frau nach Voranmeldung gebracht und auf der unruhigen Abteilung im Einzelzimmer aufgenommen.« So steht es im Protokoll der stationären Aufnahme in den Kuranstalten Westend vom 24. Januar 1946.

Doktor Felix Kalus erfuhr von Ulla, dass sich Fallada zu Hause Morphium zusammen mit Scopolamin injiziert hatte. Sie gestand auch, selbst Morphinistin zu sein, wolle ebenfalls eine Entziehungskur machen, müsse sich aber erst um den Haushalt und die Kinder kümmern. Tatsächlich war der Mann es, der dringender Hilfe brauchte. Er kam, das war bei seinen früheren Aufenthalten bisher nie nötig gewesen, in die »Tobzelle«, auch »Stübchen« genannt.

Als er am nächsten Morgen aufwachte, konnte er sich nicht erklären, warum er in dieses Zimmer gesteckt worden war – hatte er wirklich gewütet, oder war nur gerade nichts anderes frei gewesen?

Auf den Krankenpfleger machte der Patient einen friedfertigen Eindruck. Der Arzt verabreichte ihm das Beruhigungsmittel Pernocton. Fallada bat um langsame Injektion, sein Wunsch wurde erfüllt – über fünf Minuten, länger ging es beim besten Willen nicht, entleerte Doktor Kalus die Spritze in Falladas Arm, 4 ccm, das sollte reichen.

Das Krankenblatt dokumentiert, woran sich Fallada später nicht mehr erinnerte. Er warf auch hier wieder, in seinen

Bademantel gekleidet, auf dem Gang einen Tisch um und versuchte, diesem ein Bein abzuschlagen, was ihm bei aller Kraftanstrengung nicht gelang und so wütend machte, dass er auf den Pfleger losging. Bemüht, ihn zu beruhigen, legte der ihm einen Arm um die Schulter. »Finger weg!«, herrschte Fallada ihn an. »Sofort loslassen!« Später stand in dem Bericht: »Auch wenn Pat. den Pfleger schlägt, benimmt er sich nicht energisch, sondern irgendwie eher scheu und hilflos, dabei gereizt.«

Vor sich hin murmelnd, raste Fallada den Korridor auf und ab: Er wolle jetzt sofort Professor Zutt sprechen, und zwar auf der Stelle, schließlich sei er nicht irgendwer! Der Professor sei in der Charité, wurde ihm beschieden, und wenn er weiter so tobe, dürfe er sich nicht wundern, wenn man ihn wieder ins Stübchen stecke. Fallada wurde kleinlaut, wollte wenigstens in sein altes Zimmer zurück und bekam seinen Willen.

Doch auch in den folgenden Tagen war der Tisch im Gang vor ihm nicht sicher, zwanghaft wollte er ein Bein herausbrechen, um damit das Fenster einzuschlagen. Dem Tisch taten die Attacken nicht weh, hier ging nichts zu Bruch, die Einrichtung war durabel; selbst das Fensterglas war derart dick, dass tobsüchtige Patienten keinen Schaden anrichten konnten. Aber gerade das machte Fallada rasend. Geheul und Geschrei, bis plötzlich die Stimmung umschlug.

Kraftlos sackte er in sich zusammen, verkroch sich unter sein Bett, der Pfleger hatte Mühe, ihn wieder hervorzulocken. Oder er legte sich auf die kalten Fliesen im Korridor und erklärte, er wolle an einer Lungenentzündung sterben. Die Pfleger wussten damit umzugehen, ein bisschen gut zureden, das half meistens, notfalls musste man Schwester Hedwig rufen, allein ihre Anwesenheit bewirkte Wunder. Der Patient wollte Aufmerksamkeit und doch auch wieder in Ruhe gelassen werden.

Tagsüber war er apathisch. »Isst nicht, raucht viel, will

sterben«, so der Vermerk in seinem Krankenblatt. In den Nächten, zwischen Schlafen und Wachen, arbeitete sein Kopf ununterbrochen. Er konzipierte Briefe und Reden. Er wollte sich rechtfertigen, redete sich in Rage, niemand hörte zu, sein Mund wurde trocken, staubtrocken, dann schreckte er hoch.

Vor einem imaginären Entnazifizierungskomitee schilderte er seinen Fall. Die Briefe, aus denen zitiert wurde, hatte er doch nur für die Zensur geschrieben, das musste doch jeder einsehen. Wer damals in Deutschland gelebt hatte, dem musste man heute nichts erklären. Aber diese Deutschen, die jetzt als amerikanische Offiziere zurückkamen und über ihn zu Gericht saßen, was wussten die denn schon.

Die hatten sich aus dem Staub gemacht. »Fertig mit Berlin«, so hieß ein Roman von Peter de Mendelsohn, 1930 veröffentlicht, da lebte der schon in Paris. War dann britischer Staatsbürger geworden, als amerikanischer Presseoffizier nach Berlin zurückgekehrt und hatte Reger die Lizenz für den »Tagesspiegel« verschafft und Heinz Ullstein die für die Frauenzeitschrift.

Warum geriet er ins Schwitzen, er hatte doch gar nichts zu verbergen. Gut, der Schluss vom »Eisernen Gustav«. Da war er reingelegt worden – Goebbels hatte ihm den »Nazi-Schwanz« aufgezwungen, und dann war der Film doch nicht gedreht worden. Aber der Schluss, in dem Hackendahl sich mit Heinz, Hitlers Parteigänger, versöhnt, stand nun da, gedruckt zwischen den Buchdeckeln mit seinem Namen darauf. Schon beim Schreiben hatte er sich dafür geschämt, und nun konnte man ihm daraus einen Strick drehen …

Dann gewann er wieder Oberwasser, denn wer hatte damals das Manuskript abgetippt? Die Bakonyi! Dieses verlogene Biest. Damit hatte sie keine Probleme gehabt, im Gegenteil, das Manuskript konnte ihr gar nicht vaterländisch genug sein. Das war seine Trumpfkarte. Ich verlange eine Gegenüberstellung, Herr Richter!

»Ich habe eine kurze Zeit gesündigt, und ich werde dafür eine lange Zeit unglaublich hart bestraft!« So war es immer, den Satz hatte er schon 1944 im bisher unveröffentlichten »Trinker« geschrieben. Diesmal jedoch würde es noch länger dauern, bis er wieder freikam. »Aber man hätte es wissen müssen, bevor man sündigte, wie hart die Strafe ausfällt. Es hätte einem vorher gesagt werden müssen, dann hätte man nicht gesündigt …« Auch das hatte er damals geschrieben. Nur war es so: Er hatte es gewusst, und er hatte den Verlockungen trotzdem nicht widerstanden und hatte gesündigt. Verdammtes Leben, was hatte er sich unsinnigerweise jetzt wieder alles aufgehuckt!

Langsam wurde es erträglich, obwohl er noch unter den Entzugserscheinungen litt. Die innere Unruhe ließ nach, er hatte sich wieder unter Kontrolle. Am Tag zur Beruhigung zwei Luminaletten, das reichte. Aber er fürchtete die Nächte, ohne starke Mittel fand er keinen Schlaf, und am Morgen fühlte er sich zerschlagen.

Schwester Hedwig verkündete, morgen würde Professor Zutt ihn beehren. Hat lange genug gedauert. Als kommissarischer Leiter der Psychiatrischen und der Nervenklinik sei er über Gebühr gefordert, beschwichtigte ihn die Schwester, denn man habe alle Ärzte, die Mitglieder der NSDAP gewesen waren, sofort entlassen. Das war, flüsterte Hedwig, ein Drittel der Belegschaft.

Die Schwester hatte ihm die Post dagelassen, einen Brief und einen Zettel. Mühsam entzifferte Fallada die ungelenke Kinderhandschrift: »Mein lieber Papa! Ich wünsche Dir ein liebes Gutenachtküsschen, und für weiterhin alles Gute. Schade, dass ich Dich nicht einmal besuchen kann. Viele Grüße und Küsse, Jutta.« Zum ersten Mal hatte sie ihn Papa genannt.

Der Brief war vom Kulturbund. »Lieber Fallada«, meldete sich Becher. »Du magst manchmal sicher denken, ich hätte Dich vergessen, aber das ist ganz und gar nicht der Fall. Ich erkundige mich jeden Tag nach Deinem Befinden und wäre längst zu Dir gekommen, wenn es meine Zeit auch nur einigermaßen erlaubt hätte. Diese Woche aber besuche ich Dich bestimmt, und zwar Ende der Woche. Habe bereits mit Herrn Professor Zutt gesprochen und er hat mir den Besuch erlaubt. Dann werde ich Verschiedenes mit Dir mündlich besprechen. Alles Gute, Dein Becher.«

Das beruhigte ihn. Becher ließ ihn nicht fallen. Es gab Hoffnung auf Rettung.

Ulla, ach Ulla. Er vermisste sie jetzt schon.

Eben noch hatte sie ihm gegenüber auf der Bettkante gesessen, bevor sie sich zur Entziehungskur in die Kuranstalten begab. Jutta hatte sie bei einer Freundin, Marga Grundig, untergebracht. Uli dagegen, es half nichts, musste im Eisenmengerweg alleine zurechtkommen. Der Junge hatte einiges mitbekommen, recht unschöne Szenen. Ulla hatte mit ihm offen über die Krankheit gesprochen.

In Falladas Auftrag war sie beim Verlag in der Französischen Straße vorstellig geworden. Zweimal war sie vergeblich dort gewesen, beim dritten Mal hatte sie Wilhelm erwischt. Sie war erfolgreich gewesen, man konnte ihr offenbar nichts abschlagen: Der Verlagsleiter hatte sich zu einem weiteren Vorschuss auf den bald erscheinenden »Blechnapf« überreden lassen. Das war auch bitter nötig, sie hatten neue Schulden gemacht.

Aber Ulla brachte auch schlechte Nachrichten mit. Aufbau wollte den »Jungherrn von Strammin« nicht drucken. Abgelehnt wegen »Verherrlichung des Junkertums«! Damit hatte Fallada nicht gerechnet. Der Roman war bei Wiegler gut angekommen. Der Lektor hatte die unverzagte Drastik gelobt, sich über die originellen Figuren amüsiert, den sich auf jedes Detail erstreckenden bildhaften Realismus bewundert. Das Buch, das nicht mehr als Unterhaltung sein wollte, hatte er sogar irgendwo »an der Grenze von dichterischem Roman und Belletristik« einsortiert. Und nun das!

So leicht wollte Fallada nicht aufgeben. Mit einer Titeländerung, einem geschickten Vorwort und ein paar Strichen würde es schon gehen. Er würde das dem Wilhelm schon noch verklickern, sobald er wieder auf dem Damm war. Erst einmal war es gut, dass der Verlag ihm das Korrekturlesen der »Blechnapf«-Fahnen ersparte. Dazu war er im Moment wirklich nicht in der Lage.

Ulla und er würden sich in den kommenden Wochen nicht sehen, obwohl sie im gleichen Haus untergebracht wären. Zutt hatte darauf bestanden. Ihre Augen waren feucht geworden, und Fallada hatte ihr das Tränchen weggewischt.

Sie ließ noch etwas für ihn da: ein Foto von ihr, Werner hatte es vor zwei Jahren aufgenommen und Vera für sie noch schnell einen Abzug gemacht, Fallada könne es auf seinen Nachttisch stellen.

Er hatte auch etwas für sie: die heutige Ausgabe der »Täglichen Rundschau« mit einer seiner Geschichten. Er hatte sie vor einiger Zeit abgegeben, aber darauf gedrungen, dass sie exakt an diesem Tag, dem 1. Februar, im Blatt erscheint. Ulla könne die Geschichte auf dem Rückweg lesen.

Von der Nußbaumallee waren es zu Fuß keine zehn Minuten zu der U-Bahn-Station Neu-Westend. In der Bahn schlug sie die Zeitung auf. »Der Pott in der U-Bahn«, hieß die Geschichte, sie stand auf Seite 3. Ein großer blanker Kochtopf wechselt zwischen Klosterstraße und Schönhauser Tor mehrfach den Besitzer. Am Ende hat der Erzähler ihn, aus einer Laune heraus, für 70 Mark ergattert. Er muss weiter mit der Elektrischen, doch die ist so überfüllt, dass er mit dem Pott durch die eisige Winternacht wandert. Bald hat er klamme Finger, und so kommt er auf die Idee, sich den Pott auf den Kopf zu stülpen und die Mütze drüberzuziehen. Ulla lächelte, hatte das Bild vor Augen, solche Albernheiten waren ihrem Jungen zuzutrauen. Der Schluss: Als der Mann nach

Hause kommt, ist seine Frau schon im Schlafzimmer. Der Pott kommt gut an, so einen Topf zum Kartoffelkochen hat sie sich immer schon gewünscht. »Du bekommst einen Kuss – ich finde es reizend von dir, dass du nun doch noch an unseren Hochzeitstag gedacht hast!« Der Erzähler in der Geschichte ist verlegen, in Wahrheit hat er ihn vergessen. »Ich beschließe, meine Frau nicht aufzuklären – vielleicht liest sie es in der Zeitung …« Nun musste Ulla doch lachen: eine hübsche Pointe. Heute war ihr Hochzeitstag, und ihr Mann hatte ihn nicht vergessen.

Auftritt des »Göttlichen«, wie Fallada über Zutt spottete, wenn dieser außer Hörweite war. Tatsächlich war der Professor der allmächtige Herrscher über die Kuranstalten, und jede seiner Anweisungen galt als unumstößliches Gesetz, von niemandem in Frage gestellt, auch von den anderen Ärzten nicht.

Fallada freute sich dennoch auf das Gespräch. Man kannte sich seit zehn Jahren, da brauchte man sich nichts vorzumachen. Er sprach freimütig über seine Karriere als Morphinist.

Zutts Methode war: Entziehung plötzlich und radikal. Er hielt nichts von allmählicher Entwöhnung, mit der sich schwere Abstinenzerscheinungen auch nicht verhindern ließen.

Das war kein Gespräch zwischen Arzt und Patienten, sondern eine Fachsimpelei zweier Sachverständiger über Suchtverhalten.

Zutt erzählte aus der Praxis. Da war eine 67-jährige Ehefrau, die sich nach einer Unterleibsoperation vor vielen Jahren an Morphium gewöhnt hatte. Die Entziehung sei mit mäßigen Beschwerden verlaufen, die Kranke habe in der dritten Woche schon an Gewicht zugenommen. Zutt war sichtlich stolz. Oder ein alter Arzt, Leiter einer Krankenhausabteilung – überhaupt viele Kollegen, aber Namen nenne er nicht –, der ebenfalls nach einer schmerzhaften Operation

Morphinist geworden sei und die Entziehungskur erfolgreich absolviert habe. Gewiss gebe es auch die ewig Rückfälligen, die jahrzehntelang immer wiederkämen. »Solche erfreulicherweise seltenen Fälle sollte man als psychiatrisch interessante Besonderheiten ansehen«, meinte der Professor.

Langsam wurde das Gespräch unangenehm. Zutt geriet mehr und mehr ins Dozieren. Er hatte einen Artikel geschrieben, der demnächst in der »Ärztlichen Wochenschrift« erscheinen sollte. Ja, der Professor war ehrgeizig; er spekulierte wohl darauf, die Nachfolge von Karl Bonhoeffer an der Charité antreten zu können. »Die Dauer der Kur im geschlossenen Heim muss ausreichend lang sein, im Allgemeinen mindestens drei Monate, in schweren Fällen auch sechs Monate und mehr.« Das waren ja schöne Aussichten, man bedenke, in dieser nicht gerade billigen Privatklinik. Fallada schluckte die Bemerkung hinunter, während Zutt unbeirrt fortfuhr. Ebenso wichtig wie die angemessene Dauer der Kur sei das Milieu, in das der Kranke entlassen werde. Zutt sprach von seinen Erfahrungen allgemein, aber Fallada musste das auf sich beziehen. »Persönliche und berufliche Konflikte müssen geklärt sein. Der Kranke muss sich über seine Zukunft im Klaren sein.« Das sagte sich so leicht. Fallada steckte in einer existenziellen Krise, seine private wie literarische Zukunft war gänzlich ungewiss. Es sei eine große Hilfe, wenn die Beziehung zum Arzt als Berater auch nach der Entlassung aufrechterhalten werde, meinte Zutt. »Das Milieu muss, soweit irgend möglich, frei von verführenden Gelegenheiten sein.« War das etwa auf Ulla gemünzt? Fallada wusste, dass Zutt Ulla für den falschen Umgang hielt und ihn am liebsten wieder mit Suse vereint sähe. Genauer: unter ihrer Obhut.

Am Ende der Visite wollte Fallada, leicht verstimmt, nun doch konkret wissen, was Zutt mit ihnen vorhatte. Ulla müsse mindestens ein Vierteljahr bleiben, um eine wirkliche Heilung zu erreichen, meinte der Professor, Fallada zwölf Wochen, praktisch also die gleiche Dauer. Das war eine verdammt lange Zeit, und Fallada dachte mit Sorgen an den Haushalt im Eisenmengerweg und wie Uli dort zurechtkommen würde.

Er musste seinem Sohn schreiben. Die Frage des Haushaltsgeldes wäre zu regeln, nicht zuletzt mussten seine Nachhilfelehrer bezahlt werden. »Ich bin natürlich hier immer zu sprechen für Dich«, versicherte er ihm. »Hast Du Schwierigkeiten mit den Russen, wende Dich sofort an Becher, hast Du aber sonstige menschliche Schwierigkeiten, komme hierher und hole Dir bei Prof. Zutt die Sprecherlaubnis mit mir. Du wirst sie bestimmt bekommen.«

Dringend war die Frage, ob man Suse von der veränderten Situation benachrichtigen sollte. Besser nicht. Ihr dürfte es kaum recht sein, zu hören, dass Uli in Berlin ohne Fürsorge und Aufsicht auf sich allein gestellt war.

Fallada hatte gerade einen Brief von Suse erhalten, den er so rasch als möglich beantworten wollte. Vorher musste er aber Uli einschwören: »Ich bin nun dafür, dass wir erst einmal die Benachrichtigung nach Carwitz einfach in der Schwebe lassen, d. h. weder Du noch wir erwähnen vorläufig unsere Abwesenheit. Ob sich das auf die Dauer wird durchführen lassen, weiß ich nicht, glaube ich eigentlich auch nicht. Plötzlich wird die Mummi in Berlin sein, und die Katze ist aus dem Sack, wie man so schön sagt. Aber ich bin jetzt noch in einem so schwachen und elenden Zustand, dass ich mich zu energischen Entschlüssen nicht durchringen kann, und ich muss Dir gestehen, die zwölf Wochen des Professors heute haben mir erst einmal den Rest gegeben.«

Vielleicht wird in ein oder zwei Wochen alles schon ganz anders aussehen. Ab morgen heißt es, wieder ohne Schlafmittel auszukommen, nach ein paar schlimmen Nächten sollte es gehen. »Ich lasse diesen Brief erst noch von Ulla lesen und grüße Dich herzlich. Antworte mir bitte sofort, besonders, was Du über Carwitz usw. denkst.«

Becher war wirklich gekommen und hatte ihn besucht. Ein treuer Freund, obwohl ihm eine gewisse Enttäuschung anzumerken war. Er hatte ihm eine repräsentative Rolle im Kulturbund zugedacht, hatte ihn mehr und mehr in den Vordergrund schieben wollen, schließlich war Fallada – anders als die anderen Aufbau-Autoren – ein volkstümlicher, bei der breiten Masse beliebter Schriftsteller. Aber zur kulturpolitischen Vorzeigefigur taugte er nicht. Er konnte diese Rolle nicht ausfüllen und wollte es auch nicht, Geltungsbedürfnis lag ihm fern. Abgesehen davon, dass ein Morphinist kein zuverlässiger Mitstreiter war.

Aber deshalb ließ ihn Becher nicht fallen. Er sah in Fallada den geborenen Erzähler, den Mann, dem er weiterhin zutraute, den ersten großen antifaschistischen Roman zu schreiben.

Mit Wilhelm würde er sprechen, ihm die Lage schildern und ihn vertrösten. Beim Rundfunk würde er die vereinbarte halbe Stunde pro Woche absagen. Nur mit der »Täglichen Rundschau«, also mit den Russen, müsse sich Fallada direkt verständigen, mit denen habe er, Becher, im Moment selbst genug Probleme.

Er ließ Fallada ein paar Päckchen Zigaretten da. Natürlich keine amerikanischen, sondern Garbáty. Der Kulturbund hatte ein Abkommen mit der Fabrik, die zugunsten der demokratischen Erneuerung markenfreie Rauchwaren lieferte. Fallada konnte das nur recht sein. Er legte ein Päckchen für Ulla beiseite.

Auf Uli war Verlass. Nun konnte er Suses Brief beantworten, bevor sie misstrauisch würde.

Dass er Schwierigkeiten zu befürchten hätte, davon habe Suse wohl gehört. Man las in Carwitz zwar keine Berliner Zeitungen, schon gar nicht Frauenzeitschriften, aber es gab sicher liebe Mitbürger, die Suse die Bakonyi-Geschichte brühwarm gesteckt hatten. Er konnte sich das Gerede vorstellen. Immer war er ein Außenseiter im Dorf gewesen. Bei der Scheidung hatten alle auf der Seite der unter ihrem gewalttätigen Mann leidenden betrogenen Frau gestanden, und spätestens seit er sich als Bürgermeister zum Handlanger der Russen gemacht hatte ... Schadenfreude dürfte noch das wenigste sein. Von seinen Ängsten konnte er ihr nichts schreiben, Suse wusste, wie labil er war, bloß keinen Verdacht aufkommen lassen, dass es ihm schlecht ginge. Am besten spielte er die Sache herunter, gab sich gelassen. »Das hat mir auch mancherlei Kummer gemacht, nach meiner Gewohnheit habe ich aber mit keinem Wort geantwortet, und da ich immer noch Becher als Stütze habe, hoffe ich, dass sich die Sache in dem berühmten Sand verlaufen wird.«

Im Übrigen sei er am Arbeiten, das heißt am Geldbeschaffen. »Ich bin leider nie frisch, müsste eigentlich viel mehr arbeiten, aber es geht einfach nur tropfenweise.« Mithin waren, das klang wieder einmal deutlich durch, die vereinbarten Unterhaltungszahlungen auch in nächster Zukunft von ihm nicht zu erwarten. Darüber hätte er fast vergessen, was Suse eigentlich wissen wollte: wie es ihrem Sohn in Berlin ging.

Das Schuljahr in Berlin beginne im September, Fallada habe mit dem Schulrat gesprochen, der dafür gewesen sei, dass sich der Junge auf die drei Hauptfächer konzentriere: Englisch, Latein und Mathematik. »Uli bekommt nun täglich zwei Privatstunden von älteren Sekundanern und kräftig Hausarbeiten.« Überraschend viel vom Lateinunterricht sei hängen geblieben, in der Mathematik dagegen betrete Uli ganz neue Gebiete. »Ich habe – Dein Einverständnis vorausgesetzt – vor, ihn bis September weiter drillen zu lassen, so dass er dann glatt in die Obersekunda aufgenommen wird und praktisch überhaupt keine Zeit verloren hat.« Fallada gab sich als strenger Vater, der täglich die Hausarbeiten kontrollierte. »Natürlich muss man ihn ziemlich scharf bei der Kandare halten. Seine Abneigung gegen jede Hausarbeit scheint fast unüberwindlich. Am liebsten verkriecht er sich in Bücher oder bastelt irgendetwas.«

Das hatte mit der Realität des sich selbst überlassenen Sohnes wenig zu tun.

Rowohlt hatte seinen Besuch angekündigt, den musste Fallada abblasen. Väterchen hätte wunderbar ihr Gast in Niederschönhausen sein können, aber nun saßen sie in dieser Mausefalle namens Kuranstalten. »Aber ich bin doch ein altes Kamel, und dass ich in meinem Leben aus meinen Fehlern so gar nichts lerne, sondern immer wieder die gleichen mache«, Rowohlt gegenüber brauchte er nicht herumlügen. »Wir hatten uns in aller Bescheidenheit so ein bisschen an das Morph. gewöhnt, und das hat nun seine sehr dummen Folgen, kann noch viele haben. (Dies erzähle ich natürlich nur Ihnen und ich bitte Sie, diesmal wirklich darüber unverbrüchlich zu schweigen, ich habe an den sonstigen Presseattacken schon genug zu nagen.)«

Wie müde er manchmal sei, aller Dinge müde, vor allem dieses verdammten Zeitungshandwerks, das er nie hatte ausstehen können und in dem er nun bis über die Ohren stecke. Und der Roman für Aufbau nach der Gestapo-Akte – der triste Stoff gebe so wenig her. Doch wenn er das neben allem sonstigen Blödsinn geschafft habe, dann könne er den Roman schreiben, von dem er immer wieder träume, einen herrlichen Roman, von dem er kein Wort verrate, niemandem, auch Väterchen Rowohlt nicht. So wie damals bei »Wolf unter Wölfen«. Eigentlich müsste man neu mit der Literatur anfangen, dürfe überhaupt nicht mehr an das denken, was man einmal geschrieben hat.

Aber da wurde er plötzlich sentimental. »Das haben wir uns auch nicht träumen lassen, als wir den ›Kleinen Mann‹ starteten – und dann später den ›Wolf‹ – ach, mein Alter, wir haben doch gute Zeiten miteinander gehabt, und sie sollen wiederkommen, ganz bestimmt. Einmal noch, einmal noch, ich liebe ja das Schreiben doch fast über alles, nur die kleine Frau da drüben – sie ist doch noch solch ein Kind, und ich möchte ihr das Leben doch noch einmal so schön machen, sie soll es lachend um sich schlagen wie einen großen Mantel, ganz voller Sonne ...«

Bevor er gänzlich in Selbstmitleid versank, hörte er lieber mit dem Schreiben auf. Sollte ja nur ein Lebenszeichen sein. Dann setzte er doch noch ein PS hinzu, er konnte seine Gefühle einfach nicht unterdrücken. »Sehr bekümmert mich, dass ich immer noch meine Frau nicht habe sehen dürfen. Es soll ihr aber den Umständen nach gut gehen, was alles und gar nichts heißen kann.«

Er war allein, richtete sich, noch etwas benommen, vorsichtig auf. Eigentlich war das Schlafmittel abgesetzt worden, aber er hatte sich etwas erbettelt – als alter Hase wusste er, wie man Schwester Gertrud rumkriegte. Auch kannte er die Devise von Professor Zutt: kein Morphium, aber an Schlafmitteln wird nicht gespart. Kein Alkohol, aber rauchen ist erlaubt. Er zündete sich eine Zigarette an, eine Garbáty von Bechers Gnaden.

Er war noch nicht taktfest, fühlte sich unsicher auf den Beinen und setzte sich umständlich wieder auf die Bettkante. Vor rund einem Jahr war er schon einmal in den Kuranstalten gewesen, hatte eine der schrecklichsten Bombennächte des Krieges hier erlebt. Was war seither nicht alles passiert, und nach all den Schrecken war Fallada wieder Fallada, ein viel beschäftigter Schriftsteller gewesen, doch dann hatte er alles verspielt. Fallada blieb eben Fallada, auch in dieser Hinsicht.

»Er war es nicht gewohnt, über sich nachzudenken.« Noch so ein Satz, den er 1944 in seiner Gefängniszelle im »Trinker«-Manuskript niedergeschrieben hatte. Seine Art, über das Leben nachzudenken, war: Romane schreiben, mit denen er seine Erlebnisse verarbeitete. Keine Autobiographie, dazu war er nicht ehrlich, nicht schonungslos genug, zu feige. Aber Figuren erfinden, die ihm ähnlich waren, und sie die ihm nur allzu bekannte Misere durchmachen lassen, das war seine Methode, mit unliebsamen Situationen zurechtzukommen. Bevor er den großen Roman würde anfangen können, musste er sich freischreiben.

Sein Blick fiel auf Ullas Foto auf dem Nachttisch, und ihm wurde warm uns Herz. Plötzlich wusste er: Er würde das Buch, mit dem er sich freischrieb, nicht mit dem Einmarsch der Roten Armee in Carwitz beginnen, sondern mit ihrer ersten Begegnung. Das war die eigentliche Zeitenwende seines Lebens. Nach diesem Entschluss ließ er sich ins Bett gleiten und schloss die Augen, ohne wieder einzuschlafen.

Fallada war mit sich zufrieden. So schnell war wohl noch kein Morphinist wiederhergestellt worden, was in seinem Fall hieß: wieder arbeitsfähig zu sein. Er freute sich darauf, morgen mit dem neuen Buch anzufangen. Zuvor wollte er noch die Post erledigen. Erst das Unangenehme: die »Tägliche Rundschau«. Becher hatte ihn bereits ermahnt. Auf die Vorladung, mit der er in die Redaktion zitiert wurde, hatte er nicht reagiert. Den Brief, so teilte er Hauptmann Pereswetow mit, habe er bedauerlicherweise erst jetzt erhalten: »Leider ist es mir aus gesundheitlichen Gründen noch nicht möglich, in absehbarer Zeit zu Ihnen zu kommen, aber vielleicht sind mir schriftlich die Wünsche von Herrn Major Schmejakin mitzuteilen. Noch besser wäre es vielleicht aber wohl, wenn Sie mich hier einmal besuchen könnten, mündlich lässt sich alles immer am besten besprechen.« Ihm war klar, dass er darauf keine Antwort bekommen würde. Und dass die Russen ihn in den Kuranstalten aufsuchten, war auch nicht zu befürchten. Und falls doch – Zutt würde sie nicht zu ihm vorlassen.

Es war zwar schon reichlich spät, Mitte Februar Neujahrswünsche zu beantworten, doch Freund Geyer würde es ihm nicht übel nehmen. Er liege wieder einmal auf der Nase, klagte ihm Fallada sein Leid. In den Kuranstalten mache er eine Schlafkur, Geyer kenne ja sein Problem; seine Frau, ebenfalls im Haus, aber von ihm strikt getrennt, kuriere eine Unterleibsgeschichte aus. Ob das glaubwürdig klang? Unterleibsgeschichte war immer gut, bei Frauensachen fragte niemand genauer nach. Allerdings kam man damit ins Krankenhaus, nicht in die Entziehungsanstalt.

Falladas Stimmung war alles andere als rosig. »Mein hoffnungsvoller Start in der deutschen Literatur ist erst einmal ganz in der Versenkung verschwunden.« Langsam fange er wieder an zu arbeiten: »Die Entleerung der übermäßig angeschwollenen Briefmappe ist erst einmal eine Vorprobe dazu. Aber an meinem Vertippe werden Sie merken, dass auch das noch nicht alles glatt geht. Aber Sie wissen ja sicher …«

Da kündigte sich Besuch an – Uli. Ein Riesenbengel, Schuhgröße 44 mit seinen 15 Jahren! Fallada hatte ihm aufgetragen, einiges mitzubringen. Unbedingt Nachthemden und, aber nur wenn er es entbehren konnte, ein Brot, schwarz oder weiß, ganz egal. Fünfzig Briefumschläge, dazu fünfzig Briefmarken à 12 Pfennig. Lektüre, aber nicht irgendwas, sondern zwei Bände vom »Pitaval«, der berühmten Sammlung historischer Strafrechtsfälle, die ziemlich weit unten im Regal bei der Heizung stand, möglichst niedrige Bandnummern, also aus den ersten zehn oder zwanzig Folgen. Aus den Bücherregalen in Ullas Zimmer: Grimm, »Volk ohne Raum«, und »Wiltfeber, der Auslandsdeutsche« oder so ähnlich. Uli hatte suchen müssen, aber da war es: »Wiltfeber, der ewige Deutsche. Die Geschichte eines Heimatsuchers« von Hermann Burte. Dann noch von den Engländern – Fallada hatte die Bücher nach Sprachen sortiert –: Thomas Wolfe, »Von Strom und Zeit«, zwei Bände, und Charles Dickens, »Barnaby Rudge«, ebenfalls zwei Bände. Der Junge hatte alles gefunden und ganz schön geschleppt.

Nun druckste er herum. Es gab Schwierigkeiten im Eisenmengerweg. Der Strom war abgestellt worden, kein Wunder, auch nach mehrfacher Mahnung hatten sie nicht bezahlt, und die Miete – nun, das musste Becher regeln, der übrigens auch zur Kasse gebeten wurde, nur für Pieck, Ulbricht und Co. übernahm das die Partei.

Aber es waren noch andere Leute aufgetaucht, die die Hand aufhielten, düstere Gestalten. Fallada schwante, dass Ulla nichts geregelt, sondern alles hatte schleifen lassen. Die letzten Tage in Freiheit vor dem Entzug hatte sie offenkundig genutzt, um sich noch einmal ganz dem Morphium hinzugeben, schlimmer als je zuvor, von Geld, das sie nicht hatten.

Er beruhigte seinen Sohn. Zwar müsse er noch einige Wochen in den Kuranstalten bleiben, aber es ginge ihm nicht mehr schlecht. Geld sei das geringste Problem. Wenn wir beiden Männer zusammenhalten, werden wir die Situation schon deichseln. Wieder allein, zerbröselte der vorgetäuschte Optimismus. Woher das Geld nehmen? Becher konnte er nicht noch einmal anpumpen, bei ihm stand er schon mit 3000 Mark in der Kreide.

Fallada setzte sich wieder an die Maschine. Wo war er bei dem Brief an Geyer stehengeblieben?

»Aber Sie wissen ja sicher … ja, das weiß ich nun nicht mehr, was Sie sicher wissen sollen. Unterdessen ist nämlich mein Ältester hier zu Besuch gewesen, und dabei hat sich so viel Neues ergeben, nämlich an Schwierigkeiten, dass ich ganz aus dem Konzept gekommen bin. Aber ich muss es Ihnen doch endlich sagen, wie froh ich bin, Sie mit Ihren Angehörigen in einiger Ordnung zu wissen, der Winter war ja auch nicht so schlimm wie erwartet, und ich denke, Sie werden so einigermaßen durch ihn gekommen sein.«

Fallada schwitzte. Das war ziemlich fadenscheinig, aber er musste ja irgendwie dahin kommen, dass es Geyer viel besser ging als ihm.

»Nun noch ein Punkt, mein lieber Geyer, den ich ganz offen Ihnen gegenüber anspreche. Sie können sich denken, dass ich augenblicklich geldlich in einigen Schwulitäten bin.« Jetzt war es raus, und er konnte konkret werden: 1500 RM wären ihm eine große Hilfe, »und ich werde sie, wenn ich erst wieder arbeiten kann, Ihnen mühelos und mit einem kräftigen Zinszuschlag zurückgeben können. Am liebste wäre es mir, wenn Sie mir das Geld in etwa drei eingeschriebenen Briefen als Scheine hierher zugehen ließen. (Als Anweisung behält es die Kasse unten, und ich habe augenblicklich dringendere Sorgen als die Bezahlung dieses Anstaltsaufenthalts.)«

War das, bei aller Freundschaft, zu viel verlangt? »Aber das sollen Sie alles entscheiden, wie Sie denken! Jedenfalls ob mit oder ohne Geld, wir bleiben immer die Alten. Grüßen Sie Ihre Frau, Ihr ...« Hoffentlich klappte es. Es musste klappen.

»Fallada sucht seinen Weg« war der Titel für das neue Buch. Er wollte ehrlich sein, sich hinter keiner Figur verstecken – und gleich heute damit anfangen. Anders als Ulla, die noch unter Schlafmitteln stand, kam er nachts ohne aus. Oder mit ganz wenig. Jedenfalls war er das Dreckszeug endgültig los. Warum also noch ein Vierteljahr in den Kuranstalten bleiben? Wahrscheinlich wollte der Professor sich an ihm gesundstoßen. Mal sehen, ob er diese Zeit nicht durch gute Führung abkürzen könnte.

Während er aus dem Gröbsten raus war, ging es Ulla ziemlich dreckig. Immerhin durfte er sie jetzt täglich eine Stunde besuchen, sie freute sich jedes Mal wie ein Kind. Und war sie das nicht auch? Ulla war der Liebling auf der Station »Frauen III«, das hörte er gern. Als er ihr ein paar von Bechers Zigaretten daließ, kreischte sie, warum Becher nicht auch bei ihr gewesen sei? Fallada hatte Mühe, sie zu beruhigen, und versprach, ihm zu schreiben und um Zigaretten für seine Frau zu bitten.

Sie hatte ihn außerdem beschworen, Pummel zu schreiben. Noch so ein Bekannter von ihr, der Mann hieß Werner Pluskat, Potsdamer Straße 155, und hatte ihr eine Flasche Kognak versprochen, außerdem wollte sie Zigaretten und »Fettigkeiten« von ihm, es musste nicht unbedingt Butter sein. Fallada setzte sich an den geforderten Brief: »Wenn da Ihnen etwas möglich ist, auf dem Vorschusswege, den ich in aller Kürze, endgiltig zu regeln hoffe, wäre ich Ihnen für mein armes Mädchen sehr dankbar. Frage nur, wie wir die Sachen hierher bekommen. Ich nehme fast an, dass man Ihnen mit mir Sprecherlaubnis gibt, aber Sie müssten die Ware einmogeln. Sicherer wäre fast noch, wenn Sie sie der Schwester Gertrud Nowatius, wohnhaft Uhlandstraße 144, Gartenhaus 4 Treppen, bringen würden.«

In ihrer Not hatten sie sich auf dubiose Geschäfte eingelassen, und nun meldeten sich Leute, die glaubten, sie erpressen zu können. Ein Walter Toll, der sich Journalist nannte, hatte Agnes Wernicke angeblich bei verschiedenen Gelegenheiten Geld geliehen, 8000 RM. Sie, an die sich Fallada dunkel erinnerte, habe Toll an ihn verwiesen, bei dem sie noch eine Forderung von 16 000 RM offen habe. Wernicke selbst sei schwer krank, Arzneimittelvergiftung. Um welche Art es sich handelt, konnte sich Fallada denken.

Von ihm würden weder Wernicke noch Toll Geld bekommen. Um gleich Klartext zu reden: Sie seien durch sie »einem Rauschgifthändler in die Hände gefallen, der von mir allein weit über 30 000,– RM erhalten hat für eine Ware, die einen Handelswert von nicht 300,– RM besaß«. Die Wernicke solle endlich mit dem Name und der Anschrift des Händlers herausrücken, Fallada wolle ihn anzeigen, dem Wucherer das Handwerk legen. Doch sie habe sich bisher geweigert, weil sie sich mitschuldig gemacht habe, vielleicht auch weil sie mit ihm unter einer Decke stecke. »Ich selbst wie meine Frau auch, wir liegen hier schon seit einigen Wochen in den Kuranstalten zum Entzuge dieser Rauschgifte, das zuständige Gesundheitsamt ist längst verständigt, ich habe also nicht geringste Veranlassung, weiter mit dieser Sache hinter dem Berge zu halten.«

An diesem Tag kam er einfach nicht dazu, den Roman anzufangen.

Fallada suchte einen Weg, wieder ins Erzählen zu kommen. Die Szene, wie er sich eines Abends zum Stammtisch im »Mecklenburger Hof« gesellt und Ulla kennenlernt, stand ihm noch vor Augen. Er kommt spät mit dem Fahrrad aus Carwitz, wo es keine Gastwirtschaft gibt, und die Runde spricht schon dem Wein zu. Versammelt haben sich die Honoratioren von Feldberg: Ludwig Frentz, dem der Hof Hullerbusch gehört, der Amtsrichter Hovemann aus der Kreisstadt und natürlich der besoffene Tierarzt Wilhelm Benzin. Den braucht man nicht einzuladen, der lädt sich selber ein, ein Schnorrer und »Freischlucker«. Alles wie immer, aber diesmal gibt es in der Männerrunde eine Frau. Fallada hat sie noch nie gesehen, und sie schlägt ihn sofort in den Bann. Er drängt den Tierarzt beiseite und setzt sich neben diese faszinierende Frau.

Sie kommt aus Berlin, ihr Mann, ein Fabrikant, hat ein Blockhaus in Klinkecken, der Nobelgegend, sofern es in Feldberg so etwas überhaupt gibt. Der Mann ist diesmal in der Hauptstadt geblieben. Sie kommen schnell ins Gespräch – ein Schriftsteller ist interessanter als der dröge Amtsrichter, von dem Tierarzt ganz zu schweigen, den doch nur der Wein interessiert. »Sie schüttelte ihre rotblonden Locken, sie sah mit ihrem länglichen Gesicht und vor allem mit ihrem schönen blutroten Munde jeden Sprecher aufmerksam an – es war ganz, als sähe dieser Mund die Menschen an.« Das war eine schiefe Formulierung. Jeder Verliebte schwärmt von den Augen seiner Angebeteten, aber ihm hatten es die kirschrot geschminkten Lippen der Fremden angetan. »Dann warf sie den Kopf zurück, ihre kleine weiße Kehle schien vor Lachen zu tanzen – Himmel, wie sie lachen konnte, Gott, wie jung sie war!«

Natürlich schmeichelt es ihm, als sich die junge Frau ihm zuwendet, und er läuft zur Höchstform auf – er sprüht nur so vor geistreichen Bemerkungen und witzigen Anekdoten. Erzählen kann er, störend ist nur der alte Schluckspecht.

Irgendwann hat er den Tierarzt an den Nebentisch verwiesen, wo der allein und auf dem Trockenen sitzt. Eine öffentliche Demütigung, seitdem sind sie verfeindet.

Kurz schweiften Falladas Gedanken ab, er musste daran denken, wie Willmann ihn beim Kulturclub zunächst abgewiesen hatte – ihn behandelte, als sei auch er ein Freischlucker, das hatte ihn zutiefst verletzt.

Benzin hatte sich später beim Einmarsch der Russen umgebracht. Auch das würde er im Roman schreiben. Ein bisschen die Namen verfremden. Doktor Wilhelm, »Farken-Willelm«. »Schwin-Benzin« hatten alle den Tierarzt genannt.

Schließlich sind Ulla und er die letzten Gäste in der Gastwirtschaft. Auf dem Nachhauseweg schiebt sie ihr Fahrrad, während er auf seinem in Schlangenlinien um sie herumkurvt. Wie ein verliebter Schuljunge, nicht wie ein gesetzter Mann von fünfzig Jahren. Er kann sich kaum auf dem Rad halten – nach Carwitz würde er es in diesem Zustand niemals schaffen. Hat zunächst er sie begleitet, so drehen sie nun um, und sie bringt ihn zurück zum »Mecklenburger Hof«, wo er sich ein Zimmer nimmt. Am nächsten Tag haben die Kleinstadtklatschmäuler ein neues Thema. Dabei ist gar nichts passiert, dazu war er viel zu betrunken.

Den Tierarzt zeigt Fallada wegen übler Nachrede an – ohne Wirkung, während des Krieges werden derlei Angelegenheiten nicht verfolgt. Die Geschichte schaukelt sich hoch, und Fallada droht in einem Brief, er werde Benzin, sollte er seine Verleumdungen nicht zurücknehmen, öffentlich ohrfeigen.

Dann kommt es zur einer wahren Western-Saloon-Begegnung im Wartesaal und Schankraum der verschlafenen mecklenburgischen Bahnstation. Der Zug fährt ein. »Die Fremden verließen den Saal, es blieben übrig fünf oder sechs Einheimische. Es war ganz still in dem Raum. Dann begann der Wirt Kurz, der hinter der Theke, scharf beobachtend, seine Gläser putzte, ein gleichgültiges Gespräch mit einem

Malermeister.« Alle Blicke richten sich auf die beiden Streithähne. Der Tierarzt hat den Brief seinen Stammtischbrüdern gezeigt, die ganze Stadt weiß davon. Fallada kämpft mit sich, schließlich ist sein Gegner nur ein alter, versoffener Mann. Eigentlich nicht satisfaktionsfähig. Aber er sieht sich um. »Sie werden mich als Feigling ansehen, alle, er zuerst, wenn ich nichts tue. Ich muss es diesen Bürgern zeigen, dass ich mich nicht ungestraft mit Dreck bewerfen lassen! Es gibt kein Zurück!«

Fallada macht seine Drohung wahr und ohrfeigt den Mann. Keineswegs heftig, aber Benzin heult Krokodilstränen: dass ihm das an seinem dreiundsechzigsten Geburtstag angetan wird. Die Stimmung in der Stadt schlägt um: Haben bisher alle nur Verachtung für Schwin-Benzin gehabt, so wird er jetzt bemitleidet. Fallada sei zu weit gegangen. »Er verlor den letzten Rest von Sympathie in der Stadt, er wurde das, was er dann in alle Zukunft bleiben sollte: der meistgehasste Mann weit und breit.«

Fallada war zufrieden: Dieses Kapitel war gelungen. Gut, etwas überdramatisiert, aber es war spannend, und so hatte er es erlebt.

Allerdings: Was hatte das mit seinem Vorhaben zu tun, kritisch in sich zu gehen auf der Suche nach Orientierung, nach einem Weg aus dem Nachkriegschaos?

Er musste von der russischen Besatzung und seiner Bürgermeisterzeit erzählen, beides druckte wie ein Alp auf ihn. Später. Erst einmal hatte er mit der Feststellung, er sei der meistgehasste Mann in Feldberg gewesen, einiges klargestellt.

Es hatte so ausgesehen, als würde die Sache versanden. Der Bakonyi-Brief entfaltete nicht die Wirkung, die sich seine Feinde gewünscht hatten. Es war ja auch unappetitlich, eine private Korrespondenz für eine politische Schmutzkampagne zu nutzen. Doch nun hatte Hans Habe, der Chefredakteur der »Neuen Zeitung« höchstpersönlich, nachgelegt: »Wer seinen verkrampften Roman ›Wolf unter Wölfen‹ gelesen hat, der braucht nicht in Frau Bakonyis Briefschatulle zu gucken, um zu wissen, dass Fallada nicht nur ein braver Nationalsozialist, sondern noch mehr als das gewesen ist, nämlich ein literarischer Alibisucher des Hitlertums, der sich schon in den ersten Jahren des Nationalsozialismus bemühte, die ›Machtergreifung‹ als eine Notwendigkeit zu deuten.« Fallada war sprachlos. Das war böswillig und perfide.

»Wolf unter Wölfen« war ein Inflationsroman, die Nazis wurden auf keiner der 1100 Seiten erwähnt. Wie auch. Die Inflation war 1923 vorbei, der Roman endete mit der Einführung der Rentenmark, und das war zehn Jahre vor der »Machtergreifung«. Und das Vorwort – Vorworte hatten ihm schon immer zur Absicherung gedient, das war doch Taktik, nichts sonst. Er hatte es, wie stets in der Nazizeit, mehrdeutig gehalten. Da stand, der Roman male ein Bild jener Zeit, die so nahe und doch so völlig überwunden sei. Das war nicht falsch, konnte man so und so verstehen.

Der nächste Schlag.

Kurt Wilhelm vom Aufbau-Verlag hatte auf sein Schreiben geantwortet. Von dem Vorschlag, den »Jungherrn von Strammin« etwas zu frisieren und mit neuem Titel zu versehen, hielt er nichts. »Vielmehr haben verschiedene Herren, die das Manuskript jetzt gelesen haben, den Eindruck gewonnen, dass Gutsbesitzerkreise in diesem Manuskript zu schön und zu gut bei wegkommen.« Ja, hatte Fallada denn nichts mitbekommen von der laufenden Kampagne zur Bodenreform, Parole »Junkerland in Bauernhand«?

In Wahrheit hatte Wilhelm das Manuskript an Willmann geschickt, um die Zustimmung des Kulturbunds einzuholen. Unabhängig von allen literarischen oder politischen Überlegungen sprach etwas für die Annahme: »Sie wissen«, schrieb der Verlagsleiter, »dass wir Fallada auf seinen noch zu schreibenden Roman hin bereits ein beträchtliches Honorar gezahlt haben und dass in Anbetracht der besonderen Begleitumstände mit der Fertigstellung dieses Manuskripts in absehbarer Zeit nicht zu rechnen ist. Aus diesem Grunde halte ich es für ratsam, wenn wir auch diese Arbeit übernehmen, damit uns keine gezahlten Honorare verlorengehen.«

Das Argument beeindruckte Willmann nicht. Er konstatierte kurz und knapp, dass der Roman »von Anfang bis Ende im Milieu pommerscher Gutsbesitzer spielt und seine Publikation in der Zeit der Bodenreform vollkommen deplaciert wäre«, ja, »Sympathie für jene Junker zu wecken, deren Boden heute mit Recht an Kleinbauern und Siedler aufgeteilt wird«, sei nicht Aufgabe des Verlags. Abgelehnt.

Dem Urteil des Kulturbunds musste sich Wilhelm beugen, an der Entscheidung war nicht zu rütteln. Wilhelm blieb nichts anderes übrig, als es dem Autor möglichst schonend beizubringen, ohne die Hintergründe zu erklären. Am besten verwies er auf die bösartige Presse, die die Veröffentlichung im Aufbau-Verlag zum Anlass nehmen würde, eine Opposition zur Bodenreform zu konstruieren. »Wir müssen in dieser Hinsicht mit einem unerhörten politischen Fingerspitzengefühl operieren, denn Sie wissen selbst, wie schnell die Presse zu irgendwelchen Ergüssen bereit ist.« Das war ein Wink mit dem Zaunpfahl, den der Autor verstehen sollte. Mit großer Freude habe er zur Kenntnis genommen, hieß es weiter, dass sich Fallada nach Beendigung seiner Kur wieder mit voller Kraft dem Roman widmen werde, der im kommenden Verlagsprospekt bereits unter dem Titel »Im Namen des Deutschen Volkes« angezeigt werde.

Fallada war das nicht recht. Er hatte Wilhelm in die Kuranstalten eingeladen, um ihm im persönlichen Gespräch zu eröffnen, dass ihm zu der Widerstandsgeschichte der Hampels absolut nichts einfalle, weshalb er ein anderes Buchprojekt verfolge. Doch der Verleger konnte nicht kommen: einfach viel zu viel Arbeit. Außerdem hatte man ihm den Wagen gestohlen. Zeiten waren das!

Er hatte viel Zeit zum Nachdenken. Die Entziehungsanstalt war für ihn zu einer Art Sanatorium geworden mit festen Mahlzeiten, ansonsten konnte er tun und lassen, was er wollte. In der Teeküche plauderte er mit den Schwestern, das war zwar nicht erlaubt, aber er gehörte als Stammgast fast schon zum Inventar. Auch konnte er sich in dem großen Garten ergehen und mit den anderen Patienten plaudern, darunter recht interessanten Zeitgenossen. Die Klientel hatte sich verändert, aus Zutts Erzählungen hatte er es schon vernommen. Viele morphiumsüchtige Ärzte waren da. Sie mussten sich einer Radikalkur unterziehen, kamen eine Woche nicht aus den Zimmern – er hörte sie noch durch die dick gepolsterten Türen schreien und toben –, und wenn sie wieder auftauchten, wollten sie so schnell wie möglich entlassen werden. Bei ihnen hatte Zutt ein Einsehen, Fallada wusste warum: Niemand durfte erfahren, dass sie hier waren, schon gar nicht die Gesundheitsbehörde.

Eine hohe Mauer umgab den Garten. Ein bisschen wie Hofgang im Gefängnis, schoss es ihm durch den Kopf, aber natürlich viel schöner: ein gepflegter Rasen, keine Aufsicht. Nein, er musste keine Tüten kleben oder Bürsten fabrizieren. Seine Arbeit bestand im Schreiben eines Romans, doch kam er damit nicht so recht voran. Die komplizierte Situation mit Suse, die Ehe-Hölle samt anschließender Scheidung, all das ließ er lieber außen vor. Überhaupt, an Suse musste er schreiben, sie hatte schon nachgefragt, wie es dem Jungen ging.

Uli kam alle zwei, drei Tage. Ein in sich gekehrter Junge. Er machte Touren mit dem Rad, eroberte sich so Berlin. Immer allein unterwegs. Freunde hatte er keine, er kam ja auch mit niemand zusammen. Ihre Nachbarn, die Bechers, hatten keine Kinder, das heißt, es gab da einen Sohn aus erster Ehe, die 1934 zerbrochen war. Thomas lebte mit der Mutter im Londoner Exil und nannte sich John. Becher hatte Fallada einmal gestanden, er fürchte sich davor, dass sein Sohn eines Tages auftauchen und über die gestohlene Kindheit klagen werde. Seit über einem Jahrzehnt hatte er keinen Kontakt mehr zu ihm. Für Fallada war das unvorstellbar. Selbst als das Zusammenleben mit Suse unerträglich geworden war, immer war er bemüht gewesen, die Kinder nicht darunter leiden zu lassen. Er schrieb an Mücke, er dachte an Achim, seinen Jüngsten. Es tat ihm weiß Gott leid, was Uli hier erleben musste, aber ihn wieder zurückzuschicken zu Suse kam für ihn nicht in Frage.

Neulich war Becher hier gewesen, im Schlepptrau diese Freundin von Ulla, Marga Grundig, mit Jutta. Sie hatte im Eisenmengerweg nach dem Rechten gesehen, war über Nacht geblieben. Becher hatte erzählt, Uli habe sie im Keller schlafen lassen. Grundig hätte pikiert bemerkt, kalt zu schlafen sei gesund – vorausgesetzt, dass man Federbetten habe. Er musste Uli sagen, dass er der Dame, falls sie wiederkommen sollte, das Schlafzimmer anbieten müsste plus Heizöfchen.

Er würde noch eine Runde drehen, bald gab es Abendessen. An dem Preisausschreiben der »Täglichen Rundschau« für die beste Kurzgeschichte würde er sich nicht beteiligen; unter den obwaltenden Umständen würden es die Russen nicht wagen, ihm einen Preis zu geben. Vom Rundfunk hatte er nichts mehr gehört. Er musste sich wehren, doch saß er hier in der Mausefalle. Dabei sollte er Material zu seiner Verteidigung sammeln, falls man ihn vor einen Entnazifizierungsausschuss zerren würde. Dieser Hans Habe, auch so ein Österreicher, der als amerikanischer Presseoffizier zurückgekehrt war und keine Ahnung von den Verhältnissen in Nazideutschland hatte.

Nein, diesmal wollte er sich nicht ohne Gegenwehr abschlachten lassen. Er würde vor das Komitee treten und die amerikanischen und englischen Kritiken präsentieren. Dummerweise befand sich alles noch in Carwitz. Als Rowohlts Verlag aufgelöst wurde, hatte Väterchen ihm eine große Kiste mit Rezensionen geschickt, die noch im Holzstall stehen müsste. Für ihn momentan unerreichbar. Es half nichts, er musste Suse bitten, und zwar dringend. Doch jetzt musste er zum Essen. Danach würde er an die Briefe gehen.

»In unserm Hause ist alles so weit in Ordnung«, schrieb er Suse. Uli mache sich gut. »Wir sind sehr erfreut über unsern neuen Hausgenossen, er ist wirklich ein sehr netter Bengel und verträgt sich auch mit der Ulla ausgezeichnet. Manchmal gibt es ein kleines Gewitter zwischen den beiden, aber das ist immer gleich wieder vorbei, meist komme ich mit meinem Eingreifen zu spät und werde von den längst wieder versöhnten Freunden ausgelacht.« Außerdem helfe er auch im Haus. »Freilich nicht, wenn er es vermeiden kann, aber wenn er muss, doch mit leidlicher Miene und Figur.« Alles gelogen, doch es machte Spaß, sich ein Familienleben auszumalen.

Ulla gehe es noch gar nicht gut, und das sei der Grund, warum von einem nächsten Termin für die Abholung ihrer Sachen aus Carwitz noch keine Rede sein könne. »Gegen ihre ewige Bluterei macht sie jetzt eine neue Hormonkur, nach der neusten Theorie kommen auch ihre Gallenschmerzen nur daher. Bisher ist eine wesentliche Besserung nicht zu merken, aber wir sollen Geduld haben, ich finde, wir finden, wir haben schon viel zu lange Geduld gehabt.« Wegen des Fleckfiebers in Mecklenburg sei es momentan ohnehin schwierig, nach Carwitz zu gelangen: Fahrkarten gibt es nur am Tag der Abfahrt gegen Vorlage einer Dringlichkeitsbescheinigung. »Aber, wie schon gesagt, dafür muss Ulla erst einmal ganz auf dem Kien sein. So erschossen wie bei ihrer Rückkunft beim letzten Male sähe ich sie ungerne wieder.«

Nun aber die Bitte, ihm die englischen, amerikanischen und eventuell auch französischen Kritiken zu schicken, am besten sukzessive in Doppelbriefen unter »Einschreiben«. »Diese Sache eilt sehr, denn es geht um meine Existenz, ist einmal ein ›Nein‹ gesagt worden, wird es sehr schwer sein, eine Änderung dieses Urteils zu erzielen.« Fallada war nicht wohl dabei, so ein Lügengebäude aufzubauen und über Monate durchzuhalten. Doch er wollte Uli nicht verlieren.

Dem Sohn wollte er nichts vormachen, und er wählte die Worte sorgfältig. »Du bist in eine etwas verdrehte Welt gekommen, und ich glaube, Deine Mutter würde manchmal nicht einverstanden sein mit dem, was Du alles hörst und siehst. Manchmal wollen mir auch leise Bedenken kommen, aber dann sage ich mir doch wieder: ›So ist nun einmal die Welt – und das zu vernebeln, hat gar keinen Sinn. Er muss es lernen, d. h. eigentlich weiß er es schon, und unserer Freundschaft wird das doch nie einen Abbruch tun.‹ Dass ich nicht gerade ein Engel bin und auch Ulla nicht – so engelhaft sie manchmal auch aussehen kann, wenn sie nämlich will –, das weißt Du auch. Wir halten zueinander, und wenn ich an einen etwaigen Besuch Deiner Mutter mit Grauen denke, so nicht darum, weil ich Angst vor einer Auseinandersetzung hätte, sondern weil ich fürchte, sie nimmt Dich uns einfach weg und wieder heim nach Carwitz – und was sollst Du da?«

Die Verhandlung fand in Abwesenheit des Beschuldigten statt.

Der »Neue Hannoversche Kurier« war nicht irgendein Lokalblatt, sondern das amtliche Organ der britischen Militärregierung. Kurz nach der Veröffentlichung des offenen Briefes von Else Marie Bakonyi wurde der Secret Service aktiv. Eine Kopie des Zeitungsartikels ging an die Information Unit im Berliner Headquarter. Captain W. Wallich, Intelligence Section, Control Commission for Germany, fertigte eine Aktennotiz an. Die erwähnten Fakten seien nichts Neues, Falladas Engagement beim Reichsarbeitsdienst längst bekannt. Noch im Exil hatte Carl Zuckmayer im Auftrag des amerikanischen OSS, des Office of Strategic Services, ein umfangreiches Dossier angelegt und in diesem »Geheimreport« Fallada in die Gruppe 3, »Sonderfälle, teils positiv, teils negativ«, eingeordnet.

Wallich legte einen Vorgang an, »Subject: Black Listing«, entschied sich jedoch, ihn nicht in die Tat umzusetzen, was auch nicht durchsetzbar gewesen wäre, da es der Zustimmung aller Alliierten bedurft hätte. Die Amerikaner würden Fallada schon prinzipiell auf keine »schwarze Liste« setzen; die Anlage solcher Listen sei nicht US-Politik. »Was die Russen betrifft, so haben sie Fallada herausgestellt, bevor ihnen die Fakten bekannt wurden, und zwar in einem Maße, dass sie ihn jetzt nicht einfach fallen lassen können.« Allerdings hätte man nichts dagegen, wenn sich die Deutschen inoffiziell schwarzer Listen bedienten.

Abgeschlossen war die Sache damit nicht. Wallich wandte sich an die Kollegen in Hannover, nun lautete die Betreffzeile »*Subject:* Personal Vetting«: »*Betreff:* Persönliche Untersuchung«. Es sei beschlossen, den Fall prominent in die Berliner Presse zu bringen, schließlich sei Fallada eine öffentliche literarische Person und überdies Kulturbundmitglied. Dazu benötige man alle relevanten Informationen, unter anderem über die Sekretärin und Einblick in die von ihr zitierten Fallada-Briefe.

Frau Bakonyi wurde vorgeladen und vernommen. Sie hatte Falladas Briefe mitgebracht und gab bereitwillig Auskunft. Zunächst wurden die Personalien aufgenommen: Journalistin, verheiratet mit einem ungarischen Juden, über dessen Schicksal sie seit zwei Jahren im Ungewissen war. Sie hatte für verschiedene Filmgesellschaften an der Herstellung von Drehbüchern mitgearbeitet, gelegentlich die ungarische Dialog-Regie übernommen. Bis Anfang 1933 hatte sie für das »Berliner Tageblatt« gearbeitet, auch war sie Mitarbeiterin des Malik-Verlages gewesen.

Politische Vergangenheit? Der vernehmende Offizier horchte auf: Bakonyi hatte in jungen Jahren der KPD angehört, später der österreichischen SPD. Befreundet sei sie mit dem Schriftsteller Frank Thiess. Er sei es auch gewesen, der den Kontakt zum »Neuen Hannoverschen Kurier« hergestellt habe.

Zum Gegenstand der Vernehmung: Ihre Bekanntschaft mit Fallada reichte zehn Jahre zurück, ein festes Arbeitsverhältnis habe nicht bestanden, sie habe die Manuskripte seiner Romane abgetippt. Was glaube sie, war Fallada ein Nationalsozialist? Nein, das nicht. Aber er hätte immer stark nach rechts tendiert und wäre auch Antisemit gewesen. Eine klare politische Haltung hätte er nicht. Für ihn sei typisch, dass er sich in seinen Büchern sowohl gegen die SPD als auch gegen die Feme ausgesprochen habe. Seine starken Schwankungen hätten sicher mit dem Alkohol zu tun. Ja, er sei Alkoholiker, doch das entschuldige nichts, seine geistige Klarheit und Verantwortlichkeit seien ungetrübt. Wie erkläre sich dann seine Hoffnung auf einen nationalsozialistischen Sieg – der Offizier las ein Briefzitat aus Bakonyis Artikel vor –: »Wir sind die Herren der Welt, bestimmt die von Europa«?

Nun, das hatte Fallada im September 1943 geschrieben, als er den Reichsarbeitsdienst in Frankreich besuchte, man müsse das Zitat im Zusammenhang lesen: »Ich habe diese Jungens auf den Fliegerhorsten miterlebt, ich sitze fast jede Nacht in einem Splitterschutzgraben, das alles kann nicht umsonst sein.« Fallada wäre leicht beeinflussbar, er habe sich vom allgemeinen Begeisterungsrausch mitreißen lassen. Deshalb sei sie der Meinung, dass der Schriftsteller insbesondere zum Jugenderzieher völlig untauglich sei.

Der Offizier ließ sich den Brief zeigen. Er war gerichtet an »Meine liebe Bah« und schloss: »Ich bin ein altes Mistvieh, das weiß ich immer genauer, aber wen ich mag, den mag ich, und dazu gehören auch Sie!« Das klang nicht nach einer reinen Arbeitsbeziehung.

Während er sich Notizen machte, war Bakonyi kaum zu

bremsen. Sie habe gemeinsam mit der ersten Frau Falladas immer wieder vergeblich versucht, ihn von seinem geplanten antisemitischen Roman und anderen nationalistischen Tendenzen abzubringen. Ja, sie habe ihn gewarnt, er solle nicht glauben, dass er nach dem unvermeidlichen Zusammenbruch mit fliegenden Fahnen in das demokratische Lager überwechseln könne. In diesem Falle werde sie seine Gesinnungslosigkeit öffentlich anprangern. Genau das habe sie nunmehr getan. Sie fixierte den Offizier, doch der zeigte keine Reaktion.

Neulich, auch das musste Frau Bakonyi noch loswerden, habe Fallada im Radio behauptet, in den letzten vier Jahren keine Zeile veröffentlicht zu haben. Diese Behauptung sei unwahr, noch vor zwei Jahren habe Fallada einen Roman in der Zeitschrift »Die Woche« … Bakonyi brach ab, der Offizier hörte nicht mehr zu.

Er hatte bereits notiert: »Frau Bakonyi macht den Eindruck einer ehrlich überzeugten, fanatischen Radikaldemokratin. Sie sieht aus, als wenn sie nicht ganz gesund ist und vor allem unter nervlichen Störungen leidet.«

Die Originale der Briefe Falladas nahm er trotzdem an sich. Damit hatte man, sollte es notwendig werden, etwas in der Hand.

»Plötzlich rief der Junge am Tisch halblaut: ›Russen –!!!‹ Ein Geräusch an der Tür ließ alle verstummen und starren, die Tür öffnete sich, und drei Russen traten in die Stube.«

Er sitzt am 28. April 1945 mit Ulla beim Abendbrot, als plötzlich drei Soldaten der Roten Armee in der Tür des Blockhauses in Klinkecken stehen. Er tritt ihnen entgegen, die linke Hand zur Faust geballt: »Towarischtsch!«

In seinem Roman war das eine Schlüsselszene. Sie mochte in der Realität zwei oder drei Minuten, vielleicht auch nur wenige Sekunden gedauert haben, in der Erinnerung erschien sie ihm von peinigender Unendlichkeit. Die Soldaten hatten keine Miene verzogen, ihn unverwandt angesehen, und er hatte kleinlaut seine Hand in die Hosentasche gesteckt. »Alles, was er sich seit langer Zeit von diesem Kriegsende erhofft hatte, es brach schmählich zusammen vor den Blicken von drei russischen Soldaten!«

»Mit Recht hatten ihn die Russen angesehen wie ein kleines, böses, verächtliches Tier, diesen Kerl mit seinen plumpen Anbiederungsversuchen, der glauben machen wollte, dass mit einem freundlichen Grinsen und einem kaum verstandenen russischen Wort all das auszulöschen war, was der Welt in den letzten zwölf Jahren von den Deutschen angetan war –!« Er hatte sich der »blöden Hoffnung« hingegeben, sie würden schon merken, dass es »auch anständige Deutsche« gab. Für sie war er schlicht ein Untermensch.

So wie er geglaubt hatte, die Deutschen seien die Herren Europas, vielleicht der ganzen Welt. Ein Nazi war er nie gewesen, aber das jahrelang eingeträufelte Gift der Propaganda hatte in Momenten wie diesen, das musste er sich eingestehen, auch bei ihm Wirkung gezeigt. Er war nicht bei klarem Verstand gewesen. Das unterschied ihn nicht vom Gros des deutschen Volkes, auch wenn er nie dem Führer hörig gewesen war.

Ein Gefühl hilfloser Scham überfiel ihn. Doch wie ehrlich konnte er sein? Das Ende der Naziherrschaft hatte er herbeigesehnt und doch den Einmarsch der Roten Armee gefürchtet. Nicht zu Unrecht, es hatte Plünderungen gegeben, auch »Sch.« – das Wort mochte er nicht ausschreiben, dahinter versteckten sich Schändungen. Er wusste von Vergewaltigungen, aber ihm fehlten die Worte, sie zu beschreiben. Auch würde das niemand drucken. Aber daran wollte er jetzt nicht denken, sondern schlicht schildern, wie es damals gewesen war. Die russischen Besatzer konnte er nicht aussparen, doch mehr beschäftigte ihn das Verhalten der deutschen Volksgenossen. Darüber hatte er etwas zu erzählen.

Gut zwei Monate war er jetzt in den Kuranstalten. Er konnte sich kaum noch vorstellen, wie sie gelebt hatten: immer auf der Jagd, und kaum im Besitz der Beute, schon wieder in Sorge um die nächste. Nein, das war kein Leben, so konnte es nicht weitergehen.

Während er seinen Rundgang im Garten machte – allein, er wollte hier keine Bekanntschaften schließen –, überdachte er seine Lage. Ob Geyer das Geld auftreiben konnte? Wie der wohl das Kriegsende erlebt hatte? Fallada wusste, dass der Freund eine Villa in Falkensee besaß und bei der Demag angestellt war. Schlecht konnte es ihm da doch eigentlich nicht gehen – oder hatten sie ihn wegen Parteizugehörigkeit enteignet? Becher hatte er doch noch einmal angepumpt, 300 Mark, mehr ging wirklich nicht.

Die Manuskripte aus Grünheide hatte er bekommen, aber da war nichts dabei, was er versilbern konnte. Die Neuausgabe des »Blechnapfs« hätte bereits im Januar in den Buchhandlungen liegen sollen, nun war März und immer noch nichts passiert. Aber jetzt war nicht der Moment, um mit Vehemenz auf vertragliche Rechte zu pochen.

Der Verlag hatte ihm ein Buch geschickt: »Deutsche Literatur während des Imperialismus« von Georg Lukács. Darin hatte er auch seinen Namen gefunden. Er sei einer der größten Hoffnungen der deutschen Literatur gewesen, habe aber keine der Erwartungen, die »Kleiner Mann – was nun?« geweckt hatte, erfüllt. Bei »Wolf unter Wölfen« erkannte Lukács eine »Tendenz zum Ausweichen vor den letzten Konsequenzen, ja mitunter sogar eine Neigung zur Verniedlichung ernster Probleme«. Erschienen war das Pamphlet bei Aufbau. In seinem Verlag! Lukács war ein Freund von Becher, natürlich kannten sie sich aus Moskau. Das hätte es beim Väterchen nicht gegeben.

Jetzt, wo Aufbau den »Jungherrn von Strammin« nicht wollte, konnte er das Buch Rowohlt anbieten. Da dürfte es keine politischen Schwierigkeiten geben. Er war gespannt, was Väterchen nach der Lektüre sagen würde – ob der sich in der Figur des Rauhbold wiedererkannte?

Fallada, aus dem Rampenlicht in den Schatten katapultiert, wollte nichts anderes, als unbeachtet und ungestört an »Fallada sucht einen Weg« zu schreiben. Hoffentlich gab es einen Verlag, der das Buch herausbringen wollte. Er war sich da nicht so sicher.

Wenn er erst wieder krauchen konnte. Zwanzig Pfund hatte er schon zugenommen, Ulla immerhin acht – sie sah blendend aus. Er hingegen fühlte sich noch scheußlich schlapp. Und diese ewigen Gliederschmerzen. Einfach war das Leben augenblicklich nicht. Aber kommen wir über den Hund, kommen wir auch über den Schwanz.

Geyer hatte kein Geld geschickt, nein, er war höchstpersönlich vorbeigekommen. Älter geworden war er, ein bisschen geschrumpft. Trug er immer schon eine Brille mit so dicken Gläsern? Fallada hatte ganz vergessen, dass Geyer Jura studiert und sogar einen Doktortitel hatte. Für ihn war er immer der typische Freikorpskämpfer gewesen.

Die wilden Jugendjahre stiegen in ihm hoch, als sie beide auf dem Rittergut Radach arbeiteten, mit der Waffe in der Hand die Plünderer vom Feld jagten und am Abend hinter den Mädchen auf dem Hof her waren. Dann diese verrückte Sache, als auch Geyer literarischen Ehrgeiz entwickelte. Fallada hatte ihm bei seinem Landwirtschaftsroman »Gutsbeamter Peter Möcke« geholfen, und sie hatten die Idee gehabt, das Manuskript bei Rowohlt als ein Werk Falladas auszugeben und unter dem »Pseudonym« Hans-Joachim Geyer laufen zu lassen … Die Rowohlt-Lektoren waren ihnen auf die Schliche gekommen. Jahre später wiederum hatte er den Freund in »Wolf unter Wölfen« zu einer literarischen Figur gemacht, ein wenig schmeichelhaftes Porträt, doch Geyer hatte es ihm nicht übelgenommen. Später kam der Freund mit seinem Rennwagen angebraust oder tauchte unvermittelt mit einem SA-Trupp in Carwitz auf – ein Abenteurer, Haudegen und Draufgänger. Einer, der sich immer ins Getümmel warf. Das Gegenteil von Fallada, der körperliche Auseinandersetzungen scheute.

Die Demag, erfuhr Fallada, hatte im Krieg Panzer produziert, mit Zwangsarbeitern aus dem KZ Sachsenhausen. Zusammen mit seinem Chef sei er dann zu den Mittelwerken gewechselt, wo er Kantinenverwalter geworden war. Mittelwerke – Fallada sagte das nichts. In Stollen unter Tage, die Eingänge durch Tarnnetze geschützt, hätten sie Raketen gebaut, die V1 und V2. Übrigens auch – Geyer senkte die Stimme, als müsste er Spione fürchten – an der Wunderwaffe gearbeitet, der R4M, einer Luft-Luft-Rakete, alles streng geheim. Wenn man ihn so reden hörte … Am liebsten wäre

Geyer wohl Agent oder noch besser Doppelagent. Ein merkwürdiger Auftritt dieses Mannes mit seinen Geschichten hier in den Kuranstalten, wo Menschen ruhiggestellt und entgiftet wurden, kaum etwas von der Wirklichkeit draußen in das umfriedete Areal drang. Geyer lebte auch in einer Traumwelt, ähnlich unwirklich.

Das Schreiben hatte er nicht aufgegeben, hatte für die Serie mit dem Abenteurer Hein Class Geschichten verfasst, »Vamp Rita« und »Verkappte Banditen«. Ein Heft ließ er Fallada da, dann hätte der was zu lesen.

Trotz allem ein treuer Freund. Er hatte 750 Mark in Scheinen, Alliiertengeld, mitgebracht. 500 Mark wollte er in den nächsten Tagen per Einschreiben schicken. Geyer verabschiedete sich, morgen müsse er wieder arbeiten. Bei der Demag. Demontage der Maschinen, Abtransport durch die Rote Armee. Eine schwere körperliche Arbeit, der er sich nicht entziehen konnte. Kantinenverwaltung war ihm lieber gewesen.

Wer essen will, muss arbeiten – diese Direktive hatte die Besatzungsmacht direkt nach dem Einmarsch verfügt. Sie galt auch in Feldberg. Fallada musste Kühe hüten, Ulla Säcke tragen. Doch nicht sehr lange, dann hatten die Russen Fallada als den Autor von »Kleiner Mann – was nun?« erkannt. Der Roman war auch in der Sowjetunion erschienen, und Dichter genossen bei den Russen großes Ansehen. So war er zu einer zweifelhaften Ehre gekommen, die Szene gehörte in »Fallada sucht einen Weg«.

»Der nächste Tag war der ›Tag des Sieges‹, er war arbeitsfrei. Die gesamte Bevölkerung hatte sich auf dem Platze vor der Kommandantur zu versammeln, der russische Kommandant würde eine Ansprache halten.« Und nicht nur er. Ein Deutscher, möglichst eine Autorität, ist gefragt. Unverhofft fällt Fallada diese Rolle zu, bereits fünf Minuten später steht er ebenfalls auf dem Balkon, neben ihm ein Dolmetscher, der seine Rede für die Russen zu übersetzen hat. Er weiß nicht, was er sagen soll, bekommt ein großes Glas Wodka in die Hand gedrückt, damit werde es schon gehen.

Er hat irgendetwas gestammelt, was genau, erinnerte er nicht mehr. Aber ihm stand noch vor Augen, wie er damals die auf dem kleinen Platz versammelten Zuhörer wahrnahm. »Zuerst verschwammen diese Gesichter zu einem einzigen grauweißen Strich über dem dunklen, breiten Band der Kleidung. Dann, während er die ersten einleitenden Sätze sprach, unterschied er plötzlich die einzelnen. Während er noch ein wenig besorgt auf seine Stimme lauschte, die nie sehr stark gewesen war, jetzt aber doch den Platz unter ihm gut auszufüllen schien, entdeckte er plötzlich auch seine Frau, fast direkt zu seinen Füßen. Da stand sie, rauchte mit der ihr eigenen Unbekümmertheit ruhig eine Zigarette, und die Nächststehenden hielten sich in einer kleinen Entfernung von ihr, während doch sonst alles auf dem Platz dicht an dicht stand.« Nein, sie gehören nicht dazu, aber sie gehören zusammen.

»Er nickte, ohne sich zu unterbrechen, ihr allein merklich, hinunter, sie lächelte zurück und hob die Hand mit der Zigarette, ihm zum Gruße. Sein Blick glitt weiter, er blieb haften auf dem graubärtigen Gesicht eines nationalsozialistischen Stadtvaters, eines Baumeisters, eines stillen Mannes eigentlich, der aber immerhin seine Parteistellung listig dazu missbraucht hatte, seine Konkurrenten nah und fern um die eigene Existenz zu bringen. Nicht weit von diesem Manne stand ein kleiner, mit einem sowohl durchtriebenen wie brutalen Gesicht: Er hatte die Parteibeiträge kassiert und dabei den Spitzel für die Bonzen gemacht, diese Bonzen, die alle in die westliche Zone entflohen waren ...« Doch bleiben noch genug, die jetzt zu ihm aufschauen: der Postsekretär, der den Wachtmeister im Volkssturm abgegeben hatte, der Schullehrer, ein gefürchteter Denunziant, nicht zuletzt der Bahnhofswirt Kurz – Täter, Nutznießer oder auch nur Mitläufer der Nazis. Er hat seine Rede beendet mit einem Hoch auf die Rote Armee und ihren Generalissimus Stalin; das hat er sich von seinem russischen Vorredner abgeguckt. Was die Feldberger in diesem Moment von ihm halten, dazu braucht es keiner großen Phantasie – in ihren Augen hat er sich bei den Besatzern herangeschmiert. Anschließend gibt es in der Offiziersmesse noch mehr Wodka, bis sie schließlich volltrunken davontorkeln. Allerdings schafft er es nicht bis Klinkecken. Auf dem verlassenen Kuhdamm schlägt er hin und bleibt liegen, schläft an Ort und Stelle ein. Ulla, auch nicht mehr nüchtern, holt zwei russische Soldaten zu Hilfe, die ihn auflesen und in ihr Heim verfrachten. Am Kuhdamm stehen keine Häuser, eigentlich kann keiner der lieben Mitbürger es mitbekommen haben, aber am nächsten Tag weiß die ganze Kleinstadt Bescheid. Eine Woche später machen die Russen ihn zum Bürgermeister von Feldberg.

Es war Sonntag. Fallada konnte am Montag weiter seinen Weg suchen, heute gönnte er sich eine Pause. Sonntag sollte von nun an sein Briefschreibetag sein, denn in der Woche wollte er pausenlos an dem Buch schanzen.

Er musste Carwitz wieder mit Nachrichten versorgen. Von Mutti war ein schwer lesbarer, aber mit der alten Liebe geschriebener Brief gekommen. Am besten schrieb er ihr und Suse gemeinsam, nur Mücke bekam einen kleinen Extrabrief.

Suse hatte Geburtstag gehabt, zwei Tage später Uli – leider etwas verunglückt, sie konnten ja schlechterdings nicht in den Kuranstalten feiern. Zudem hatten sie nichts für ihn – wie hätten sie ein Geschenk besorgen sollen? Er bekam einen Quatschbrief: eine Urkunde, mit der sie sich verpflichteten, ihn schadlos zu halten. Am 5. April stand Ullas Geburtstag an. Da wollten sie endlich wieder zu Hause im Eisenmengerweg sein und kräftig nachfeiern.

Aber natürlich wurde die Carwitzer Verwandtschaft weiter

an der Nase herumgeführt. An Suse ging die Frage: »Und wie war Dein Geburtstag? Hat es die eigentlich unmöglichen Kartoffelpuffer wirklich gegeben? Ja, die Kartoffeln, sie sind, wo man auch hinhört, in jeder Bahn, auf der Straße das allgemeine Gespräch. Niemand hat mehr welche, und wer wie wir Trockenkartoffeln bekommt, wird wohl sagen, dass sie gut sind, aber wenn auch kaloriengemäß 100 Gramm Trockenkartoffeln gleich einem Pfund Frischkartoffeln sein mögen, die Trockenkartoffeln reichen nicht annähernd so weit!« Von dem Kartoffelengpass wusste Fallada nur aus zweiter Hand. Weder musste er einkaufen, noch konnte er die Kuranstalten verlassen. Sein Informant hieß Uli, und da brauchte er nur zwei Buchstaben zu ändern. »Ulla hat einen ganzen Tag geopfert, und das Ergebnis waren 5 Pfund Kartoffeln. Zudem sind die Preise horrend: Der Zentner Kartoffeln kostet 600 bis 800 Mark.«

Fallada lehnte sich erschöpft zurück. So ein Lügengebäude aufzubauen und vor allem über Monate durchzuhalten war verdammt anstrengend.

Er durfte Ulla auf der Station »Frauen Mitte« besuchen. Eine Stunde war ihnen vergönnt. Sie hatte sich hübsch gemacht. Sorgfältig frisiert, dezent geschminkt, die Nägel gelackt. Sie ließ sich nicht gehen, selbst hier nicht. Eine schöne Frau, auch wenn ihr anzumerken war, dass sie noch nicht über den Berg war.

Viel hatte er nicht zu berichten. Er quälte sich mit dem Buch. Angefangen hatte er mit einer Tagesleistung von drei Druckseiten, inzwischen hatte er sich gesteigert, aber er erfüllte lustlos wie ein Beamter sein Pensum. Ob Ulla verstand, womit er sich plagte? Er konnte sich nicht entsinnen, jemals tiefer gehende Probleme mit ihr diskutiert zu haben. Er liebte ihre Oberflächlichkeit. Zergrübelt war er selbst genug.

Ulla war in Plauderlaune, sie hatte Ausgang gehabt. Die Verwaltung hatte sie wiederholt aufgefordert, da sie nun hier verpflegt wurde, die »Lebensmittelkartenabmeldung für Gemeinschaftsverpflegung« – was für ein Wortungetüm – einzureichen und damit gedroht, sie andernfalls beim Amt anzuzeigen. Mit einer entsprechenden Bescheinigung und zusammen mit einer Privatschwester hatte sie die Kuranstalten verlassen, allerdings durch den Seiteneingang Ulmenallee, mussten ja nicht alle mitbekommen. Bei der Kartenstelle mimte sie die reuige Sünderin, die zwei sich selbst überlassene Kinder durchfüttern müsse – nein, keine Angehörigen in der Stadt; der sonst so gestrenge Beamte hatte ein Einsehen, und sie musste die Karten nicht abgeben. Ulla lachte: Ein bisschen kokettieren, warum nicht, wenn man damit erreichte, was man wollte!

Nur bei einem Mann verfingen Ullas Reize nicht. Zutt hasst mich, klagte sie und schaute ihn an: Willst du eine Krankenschwester, die deinen Alkoholkonsum kontrolliert, oder eine Frau, mit der du Spaß hast? Sie leckte sich die Lippen, nur eine Andeutung, mehr bedurfte es nicht.

Den Ausflug hatte sie genutzt, um – mit Einverständnis der verschwiegenen Schwester – im Eisenmengerweg bei Uli vorbeizuschauen. Der Junge wirkte bedrückt, und ihr Hund Brummel hatte die Räude. Die Wohnung: verwahrlost. Ulla sei klar geworden: Sie brauchten eine Stütze, die kocht und wäscht, den Haushalt in Ordnung hält. Fallada lachte: Wovon bezahlen? Ulla machte einen Schmollmund. Das stand ihr besonders gut. Sie ging immer davon aus, er würde schon irgendwie Geld heranschaffen. Da er im Moment aber weder für die Zeitung noch den Rundfunk arbeitete, ging auch nichts ein. Außenstände: keine. Nur das Honorar für den »Pott in der U-Bahn« stand noch aus, das könnte Ulla in der Göhrener Straße bei der »Täglichen Rundschau« abholen, sobald sie hier raus waren. Er selbst wollte sich bei den Russen in nächster Zeit nicht blicken lassen. Doch wie weit reichte das Honorar für ein einzelne Kurzgeschichte?

Ulla hatte schon darüber nachgedacht. Sie könnten jemand gegen Kost und Logis anstellen, umsonst im Obergeschoss wohnen lassen, fünf Zimmer brauchten sie doch nicht. Sie selbst hätte dann mehr Zeit und könnte etwas dazuverdienen. Ulla hatte eine Idee: Empfangsdame in Werners Fotoatelier. Dann würde der Laden ordentlich in Schwung kommen, sie lächelte. Vera hatte nichts dagegen.

Die Stunde war rum. Fast hätte sie es vergessen – es hatte noch Post für ihn im Eisenmengerweg gelegen. Zwei Briefe und ein größerer Umschlag. Vielleicht etwas Wichtiges, ärgerte sich Fallada, hätte Uli gleich vorbeibringen sollen.

Als Erstes riss Fallada den Brief vom »Nacht-Express« auf. In der Redaktion lag seit einem Vierteljahr seine Geschichte »Junge Liebe zwischen Trümmern« und wartete darauf, gedruckt zu werden. Er wurde enttäuscht: Es war eine Mahnung über 182,50 Mark für seine Anzeige. Das Inserat in der Weihnachtsnummer hatte nichts gebracht, daraufhin hatte er im Januar eine Woche lang annonciert: »Kaufe mögl. jüng. Hund«. So kam der Betrag zustande, doch bezahlen wollte er das nicht – könnte man verrechnen, wenn die Geschichte gedruckt wird. Das sollte Kurtz in Ordnung bringen.

Der größere Umschlag kam von Aufbau. Da war sicher der neue Verlagskatalog drin mit der Ankündigung von »Im Namen des Deutschen Volkes«. Er sollte Wilhelm reinen Wein einschenken. Aber das musste gut überlegt werden – den Brief legte erst einmal zur Seite.

Blieb das Schreiben eines Otto Latendorf. Das Briefpapier wies ihn als Geschäftsführer der Arido Abdichtungsgesellschaft mbH aus. Was hatte er mit der zu tun? »Sehr geehrter Herr Fallada! Das Amt für Besatzungskosten in Pankow und das Hauptamt für Besatzungskosten in Berlin haben mir auf Rückfrage mitgeteilt, dass die Benutzung meines Hauses Eisenmengerweg 19 durch Sie keine Besatzungsleistung darstellt, obwohl dasselbe im Auftrag der hiesigen Kommandantur geräumt wurde.«

Fallada wurde nervös – Becher hatte ihn vorgewarnt. Die Deutschen im Städtchen müssten nicht nur, anders als die Sowjets, Miete zahlen. Da würde noch etwas auf sie zukommen, eine Nachzahlung für die letzten Monate. Was wollte Latendorf? Kassieren oder Fallada das Wohnrecht streitig machen? Nein, Latendorf wollte nur den zum Haus gehörenden Garten nutzen, ihn vor weiterer Verwilderung bewahren und ihn, sobald die Witterung es zulasse, bewirtschaften, womit er nur den »vielen Aufrufen des Magistrats zur Nutzung jeden Stückes Brachland« nachkomme – Latendorf wusste, wie man in diesen Zeiten argumentierte. Er unterließ nicht den Hinweis, dass er nicht unter das soeben veröffentlichte Denazifizierungsgesetz falle.

Das Schreiben war in höflichem Ton gehalten, und Fallada antwortete entsprechend, wehrte das Ansinnen von Otto Latendorf jedoch ab. Ihm sei die Nutzung des Gesamtgrundstücks zugeteilt worden, und dazu gehöre auch der Garten. Er habe sich bereits mit dem Gartenbauamt ins Benehmen gesetzt; die Befürchtung, dass der Garten verwildere, sei grundlos.

Gartenbaumeister Albrecht war für das Städtchen zuständig und hatte versprochen, das Gröbste in Ordnung zu bringen, danach würde der Garten das Revier von Uli sein, schon deshalb würde er ihn nicht hergeben. Fallada freute sich darauf, mit dem Jungen zu überlegen, was man anpflanzen könnte. Viel würde da nicht wachsen, aber wenigstens Schattenmorellen, vielleicht Pfirsiche. Wenn er erst einmal aus den Kuranstalten heraus war. Er hatte keine extravaganten Wünsche, sein Traum von einem guten Leben war eine Kleinbürgeridylle. Der Mann, umsorgt von einer lieben Frau. Ein Heim, in dem sich am Mittagstisch die Familie versammelt, er den Kindern abends vor dem Einschlafen Geschichten erzählt. Mit einem Arbeitszimmer, in dem er sich, umgeben von seinen Büchern, versenken kann in erdachte Welten und von ihm geschaffene Figuren. Gewiss, es fehlte noch einiges, mindestens zwei Fuhren aus Feldberg standen noch aus. Doch das würde schon werden.

Den Brief an den guten Wilhelm, der an ihn glaubte, durfte er nicht länger aufschieben. Der mitgeschickte Verlagskatalog war wahrlich eindrucksvoll. Eine 24-seitige Broschüre, alle Achtung! Als Aufmacher Bernhard Kellermann mit einem programmatischen Titel: »Was sollen wir tun? Auferstehung aus Schutt und Asche« sowie Theodor Plievier mit »Stalingrad«, dem ganz großen Erfolg – gedruckt wurde laut Prospekt schon die vierte Auflage, das 91. bis 120. Tausend. Becher wurde gleich mit fünf Titeln auf einer Doppelseite präsentiert. Gerhart Hauptmann mit neuen, wahrscheinlich letzten Gedichten. In der Mitte der Broschüre: linke Seite Willi Bredel, rechte Seite Hans Fallada. Mit Foto und Zitat: »Ich kann nur sagen: Baut auf, verliert euch nicht in Utopien, packt das Zunächstliegende an, das, womit ihr den durch den Krieg deprimierten Menschen Freude macht und der Allgemeinheit dient.« Wann soll er diese salbungsvoll-aufbauenden Worte gesagt haben? Stammten wahrscheinlich aus dem Interview in der »Täglichen Rundschau«. Erleichtert registrierte er, dass auch der »Blechnapf« angezeigt wurde: »Erscheint voraussichtlich Mitte April 1946«. Darunter: »Im Namen des Deutschen Volkes«. Halbleinen, Umfang etwa 320 Seiten, 30 000 Exemplare.

Den Rest blätterte er rasch durch, der Prospekt schloss: »So weit über unser Verlagsprogramm und seine Verwirklichung in den ersten sechs Monaten – es wird eine ständige Erweiterung in dem hier verankerten Niveau erfahren.« Da konnte kein anderer deutscher Verlag mithalten, nicht im Entferntesten. Den Katalog würde er an Rowohlt schicken. Der dürfte voll Neid auf die Produktion der Ostkonkurrenz schauen.

Was jedoch ihn betraf, da hatte Wilhelm vorschnell gehandelt. »Sie haben in Ihrem Katalog ›Im Namen des Deutschen Volkes‹ angezeigt«, schrieb ihm Fallada. »An diesem

Roman kaue ich nun schon Wochen und Monate, und er will mir je länger, je weniger schmecken!« Fallada suchte einen Weg, einen Ausweg und hatte plötzlich eine Idee. Eine Art Gegenbuch zu Hans Grimms in der Nazizeit weit verbreitetem »Volk ohne Raum«. Sein Arbeitstitel wäre »Das Volk hat Raum«, sein Roman würde positiv zur Bodenreform Stellung beziehen. »Ich denke mir die Handlung etwa so, dass ein ehemaliger Militäranwärter sich nach 1918 mit seiner Abfindung eine ›Büdnerei‹ auf dem Lande kauft, sie in den Jahren allmählich in einen Garten verwandelt und schließlich aus seiner Erfahrung heraus Helfer und Freund der Neusiedler von 1945 wird. In einem solchen Roman könnte ich das ganze Leben, das wirtschaftliche, private und politische, in einem Dorfe Norddeutschlands von etwa 1923 bis heute zeigen. Das Buch könnte so bunt werden wie nur möglich, Jugend und Alter, Liebe und Hass, Parteiwirrwarr und Ansätze zur Demokratie, schließlich die Diktatur der braunen Bonzen, alles, alles wäre in diesem Buche. (Es würde natürlich auch ein Wälzer, ein Schinken werden.)« Da er selbst einmal Landwirt gewesen sei und auf seinem kleinen Hof in Mecklenburg getan habe, was im Roman geschildert würde, habe er die nötigen Fachkenntnisse. Bisher wisse allerdings niemand von diesem Plan, abgesehen von Becher, der ihm zustimme.

Vage, was er da in Aussicht stellte. An welcher Arbeit er gerade saß, erwähnte er mit keiner Silbe. Bis Ende des Monats wollte er ohnehin durch sein, um im Eisenmengerweg sofort mit dem Schreibmaschinendiktat anzufangen. Bis dahin hatte er noch einiges vor sich.

Die Bürgermeisterzeit in Feldberg, ein heikles Kapitel. Er hatte vorausgesehen, dass ihm das Amt wenig Freude, dafür aber viel Ärger einbringen würde. Eine kaum zu bewältigende Fülle an Arbeit stürmte auf ihn ein. Das Chaos, das der Krieg hinterlassen hatte, galt es zu beseitigen. Es herrschte Hunger.

Munition und Waffen mussten eingesammelt werden, leer stehende Wohnungen wurden ausgeraubt und geplündert. Die lieben Mitbürger klauten wie die Raben und zeigten sich gegenseitig an. Hunderte waren heimatlos, zogen durch die Gegend. Überschwemmt von Flüchtlingstrecks, wurde das Städtchen zu einem Wespennest, wo alle rücksichtslos nur auf den eigenen Vorteil bedacht waren. Hier sollte ausgerechnet er für Recht und Ordnung sorgen? Fallada war denkbar ungeeignet für diesen Posten: unbeliebt, ja verhasst bei den Einheimischen, von den Russen ohne jeden Respekt behandelt. Für den Dolmetscher Iwan war er ein Untergebener, nicht umgekehrt. Als Fallada einmal nicht so springen wollte, wie Iwan es wünschte, hatte der ein Messer gezogen und gedroht, den Herrn Bürgermeister in den Keller zu sperren.

Das konnte er allerdings nicht schreiben. Schon eher, dass er sich von Feinden umgeben gefühlt hatte, den Deutschen vor allem. »Sie waren so böse, so kleinlich, so auf das eigene Ich bedacht, sie mussten befohlen, geschoben, oft mit Strafen bedacht werden. Hinter seinem Rücken taten sie dann alles, was sie konnten, der allgemeinen Sache zu schaden und sich zu nützen.« Die Nazis in ihren Schlupfwinkeln aufzustöbern, sie von den Druckposten zu entfernen, ihnen das erschwindelte, geraubte, erpresste Eigentum wieder abzunehmen, ihre Hamstervorräte zu konfiszieren, das war seine Aufgabe, seine Pflicht gewesen, und der war er nachgekommen.

So sah ein exemplarischer Tag im Leben des Bürgermeisters aus: Im Wald, nahe dem Ausflugslokal Stiglitzenkrug, sind Militärsachen, Pelzmäntel und Tornister gefunden worden. Der Tipp, dass Rohrbeck in seinem Keller verschiedene Sachen eingemauert habe, erweist sich als richtig. Bei dem Fuhrmann Granzow werden 200 kg Roggenmehl, 75 kg Erbsen und 50 kg Haferflocken sichergestellt, alles in den ersten Tagen des Einmarschs der Russen vom deutschen Verpflegungsamt entwendet. Außerdem findet sich bei Granzow ein Koffer, der dem getürmten Kaufmann Döscher gehört hat,

Inhalt: Wäsche, ein Anzug, zwei Paar neue Herrenschuhe und ein Paar getragene Damenschuhe, alles beschlagnahmt. Bei einer Hausdurchsuchung in der Fürstenberger Straße, im Haus neben dem »Mecklenburger Hof«, werden in einem Schuhschrank auf dem Wohnungsflur zwei nationalsozialistische Bücher entdeckt und eingezogen, Frau Hirchert erhält 48 Stunden Haft. Hans-Joachim Gerngross hat seine Arbeitsstelle unter dem Vorwand verlassen, krank zu sein; nach ärztlichem Attest ist er aber arbeitsverwendungsfähig und wird zu einer Haftstrafe von 10 Tagen bei Wasser und Brot verurteilt. Frau Schüssler tritt um 18 Uhr, Frau Marie Brand um 19 Uhr die Haft an.

Wenn Fallada an seine Tätigkeit als Bürgermeister zurückdachte, hatte er das Gefühl, ständig Leute in den Arrest geschickt zu haben. Die Zellen waren immer belegt. So sah es damals aus, aber wer wollte das lesen? Der Autor von Romanen wusste, wie es ging: einen Fall herausgreifen und über mehrere Seiten aufbauschen. Im Buch würde der Bürgermeister diese Herkulesaufgabe ganz allein stemmen, in Wirklichkeit hatte ein gutes Dutzend Leute unter ihm in der Stadtverwaltung gearbeitet. Einer von sechs Stadträten hieß Ewald Losch. Sein Schwager, der Bruder von Ullas erstem Mann, hatte es vorgezogen, das Kriegsende nicht in Berlin, sondern in Feldberg abzuwarten, hatte sich dann aber schnell wieder verdrückt. Schließlich musste er sich darum kümmern, was von Seifen-Losch noch übrig geblieben war. Von 97 Filialen standen gerade einmal noch 27, das Zentrallager war völlig ausgebombt – Ware heranschaffen, das konnte er nur von Berlin aus.

Fallada wuchsen die Probleme über den Kopf. In diesen Tagen und Wochen hatte er nie Zeit für sich. War viel zu müde und erschöpft, um überhaupt noch etwas zu empfinden. Er war kein Mensch mehr, nur noch eine Arbeitsmaschine. »Hier stehe ich und empfinde nichts wie Ekel und sehne mich nur nach meinem Bett, in dem ich schlafen,

schlafen, schlafen möchte und all dies vergessen – nur nichts mehr von all diesem Dreck sehen!«

Was er nicht schrieb: dass drei Nazis aus Feldberg und aus den Landgemeinden der russischen Geheimpolizei zugeführt wurden und man nie wieder etwas von ihnen hörte. Dass er vollkommen machtlos war gegen Übergriffe der Besatzungssoldaten. Fallada konnte sich noch gut daran erinnern, wie am Morgen des 20. Juli Erntehelferinnen auf der Wache erschienen waren. Vor den Russen, die sie vergewaltigen wollten, hatten sie sich nur durch einen Sprung aus dem Fenster retten können. Die Frauen mussten ärztlich behandelt werden, dafür sorgte der Bürgermeister. Aber er hatte es nicht gewagt, vom Kommandanten Major Miasnik eine Bestrafung der Täter zu verlangen.

Er wollte ein ehrliches Buch schreiben, aber es sollte auch gedruckt werden. Er strich alles über Miasnik, auch auf die Episode mit Dolmetscher Iwan verzichtete er. Jeder Leser konnte sich selbst denken, wie es damals gewesen war. Es war kein Verbrechen, etwas wegzulassen, was nie durch die Zensur gehen würde.

Plötzlich stand da auf dem Papier vor ihm: »Einen Rückhalt fand er immer bei den Offizieren der Roten Armee.« Das aber war glatt gelogen. Ehrlich war er in der selbstkritischen Erkundung seines Verhaltens. Mit leisem Erschrecken erkannte er, dass er mit harmlosen Mitläufern, selbst mit völlig unpolitischen Menschen nicht anders verfahren war als mit den Nazis. »Alle, alle waren sie ihm gleichmäßig verächtlich. Er konnte sie nicht mehr hassen, sie waren nichts anderes als kleine bösartige Tiere – so, genau so hatten die ersten russischen Soldaten seine Frau und ihn angesehen, und so sah er sie nun selbst an: alle Deutschen.«

Aber er gehörte zu diesen Deutschen, er war einer von ihnen, nichts zeichnete ihn vor den andern aus. »Es war ein alter Satz, darum nicht weniger wahr: mitgefangen, mitgehangen. Er hatte auch von dem geraubten Brot der ausgeplünderten Völker gegessen.« Er dachte an seinen Frankreichbesuch beim Reichsarbeitsdienst. Er hatte für die Lieben zu Hause eingekauft, Armbanduhren, Pernod, Luxusseife, Schokolade, Kakao … zusammengerafft, was zu kriegen war. Jetzt schämte er sich dafür. Wenn er alle Deutschen verachtete, dann auch sich selbst. Langsam begann er sich vor diesem Buch zu fürchten.

Sonntag. Er konnte das Manuskript beiseitelegen und Briefe schreiben, was er inzwischen viel lieber tat. Väterchen Rowohlt, der noch immer keine Lizenz hatte und zur Prüfung seiner Angelegenheit demnächst nach Bad Homburg in die Screening School musste, bat ihn um einen Persilschein. Herbert Ihering, Bernhard Kellermann, Günther Weisenborn und Heinz Ullstein hatten ihm bereits bescheinigt, kein Nazi gewesen zu sein. Fallada hatte kein Problem damit, seinem alten Verleger diesen Wunsch ebenfalls zu erfüllen. »Was ich Ihnen helfen kann, das tue ich natürlich. Ich lege Ihnen hier einen Schrieb bei, den ich absichtlich ganz persönlich gehalten habe.« Dass er und Ulla ausgerutscht seien, wisse Rowohlt. Seine Antwort sollte er aber nicht mehr an die Kuranstalten adressieren, sondern wieder an den Eisenmengerweg. »Ich habe mich hier so brav und arbeitsam geführt, dass ich von Zutt einen Monat meiner Karenzzeit erlassen bekam. Er lässt Ihnen bestens für Ihren Gruß danken, im Übrigen glaube ich, dass auch er Entnazifizierungssorgen hat – wenigstens scheint er aus allen Ämtern bei der Charité hinausgedrängt und widmet sich diesem Hause jetzt mehr, als vielen Patienten lieb ist.« Auch seine Ulla werde er zum Ende des Monats den Krallen von Zutt entreißen.

Unverbürgt hatte man ihm erzählt, dass der Bakonyi-Artikel auf Veranlassung von Erik Reger in die »sie« gekommen sei. »Sie wissen es wahrscheinlich, dass Reger heute in Berlin wohl der befehdetste Mann ist, wegen der Haltung des ›Tagesspiegels‹, er kämpft aber unverdrossen weiter. Ich habe ihn noch nicht gesehen und möchte ihn auch nicht sehen, aus vielen Gründen ist er mein Freund nicht.«

Übrigens scheine die SPD in Ostberlin völlig sakrosankt geworden zu sein, aus diesem Grunde sei wohl »Bauern, Bonzen und Bomben« aus den Büchereien entfernt worden. »Becher nimmt all dem gegenüber eine sehr weiche Haltung ein, er geht den Widerständen gerne aus dem Wege, ein Kämpfer ist er bestimmt nicht. Offiziell stehen wir uns noch sehr gut, innerlich gibt es so einige Differenzen.«

Die Zeit reichte noch für einen zweiten Brief. Von der lieben Vera und ihrem Ehegespons Werner gab es gute Nachrichten – sie hatten Dusel gehabt und einen großen Fischzug an Land gezogen. Dass es um Morphium ging, darauf ging er besser nicht ein, wer konnte wissen, wem der Brief alles in die Hände fiel. Ulla war jedenfalls überwältigt und machte sich große Hoffnungen, während er etwas zweiflerisch war: »Ach, bis wir hier raus sind, ist ja doch nichts mehr da. Aber wenn es gelingt, doch etwas festzuhalten – nun, darüber werden wir noch später sprechen.«

Vera hatte ihren Besuch angekündigt und gefragt, ob sie etwas für Ulla mitbringen könne. Ach, die sei für alles empfänglich, ein bisschen Fresschen, ein Kaffeetscherl, Rauchbares, kurz: alles – bis auf das eine. Kommen könnte Vera jederzeit, denn sie liegen 1. Klasse. Möglichst nicht zwischen 13 und 15 Uhr, da war Tischruhe. »Und, liebe Vera«, dies musste Fallada ihr noch mit auf den Weg geben, »da hier durch den Scheich Becher bekannt ist, wer Du bist und was Du tust, kommt vielleicht statt Deiner am besten eine Tante von Dir oder Tochter oder was Du willst – die nicht grade Vera Krämer heißt. Wie gesagt, wir beschwören Dich, nichts einzuschmuggeln, aber schon um den Besuch erbaulicher zu gestalten, ist es vielleicht besser, wenn nicht grade der Name … Gebe es der Himmel, dass dieser Brief nicht grade geöffnet wird. An sich unterliegt meine Post keiner Zensur, aber man kann nie wissen …«

Der Brief wurde nicht geöffnet. Unbehelligt kam Vera durch die Pforte. Welchen Namen sie sich gegeben hatte, verriet sie nicht.

Er steckte fest. Die Arbeit stockte. Seine Erlebnisse als Bürgermeister von Feldberg hatte er geschildert, nun aber kam sein unrühmlicher Abgang. Die peinliche Szene, wie er durchdrehte und im Pyjama auf die Straße rannte. Der Zusammenbruch und der Abtransport nach Neustrelitz.

Ulla hatte damals gesagt: Wenn er Bürgermeister wird, dann geht sie in den See. »Als er es dann wurde, tat sie's freilich nicht, sondern blieb bei ihm, lebte nur für ihn und suchte ihm die wenigen Stunden im eigenen Heim so schön wie nur möglich zu machen.« Ach, das klang nach Biedermeier-Eheleben à la Spitzweg. Wie Ulla für schöne Stunden sorgte, wenn abends ihr Mann abgekämpft aus dem Amt kam, stand nicht im Text: mit Alkohol und Morphium. Kurz darauf wird der Bürgermeister krank, konkreter wollte Fallada nicht werden. Im Roman macht er einen Zeitsprung. Im nächsten Kapitel sind sie schon in Berlin.

Die tägliche Stunde mit Ulla war eine willkommene Unterbrechung. Sie war wieder mit Zutt aneinandergeraten. Sie fühlte sich eingesperrt, wollte so schnell wie möglich aus der Anstalt entlassen werden – unter »Kur« würde sie etwas anderes verstehen.

Zutt hasse sie, behauptete Ulla wieder. Sie jedenfalls hasste Zutt, das war nicht zu überhören. Der Professor würde immer eitler und selbstgefälliger, gab Fallada zu. Vielleicht hatte er etwas gemerkt – Schwester Gertrud hatte sicher dichtgehalten, aber der notorisch misstrauische Zutt mochte dennoch darauf gekommen sein, dass für Ulla etwas eingeschmuggelt worden war. Nun zurück zum Roman.

Die Ankunft in Berlin gestaltete er dramatischer, als sie sich in Wirklichkeit ereignet hatte. Er lässt sie beide nachts halb drei am Gesundbrunnen ankommen, bis sechs Uhr ist Sperrstunde. Ein eisiger Wind pfeift durch den Bahnhof, es gibt keinen Schutz gegen die Kälte. Zwar waren sie am 2. September angekommen, im Roman machte er daraus den 1., doch beim Schreiben vergaß er das ganz, da frieren sie bis aufs Mark wie im tiefsten Winter. »Auch das zufällig noch stehende Unterkunftshäuschen auf dem Bahnsteig war nicht wärmer. Der Wind stürzte herein durch die zerbrochenen Fenster, die Menschen saßen in dicken Klumpen auf dem Boden, trostlos oder dumpf den Morgen erwartend.« Er kramt in den Taschen die letzten Tabakkrümel zusammen, dreht mit den frostzitternden Fingern eine krumme Zigarette und späht hinaus in die dunkle, lichtlose Stadt, über die ein halber Mond sein schwaches Licht wirft. »Gehen Sie nicht raus«, warnt ihn eine Stimme aus dem Dunklen. »Es ist noch Sperrstunde. Die Patrouillen schießen manchmal ohne Anruf.«

Doch alles ist besser, als sich hier halb totzufrieren. Sie treten aus dem Bahnhof. Das schwache Mondlicht verwirrt mehr, als dass es den Weg erhellt. Fallada mit seinen schlechten Augen sieht fast nichts. Er stürzt über ein Hindernis und schlägt lang hin.

»Na, jibt's denn so wat –?«, ruft empört eine echt Berliner Stimme aus dem Dunkel. »Lässt die Frau den Mann ruhig hinfallen und fällt nich mal selber mit! Det is doch eenfach unerhört!«

Die Szene gefiel ihm: Wie ein Eroberer küsst er den Boden dieser Stadt und nimmt sie so in Besitz, und was Berlin dazu zu sagen hat, war auch nicht schlecht. Irgendwann würde er doch noch einen Roman schreiben mit dem Titel »Die Eroberung von Berlin«.

Er lässt das Ehepaar weitergehen, diesmal ineinander eingehängt. »Sie tauchten unter in das dunkle Trümmermeer, bis auf den Grund der Straßenschächte reichte das Mondlicht nicht. Langsam gingen, tasteten sie sich vorwärts. Die Straße war leer, alles war totenstill, ihr Schritt hallte wider.« Fallada war zufrieden, eine fast lyrische Szene. Handlung gab es auch noch, sie rennen, um frühmorgens die erste U-Bahn zu kriegen, der Fahrkartenknipser versperrt ihnen den Weg, sturer deutscher Bürokrat, sie stolpern über die Stromgleise zum Bahnsteig, sehen nur noch die Rücklichter. Nun, dass war fast schon wieder zu viel. Aber Fallada war auf dem Weg, der Roman konnte etwas werden.

Die heutige Post bestand aus einem handgeschriebenen Zettel ohne Anrede und Gruß. »Leider muss ich bitten, die seinerzeit geliehenen 3000 Mark mir bis Ende des Monats zurückzuerstatten, die ›nur auf wenige Tage‹ in Anspruch genommen werden sollten. Dazu kommen noch weitere 300 Mark. Becher«. Das konnte nicht ignoriert werden wie bei anderen Gläubigern. Die Geldbeschaffung okkupierte wieder einmal sein ganzes Denken und Tun. Da nichts einging, konnte er nur mit den Schulden jonglieren. Das verdammte Morphium hatte sie ruiniert.

Von Ulla kam ein Hilferuf – sie hielt es hier nicht länger aus. Sie könne ja gehen, habe der Professor gesagt, wenn sie sich nicht an die Regeln halten wolle, allerdings gegen ärztlichen Rat. Bitte, bitte, bitte, schrieb Ulla. Ihm kam das ganz gelegen. Für ihn stand schon lange fest, dass Ende März Schluss sein würde. Er hatte immer eigenmächtig entschieden, wann er als geheilt zu entlassen war. Zutt würde nicht einverstanden sein, aber Fallada hatte jetzt einen Vorwand, konnte Ulla vorschieben.

Den Professor informierte er: »Nach der heutigen Unterhaltung mit meiner Frau kann ich mir von einer Fortsetzung der Kur in Ihrem Hause nichts Gutes versprechen. Sie haben, wie mir meine Frau sagt, ihr freigestellt, heute noch Ihr Haus zu verlassen, und sie ist gewillt, dies auch zu tun. Ich kann sie in diesen kritischen Tagen nicht allein lassen, ich gehe also mit ihr.« Das Büro möge für morgen die Rechnung fertig machen. »Ich bedaure aufrichtig diese Art unserer Trennung, sehe aber für mich keinen anderen gangbaren Weg. Ihr Fallada«.

Endlich die Tür hinter sich zuziehen, abschließen können. In den Kuranstalten hatte es an den Türen keine Klinken gegeben. Wenn er ein bisschen mit Ulla in der ihnen zugestandenen Stunde gekuschelt hatte, hatten die Schwestern betont weggeschaut. Es gab ein großes Hallo mit dem Ulimaxe. Der Junge konnte seinem alten Herrn bald auf den Kopf spucken, wenn es so weiterging. Jutta zu ihnen zu holen, hatte Ulla es nicht eilig.

Ein gemütliches Heim war es nicht, in das sie zurückkehrten. Im Haus sah es so aus, wie sie es verlassen hatten: Wäsche, Kleidung, Zeitungen, alles türmte sich. Die Betten waren nicht gemacht. Kippen im Aschenbecher. Dem Jungen konnte man keinen Vorwurf machen – für diesen Saustall waren sie selbst verantwortlich.

Noch längst nicht alle Sachen aus Feldberg hatten sie in den Eisenmengerweg geschafft. Während einige Möbel noch in der Scheune von Pastor Peters, anderes im Schlachthaus von Heinrich Godenschweger auf sie warteten, fehlte schon wieder einiges von dem, was sie bereits hergeschleppt hatten: Den Spiegeltisch etwa hatten sich die Krämers geholt. Das war so abgesprochen. Nicht in Ordnung war, dass Vera und Werner die große chinesische Vase hatten mitgehen lassen. An ihr hing Ulla, ein paar Dinge aus ihrem früheren Leben sollten ihr doch bleiben.

Fallada geriet in Rage. Uli beteuerte, davon nichts gewusst

zu haben. Was hätte der Junge auch schon gegen Krämers ausrichten sollen? Fallada war wild entschlossen, die Vase zurückzuholen. Der Tag der Abrechnung stand noch bevor, da würden sie ihre Schulden begleichen und die in Verwahrung genommenen Sache auslösen. Es musste nur endlich der »Blechnapf« erscheinen. Das bedeutete 30 000 Mark bar auf die Hand. Nicht ganz, doch abzüglich des Vorschusses blieben immer noch 23 000 Mark. Dann würde reiner Tisch gemacht.

Dem Lotterleben hatte er abgeschworen, doch nach gut zwei Monaten Freiheitsentzug durfte er es sich erst einmal gut gehen lassen, oder?

Ohne feste Zeiten, wann aufzustehen war, keine zu befolgende Mittagsruhe. Keine Kontrollen, keine Vorschriften. Morgen würde er sich wieder an den Roman setzen. Heute gönnten sie sich noch einmal … Ulla kicherte, da wusste Fallada Bescheid. Die gute Vera hatte ihnen doch etwas von ihrem letzten großen Fischzug dagelassen und Ulla bereits davon genascht.

Eigentlich wollte er das nicht. Er hatte sich vorgenommen: keine Betteleien mehr um Zigaretten, nicht mehr diese Laufereien nach der nächsten Spritze … Aber es sei doch alles da, meinte Ulla – Pall Mall, die rauche er doch gern. Und woher bitte kam das Morphium? Ach, beruhigte Ulla ihn, von Besatzungsoffizieren höherer Dienstgrade, versteht sich. Die lassen sich den Stoff aus der Heimat schicken, das sei, habe Werner ihr erklärt, handelsfreie Ware, die verkauft werden dürfe.

Fallada mochte das nicht glauben, aber er sagte nichts. Es half ja doch kein Reden: Ulla würde immer tun und lassen, was sie wollte. Und er war viel zu schwach, um diesen Verlockungen zu widerstehen.

Am nächsten Tag musste Fallada, bevor er sich dem Roman zuwandte, ihr Heim bewohnbar machen. Das Dringendste:

Nach wie vor fehlte eine vernünftige Kochgelegenheit. Auf Anordnung des Militärkommandanten war vor Monaten ein Gasherd gesetzt worden, angeschlossen aber war er noch immer nicht. Fallada hatte sich an die Gasag gewandt und sich auf den Befehl von Oberst Tarakanow berufen: Das Haus Eisenmengerweg 19 sei auf dem schnellsten Wege zu reparieren. Das beeindruckte die Gasag nicht: Ein zu legender Gasanschluss sei keine Reparatur, wurde ihm erklärt, sondern ein Neuanschluss, falle also nicht unter die erwähnte Anordnung. Er musste in den sauren Apfel beißen und bat Tarakanow um eine neue Verfügung. Er schickte Uli mit dem Brief zum Rathaus in die Breite Straße.

Die Treuhandstelle beim Bezirksamt Pankow hatte geschrieben, die Miete war überfällig. 187 Mark monatlich zuzüglich 10 Mark für die Garage, Gartenpacht 27 Mark jährlich, da konnte man eigentlich nichts sagen. Die Forderung der Treuhandstelle belief sich für die Zeit vom 15. August 1945 bis 31. März 1946 auf insgesamt 1531,50 RM. Doch Fallada war damit nicht einverstanden. Erstens war er erst am 15. November eingezogen, für die Zeit davor sollte man sich gefälligst an den Genossen Ackermann wenden, und zweitens werde er keine Gartenpacht für 1945 zahlen: Der Garten war zur Zeit seines Einzugs unbestellt bzw. völlig abgeerntet gewesen. Er machte eine Gegenrechnung auf und kam auf 913,50 RM. Immerhin 618 Mark weniger als gefordert. Aber auch das Geld hatte er nicht.

Als wäre das nicht genug, kam ihm auch noch zu Ohren, es sei nicht länger angängig, dass Deutsche zwischen den russischen Offizieren wohnten. Ihnen würde ein anderes Haus außerhalb des Städtchens zugewiesen, vielleicht auch nur eine Etagenwohnung. Offiziell war das aber noch nicht. Kam er denn nie zur Ruhe, war denn alles unsicher? Morgen konnte es passieren, dass sie vor die Tür gesetzt würden.

Noch einmal meldete sich Latendorf, er bat für seine Frau

darum, Abstiche von den Pflanzen im Steingarten machen zu dürfen, was ihr Fallada nicht verwehrte.

Was inzwischen in der Welt oder auch nur in Berlin passiert war, sie wussten es nicht.

Uli las Zeitung, der Junge verfolgte das politische Geschehen. Er konnte seinen Vater aufklären, warum »Bauern, Bonzen und Bomben« aus dem Verkehr gezogen worden war. Seit Wochen schon lief eine Kampagne zur Vereinigung der Bruderparteien KPD und SPD, da wäre es nicht länger opportun, über die Sozis in der Weimarer Republik herzuziehen. Fallada fiel wieder Freund Riemkasten ein: Nein, über sein »schwach hellbraunes Buch« brauchte der sich keine Sorgen zu machen, wohl aber über seinen Roman »Der Bonze«, in dessen Titelfigur unschwer Otto Grotewohl zu erkennen war … Grotewohl wohnte inzwischen auch im Städtchen, wusste Uli. Das sagte alles.

Die »Tägliche Rundschau« kam immer noch ins Haus, obwohl Fallada nicht mehr für das Blatt schrieb. Die Zeitung langweilte ihn: Die eine Hälfte bestand aus Erfolgsmeldungen, die andere aus Berichten aus Russland. Der »Nacht-Express« war nicht ganz so eintönig. Russisch lizenziert, aber kein Organ der Russen – ein kleiner Unterschied, der viel ausmachte. Ein Boulevardblatt, entsprechend aufgemacht: sensationelle Schlagzeilen statt Verlautbarungen. Da gab es eine kleine Presseschau, in der sogar der »Tagesspiegel« zitiert wurde. Die Wahrheit dürfe man nicht den Russen überlassen, war die Devise von Rudolf Kurtz.

Das Feuilleton füllte Paul Wiegler offenbar allein, vom Chefredakteur war selten etwas zu lesen. Es wurde erzählt, dass er den ganzen Tag im Schlafanzug verbrachte – im Zimmer neben dem Konferenzraum auf dem Sofa liegend, lesend oder dösend. Wenn Besuch kam, schnell den schwarzen Anzug über den Schlafanzug geworfen … Und wenn schon, das Blatt hieß schließlich »Nacht-Express« und verkaufte sich so gut wie keine andere Berliner Zeitung.

Der Mann war Fallada sympathisch. Er wohnte nicht weit entfernt und kam manchmal vorbei. Becher war anstrengend, den Blick immer auf die politische Linie und die hohe Literatur gerichtet. Absolut humorlos. Kurtz scherte sich nicht um Ideologie. Er kannte Becher seit Urzeiten, war aber auch mit Benn befreundet. Früher Expressionist, dann Dramaturg und einer der wichtigsten Filmkritiker. Als das nicht mehr lief, hatte er sich aufs Komödienschreiben verlegt. »Hut ab von Onkel Eddie!«, 500 Aufführungen. »Seine Exzellenz gibt sich die Ehre«, immer noch über 100 Aufführungen. Fallada war neidisch – er würde auch gern witzige, überraschende, schlagfertige Dialoge schreiben und damit auf der Bühne Triumphe feiern. Kurtz hatte auch Romane geschrieben, doch das konnte Fallada besser. »Friedl hast's geschafft. Ein heiterer Roman von Film und Liebe«, der Titel sagte alles.

Kurtz war kein Kommunist, war nicht aus Moskau gekommen, sondern hatte die Nazizeit in Deutschland erlebt. Das verband. Er erzählte einmal von einem Besuch der Gestapo. Als er angab, Schriftsteller zu sei, habe der Mann nur geantwortet: Mit diesem Faulenzerleben würde jetzt aufgeräumt. Was Kurtz erzählte, deckte sich mit Falladas Erfahrungen und Beobachtungen. Aus einstigen Bürgern seien im »Dritten Reich« kleine Diktatoren geworden. »Die große Zeit der kleinen Leute«, so nannte Kurtz die Nazizeit und hatte darüber im »Aufbau« geschrieben. Was sich in den Parteigremien abspielte, habe sich im kleinen Maßstab überall wiederholt, bei Grünkramkrämern, Gastwirten, Beamten sowieso. Die neuen Herren seien Gemischtwarenhändler, Schieber und Milchproduzenten gewesen. Der Staatsbürger von 1932 sei heute, nach zwölf braunen Jahren, »ein Gespenst, das am helllichten Tag herumgeistert«. Ebendas empfand Fallada auch, genau das war das Thema seines Romans.

Doch auf der Suche nach einem Weg war Fallada in einer Sackgasse gelandet. Er musste umkehren. Es durfte keine autobiographische Erzählung sein, da fühlte er sich nicht frei genug. Den Titel »Fallada sucht einen Weg« konnte er später ändern, den Untertitel aber wusste er jetzt schon: »Eine Krankengeschichte«.

Die Apathie, die ihn befallen hatte, wollte er schildern. Schonungslos. Er hatte bisher vieles ausgelassen, vor allem das Morphium. Das gehörte in den Roman, wenn er ehrlich sein wollte. Wer könnte besser als er präzise, sachlich Fluch und Segen des Rauschgifts beschreiben?

»Eine bleierne Müdigkeit hielt ihn umfangen, mit verstärkter Macht war die Apathie zu ihm zurückgekehrt.« Das ist die bittere Wahrheit. Er kann sich zu nichts aufraffen. Die Sorgen sind wie Läuse, diese kleinlichen, bösen Sorgen. Wenn die Grübelmaschine läuft, kommt sie immer auf dieselben Touren. Das Morphium löscht die quälenden Gedanken aus, hilft ihm, die lähmende Angst abzuschütteln. Er spürt sie nicht mehr, die beklemmende Enge in seiner Brust. Für eine Weile ist er fort von allem, fort von diesem seltsamen Städtchen, von dieser Erde. »Er erlebte und hörte die Welt und sie wie durch einen Vorhang, alles war ohne rechte Beziehung auf ihn. Es ging ihn nichts mehr an; sosehr er sich auch bemühte, ›da‹ zu sein, es gelang ihm nicht.« Er gibt es auf, wehrt sich nicht mehr, überlässt sich ganz der Droge.

Ulla liegt neben ihm und ist doch weit weg. »Jetzt haben sie den Sinn für die Wirklichkeit vollkommen verloren, es sind Träumereien, jede Hoffnung ist, kaum aufgetaucht, schon erfüllt.« Alles, was ihm bisher verschlossen war, steht ihm plötzlich offen. Ungeahnte Möglichkeiten tun sich auf. Er erobert sich unbekanntes Terrain, ohne Anstrengung, ohne Absicht – es fällt ihm zu. Sein neuer Roman wird ein Welterfolg. So wie einst »Kleiner Mann – was nun?«. Natürlich verfilmt, diesmal aber richtig. Ulla träumt davon, einen Salon aufzumachen, nicht einen, sondern *den* Salon von Berlin. Sie wird sich Kleider machen lassen, raffinierte Schnitte, tolle Stoffe, und sie in ihrem Salon präsentieren. Er braucht kaum ein Wort zu sagen, jeder hängt seinen eigenen Träumereien nach. »So liegen sie da in halben Wachträumen, das ist die Euphorie, der Rausch; endlich sind sie der so bitteren Wirklichkeit entflohen. Beide haben sie tausend Hoffnungen, Hindernisse gibt es nicht mehr. Sie sehen sich an, sie lächeln einander sanft zu, nicht als seien sie Eheleute, sondern wie ganz junge Liebesleute es tun oder Kinder …«

Seine Gedanken verwirren sich. Die Spritze wirkt, er schläft ein. »Vielmehr: er stürzte in den Schlaf wie in einen tödlichen Abgrund.« Aber dann, es ist noch nicht Mitternacht, wird er unruhig. Die Wirkung der Spritze lässt nach, er wacht aus dem künstlichen Schlaf auf. »Mühsam sammelte er seine Gedanken, dann drehte er sich langsam um und sah neben sich. Manchmal schlief sie da neben ihm, manchmal war sie auch fort. Manchmal war auch er fort (es klang komisch, aber genau so war es richtig ausgedrückt!).«

Ulla war bei Marga gewesen und brachte Jutta mit. Das Kind wirkte verschüchtert, sagte kaum guten Tag. Kein Wunder, das Mädchen wusste nicht mehr, wo es zu Hause war. Den Vater hatte es kaum gekannt, den Ersatz-Papa noch weniger und die Mutter … Fallada konnte mit Kindern, doch zu Jutta fand er keinen Draht. Sie sah ihn mit großen Augen an, als sei er ein fremder Mann, vor dem man sich in Acht nehmen müsse. Uli hatte auch keine Lust, sich um das Mädchen zu kümmern. Er schützte seine Studien vor und verzog sich in den Keller. Heute würde es nichts werden mit einem Familienabend, von dem Fallada in den Kuranstalten geträumt hatte.

Ulla rauchte. Er steckte sich auch eine an. Die Zigaretten gingen zur Neige, aber sie würde schon neue beschaffen. Sie blätterte in ihrer Illustrierten. »Sticken und Stricken« überschlug sie, »Ein Säuglings-Kurs: Baby tanzt« erst recht. Abendkleider interessierten sie! »Eine neue modische Silhouette«, Pariser Chic, von dem man hierzulande nur träumen konnte. »Eine modische Veränderung ist diesmal am ausgeprägtesten an den Hüten zu erkennen. Anstelle der breiten Kragen, hohen Köpfe, drapierten Tücher, die Gesicht und Haar weich umhüllten, tritt ein kleines kokettes Hütchen, das meist keck auf dem Hinterkopf sitzt und mitbestimmend für neue Frisuren sein wird, die tief …« Sie würde doch wegen eines solchen blöden Hütchens nicht auf ihre Lockenpracht verzichten. Sie wollte Abendkleider!

Die Anzeigen. »Darling«, das Parfüm der Dame, »Truxa« für Anspruchsvolle oder »Beatrix«, das Kopfwasser für den Herrn. Was das Sortiment von Seifen-Losch so hergab, darüber konnte Ulla nur lachen. Sie benutzte »Superbe«. Lieber noch hätte sie das Parfüm gehabt, das Fallada von seinem RAD-Ausflug aus Paris mitgebracht und Suse geschenkt hatte. Was sollte ausgerechnet die mit Chanel?

Damals kannten sie beide sich doch noch gar nicht, verteidigte sich Fallada. Das hinderte Ulla nicht daran, weiterzusticheln. Sobald das Gespräch auf Suse kam, wurde sie kratzbürstig. Dabei war sie es doch, die damit angefangen hatte.

Fallada sagte nichts weiter, er las in seinem Buch. »Der kleine Tod« von Irene Forbes-Mosse, vor ewigen Zeiten bei S. Fischer erschienen, 1912, um genau zu sein. Fallada hatte der Titel angezogen. Er wusste natürlich, was in der Damenwelt mit »Le petit mort« gemeint war, wurde aber enttäuscht. In dem Buch der Gräfin war viel von Liebe die Rede, einer schwärmerisch-romantischen, körperliche Liebe gab es für die Verfasserin offenbar nicht. Er überblätterte einige Seiten. Kein richtiger Roman, kaum Handlung, eher Miniaturen, Erinnerungsbilder aus einem Frauenleben. Ein Leben bis hin zum Tod. Ziemlich morbide. Gleich zu Beginn erinnerte sich die Autorin an einen kleinen Vers aus der Kindheit: »Alles Fleisch, alles Fleisch / Alles Fleisch, vergeht geschwind.« Zum Schluss wurde es pathetisch: »Setze mich wie ein Siegel auf dein Herz und wie ein Siegel auf deinen Arm. Denn

Liebe ist stark wie der Tod.« Trotzdem, das Buch gefiel ihm. Vor allem das Motto, angeblich aus dem Toskanischen: »Den kleinen Tod, kleinen Tod, den stürb ich gerne, / Am Abend tot, beim Licht der ersten Sterne, / Am Morgen aber wieder auferwacht …«

Das Gedicht besang eine Phantasie, die Kinder sich gern ausmalen: gestorben sein, aber die eigene Beerdigung beobachten können, sehen, wer sich trauernd um das Grab versammelt. Fallada verband mit dem kleinen Tod etwas anderes: die Wirkung der Droge, das rasche Ausgelöschtsein. Nicht mehr da sein.

Er liebte den kleinen Tod. In letzter Zeit hatte er auch viel an seinen Bruder gedacht, der in den letzten Tagen des Ersten Weltkriegs gefallen war, an den großen Tod.

Die Ankündigung seines Romans im Aufbau-Prospekt schlug Wellen. Wilhelm war es darum gegangen, in seine Riege illustrer Namen einen weiteren prominenten Autor einzureihen. Die Folgen bekam Fallada zu spüren. Die »Neue Berliner Illustrierte« meldete sich. Im Laufe des Sommers wollte man mit dem Vorabdruck von »Im Namen des Deutschen Volkes« beginnen. Was sollte er darauf antworten? Am besten nichts.

Doch die Illustrierte ließ nicht locker. »Zu unserem großen Befremden haben wir auf unseren Brief vom 2. 4. noch keinen Bescheid erhalten. Wir bitten Sie daher um eine umgehende positive Antwort, damit wir nicht gezwungen sind, diese leidige Angelegenheit auf dem Rechtswege austragen zu lassen.« Darauf musste er antworten. Keinesfalls wolle er sich seinen Verpflichtungen entziehen. Aber der Stoff sei alles Mögliche, nur kein Roman für eine Illustrierte. »Nichts von Jugend, nichts von Liebe, nichts von Hoffnung, und etwas von allen diesen Dingen müsste doch in dem Roman sein.« Am liebsten würde er, wenn er könnte, den Vorschuss zurückzahlen.

Der Aufbau-Verlagskatalog führte auch bei Becher zu unangenehmen Nachfragen. Dass dort seitenfüllend Neuerscheinungen von Fallada und Hauptmann annonciert wurden, schmeckte vielen nicht. Der Schauspieler Horst Lommer hatte sich beschwert. Sein Buch »Das tausendjährige Reich« – eine satirische Szenenfolge, die Friedrich Eisenlohr für den Bühnenvertrieb angenommen hatte – tauchte im Prospekt nur mit dem Titel auf, während »der Profaschist Fallada« … Nun, Neider gab es immer. Angesichts seiner Filmarbeit und seiner Theaterauftritte in der Nazizeit sollte Lommer, heuer Mitarbeiter der »Täglichen Rundschau«, lieber still sein.

Aber es gab andere, die mit mehr moralischer Berechtigung Ansprüche anmelden konnten und die Verlagspolitik kritisierten. Die alten Genossen, die in Nazideutschland Verfolgung und KZ-Haft überlebt hatten, meinten, nun seien sie dran und nicht einer wie Fallada, der in den zwölf Jahren veröffentlichen konnte, während sie im Widerstand kämpften und ihr Leben für die gute Sache riskierten. Von Hans Lorbeer etwa kam jetzt schon der dritte Brief, und er beklagte sich bei Becher, dass er noch immer keine Antwort erhalten habe, was zumindest ein alter Kampfgenosse wie er erwarten könne.

Becher hatte den Hitzkopf, der wegen politischer Agitation seine Arbeit bei den Stickstoffwerken in Piesteritz verloren hatte und dessen Gedichte in der »Rote Fahne« erschienen waren, keinesfalls vergessen. 1928 hatten sie – mit Ergon Erwin Kisch, Ludwig Renn, Erich Weinert und Anna Seghers – den Bund proletarisch-revolutionärer Schriftsteller gegründet. Ein konformistischer Parteigänger war Lorbeer nicht; 1931 hatten sie ihn wegen Verstoßes gegen die Parteilinie aus der KPD ausgeschlossen. Gleich 1933 war er ins KZ Lichtenburg gekommen, hatte sich nach der Entlassung wieder dem Widerstand angeschlossen, wurde erneut verhaftet und zu Zuchthaus verurteilt, hatte im Aschendorfer Moor und in Papenburg unter Gestapo-Aufsicht Zwangsarbeit leisten müssen. Im Mai 1945 hatte man Lorbeer zum Bürgermeister von Piesteritz gemacht, aber er wollte nun mal Schriftsteller sein.

»Du hast eine große Aufgabe«, schrieb Lorbeer. »Ich weiß auch, dass Du einen literarischen Friedhof vorgefunden hast. Ob aber Männer wie Gerhart Hauptmann noch zeugungsfähig genug sind, neues Leben in die Welt zu setzen, das zweifle ich stark an.« Auf seiner Fahrt zu Hauptmann hätte Becher in Wittenberg kurz Station machen und dem kleinen Bürgermeister guten Tag sagen können, klagte er. »Man druckt Hauptmanns Gedichte, bereitet einen Fallada-Roman vor, zieht ihn ihm unter den Händen weg.« Und wer fragt danach, was der Genosse vorzuweisen hat, den weder Lager noch Gestapo brechen konnten? »Ich schrieb im KZ, schrieb in der Zelle, in Zuchthausbaracken, im Moorlager, im Steinbruch. Vieles ging verloren, so manches brachte ich durch – frag mich nicht wie. Ein Bleistiftstummel und Zeitungsränder …«

Lorbeer war rehabilitiert und wieder in die Partei aufgenommen worden. Von dieser Seite gab es kein Problem. Wenn er nur nicht so schlechte Gedichte verfasste … Becher hatte sich das schmale Heft mit dem Titel »Die Gitterharfe« angesehen und an den Verlag weitergereicht. Seine Enttäuschung konnte und wollte er Lorbeer gegenüber nicht verhehlen. »Bei Deiner keineswegs gewöhnlichen Begabung – besonders nicht in unseren Reihen – hatte ich die Hoffnung, dass diese zwölf hinter uns liegenden Jahre bei Dir eine außergewöhnliche Gestaltung annehmen würden.« Davon aber könne keine Rede sein. Vielleicht würde es gelingen, etwas in der Zeitschrift unterzubringen. »Bitte schicke mir drei oder vier Deiner besten Gedichte«, schrieb er dem Genossen, »aber nicht rhetorische Tiraden, sondern eben Gedichte.«

Das hätte Becher vielleicht besser nicht schreiben sollen. Lorbeer hatte sich als Autor nie richtig anerkannt gefühlt, alte Verletzungen brachen wieder auf. Er sei wohl »zu profan, nicht gesellschaftsfähig genug«. »Vor 1933 waren es hohe gebildete Bürger, die mich zurückwiesen, und heute nach 1945 sind es dieselben.« Offensichtlich habe sich das Verlagswesen nicht geändert: »Das Literatur-Papsttum ist bereits wieder entstanden.«

In seiner Verbitterung wurde Lorbeer persönlich. Über die emigrierten Dichter werde ständig geschrieben, nicht jedoch über die Männer, die Zuchthaus und KZ durchlitten hatten. Zudem unterschieden sie sich in ihrer Herkunft: Er komme und lebe auch heute noch »in der Welt des Arbeiters, die Du nicht kennen kannst, weil Du in guten bürgerlichen Verhältnissen groß geworden bist«. Dem vorwurfsvollen Brief lagen Gedichte bei. Becher verzichtete auf die Lektüre: Was sollte man machen – man musste Lorbeer drucken.

»Den kleinen Tod, kleinen Tod, den stürb ich gerne.« Der Vers ging Fallada nicht mehr aus dem Kopf. »Am Morgen aber wieder auferwacht …« Vor dem Moment, wenn die Wirkung nachließ, fürchtete sich Fallada. Kam er aus der künstlich herbeigeführten Bewusstlosigkeit langsam wieder an die Oberfläche, nahmen die Dämonen Besitz von ihm. Im Halbschlaf plagten ihn Ängste und Obsessionen. Zwangsvorstellungen. Bizarre Träume, gespeist von realen Erlebnissen. Der Fahrradunfall in der Kindheit: Er war in einen von zwei Pferden gezogenen Fleischerwagen hineingerast. Das Bild verfolgte ihn, braune Tierkörper, die sich hoch, hoch über ihn erheben, lange Pferdebeine mit glänzenden Hufeisen, die immer länger, immer länger werden … Die grotesken Pubertätsverirrungen, die anonymen Briefe, in denen er eine unkeusche Affäre mit Käthe zurechtphantasierte und dann den Eltern Matzdorf schickte. War das nun Krankenschwester Hedwig, über deren Bild sich Anne Marie schob? Von seinem Verhältnis mit Marianne Wintersteiner während des RAD-Ausflugs in Frankreich hatte Suse nichts erfahren; dass er auf der Rückreise in Berlin bei der Bakonyi übernachtete, hatte gleichwohl zu einem Eifersuchtsdrama geführt. Die Geschichte mit Anneliese brachte dann das Fass zum Überlaufen, obwohl sie nichts bedeutete. Der Schuss auf Suse, nein, er wollte sie doch nicht treffen! Die Scheidung – Suse, die doch alles bekommen sollte, wollte nun auch noch Geld, das er nicht hatte. Tat immer liebevoll, gab sich sanftmütig, war aber in Wahrheit gehässig und bösartig. Nein, Suse, das war nicht so gemeint! Ulla war die Hexe, die ihn in den Abgrund zog, unaufhörlich, er würde ihr nicht entkommen. Müsste sich irgendwie frei machen. Suse musste helfen, doch die schaute ihn nur kalt an. Ungerührt sah sie zu, wie ihr Junge ins Verderben …

Ihm schwindelte. Er hatte doch auch Erfolgserlebnisse gehabt, Triumphe gefeiert. Doch nichts davon tauchte in seinen Träumen auf. Da bestand sein Leben aus einer endlosen Kette von Unglücksfällen und Peinlichkeiten, eine schlimmer als die andere. Die Erinnerungen, zu Alpträumen verzerrt, lasteten schwer auf seiner Brust, drückten ihn nieder. Er konnte sie nur abschütteln und frei atmen, wenn er wieder zum Morphium griff, eine andere Wahl blieb ihm nicht.

Fallada ging praktisch nicht mehr vor die Tür, Ulla nur, um Stoff zu organisieren. Alle anderen notwendigen Besorgungen überließen sie Uli. Der Junge kannte sich durch seine Fahrraderkundungen sowieso besser in der Stadt aus.

Fallada musste sich dafür mit Latendorf herumschlagen, der nun anstelle der Treuhand für die Bemessung der Miete selbst zuständig war. Er forderte rückwirkend den Betrag von 580,80 Mark. Das entsprach der Summe, die er für seine Ersatzwohnung gezahlt hatte. Das war zwar weniger, als Fallada selbst ausgerechnet hatte, doch auch das Geld wurde für anderes gebraucht.

Er lag wieder an der Kette der Sucht, das wusste er selbst am besten. Er hatte von dem Gift getrunken, das er nicht mehr loswerden konnte aus Körper und Geist, und nun dürstete es ihn danach, mehr von diesem Gift zu trinken, es immer zu trinken, jeden Tag.

»Das war in jener schlimmen Berliner Zeit, als ich ganz im Morphium verkam.« Den Satz hatte er 1920 geschrieben, damit begann seine Erzählung »Sachlicher Bericht über das Glück, ein Morphinist zu sein«. Es war aber kein sachlicher Bericht, sondern eine traurige Geschichte. Auch ein bisschen komisch, etwa die Taxitour, bei der sie die Apotheken mit gefälschten Rezepten abklappern. Am Schluss die Einweisung in die Klinik, es konnte nicht anders enden.

Das wirklich Traurige an der Geschichte war: Sie stimmte wortgetreu auch noch 1946. Wieder befand er sich in jener schlimmen Berliner Zeit und verkam ganz im Morphium. »Ein paar Wochen war es gut gegangen, ich hatte einen großen Posten Benzin, wie wir das Gift unter uns nannten, erwischen können und war der schlimmsten Sorge des Morphinisten, der Sorge um den Stoff, überhoben gewesen.« Auch das wiederholte sich. Vera hatte sie gut bevorratet. Immer, wenn sich Abstinenzerscheinungen ankündigten, konnten sie nachlegen und taten es auch.

Es gab nichts anderes auf der Welt, nichts bekamen sie mehr mit. Die Kinder waren wieder sich selbst überlassen. Ulla lebte weit entfernt auf ihrem eigenen Planeten. Nicht ansprechbar. Aber es gab auch nichts zu bereden. Er spürte kein Verlangen mehr, war nicht mehr Gefangener seines Sexualtriebs. »Meine einzige Geliebte ist jetzt das Morphium. Sie ist böse, sie quält mich unermesslich, aber sie belohnt mich auch über jedes Begreifen hinaus.« So stand es im Text, den er vor 25 Jahren geschrieben hatte. Den »Sachlichen Bericht« eines jungen, unbekannten Autors, der offenbar eigene Erlebnisse verarbeitet hatte, wollte damals niemand drucken, worüber er jetzt ganz froh war. Das im Titel bemühte »Glück, ein Morphinist zu sein« erschloss sich erst, wenn man wusste, was er vorgehabt hatte: In einem Novellenband die Wirkungen von Morphium, Kokain, Bilsenkraut etc. zu untersuchen und zu unterscheiden. »Morphium ist eine stille, sanfte Freude, weiß und blumig, es macht seine Jünger glücklich. Aber Kokain ist ein rotes, reißendes Tier, es quält den Körper, alle Welt wird wild, verzerrt und hassenswert, Messer blinken gaukelnd durch seine Räusche, und viel Blut strömt, und für all das schenkt es nur wenige Minuten höchster Klarheit des Hirns, ein Verknüpfen entlegenster Gedanken, eine blende Luzidität, die schmerzt.«

Sicher, Fallada wusste alles über Drogen und ihre Gefahren. Er hatte die Morphiumsucht am eigenen Leibe studiert, unter Schmerzen besiegt und war ihr doch wieder verfallen.

»Dann, je mehr sich der Vorrat dem Ende zu neigte, war mein Konsum stärker und stärker geworden, ich wollte noch einmal gründlich satt werden, und dann – nichts mehr von dieser Sorte.

Aber als ich an jenem Morgen erwachte, da ich dem Nichts gegenüberstand, wusste ich, ich musste Morphium bekommen, um jeden Preis. Mein ganzer Körper war von einer peinigenden Unruhe erfüllt, meine Hände zitterten, ein toller Durst quälte mich, ein Durst, der nicht nur in der Mundhöhle, sondern in jeder einzelnen Zelle meines Körpers lokalisiert schien.«

Das Morphium ging ihnen aus. In der Nacht zum 1. Mai verbrauchten sie den letzten Rest. Woher sollten sie Nachschub herbekommen? Am Feiertag waren alle Apotheken, alle Arztpraxen geschlossen. Noch einmal Vera anbetteln? Sinnlos.

Sie waren verzweifelt. Fallada wurde laut, Ulla versuchte ihn zu beruhigen. Vielleicht ließe sich noch etwas erreichen, sie wollte zu einem der Nachbarn gehen, telefonieren – noch immer fehlte der eigene Anschluss. Fallada, der ein Zittern kaum unterdrücken konnte, verzog sich mit seinem Buch nach oben ins Schlafzimmer.

Ulla, auf der Straße, überlegte. Becher hatte natürlich Telefon, aber er musste ja nicht mitbekommen, wie es um sie stand. Lieber wandte sie sich an Professor Bausch, doch als sie dort klingelte, erfuhr sie, dass dieser sein Haus im Eisenmengerweg hatte räumen müssen. Er war ein paar Straßen weitergezogen, in die Grabbeallee. Ulla spürte immer heftiger den Entzug, sie traute sich selbst den kurzen Weg nicht zu – bloß zurück nach Hause.

Als sie die Haustür aufschloss, rief Fallada schon von oben. Er reichte ihr ein Blatt, das sie lesen sollte. Er hatte für sie beide ein Testament aufgesetzt, Ulla sollte es unterschreiben. Gleichzeitig flehte er sie an, doch noch einmal in die Stadt zu gehen, um etwas zu besorgen, was sie auch tat.

Doktor Bell war nicht da oder öffnete nicht. Heute war ein Unglückstag. Wieder kehrte sie unverrichteter Dinge in den Eisenmengerweg zurück. Was sie mitbrachte, waren lediglich ein paar Zigaretten.

Fallada zog sich an und erklärte, er werde jetzt zu Becher gehen. Er konnte seine innere Unruhe kaum verbergen. Durch das Küchenfenster sah Ulla noch, wie er das Gartentor öffnete, wieder schloss und um die Ecke verschwand. Als er bei Becher klingelte, öffnete das Dienstmädchen. Ob Fallada nicht hereinkommen wolle? Nein, Becher solle herauskommen! Er erschien, und Fallada drückte ihm wortlos einen verschlossenen Umschlag in die Hand und lief davon.

Durch das Küchenfenster sah Ulla, wie ihr Mann in wildem Tempo auf das Haus zustürmte. Er nahm sich nicht die Zeit, das Gartentor zu öffnen, sondern sprang darüber weg. Stolperte, aber fing sich wieder. Hinter ihm kam Becher angelaufen.

Fallada schloss eiligst die Wohnungstür von innen zu und nahm auch den über der Tür hängenden zweiten Schlüssel an sich. Niemand käme rein, erklärte er aufgebracht, auch Becher nicht.

Dieser klopfte bereits und rief nach Ulla. Sie nahm Fallada den Schlüssel ab, der sich nicht wirklich wehrte, sondern nach oben ins Schlafzimmer verschwand – er wünsche nicht, Becher zu sprechen.

Sie ließ Becher herein. Fallada hatte ihm erklärt, er wollte mit seiner Frau aus dem Leben scheiden, in dem Kuvert sei ihr gemeinsames Testament. Mühsam gelang es Ulla, Fallada wieder ins Wohnzimmer herunterzuholen. Becher fiel ein, dass er noch ein Flasche Kognak zu Hause hatte, und meinte, die werde er jetzt holen. Der wird nicht wiederkommen, konstatierte Fallada, der wollte nur hier weg.

Doch Becher kam zurück, die Flasche Kognak in der Hand. Zu dritt saßen sie im Schlafzimmer und tranken. Der Kognak beruhigte Fallada vorübergehend, bis er plötzlich aufsprang und erklärte, wie er zu sterben gedenke: Er habe aus dem Schrank mit den Putzmitteln die Flasche mit Salzsäure an sich genommen, um sie zu trinken. Und werde nicht verraten, wo er sie versteckt habe.

Es kam zu einem Handgemenge zwischen den Eheleuten, er griff ihr brutal ins Haar, um sie gewaltsam auf die Knie zu zwingen. Becher ging dazwischen. In dieser Situation gab es keinen anderen Ausweg, als einen Arzt aufzutreiben, der über Morphium verfügte. Becher wollte beim Polizeirevier nach dem diensthabenden Arzt fragen und verließ sie.

Wieder meinte Fallada, inzwischen ganz aufgelöst: Der wird nicht wiederkommen.

Doch Becher erschien mit Doktor Kupke, der bei einer Feier im Schloss Schönhausen gewesen war. Er musste erst noch Morphium und Spritze holen, hatte nichts dabei.

Fallada zog sich aus und legte sich aufs Bett. Während Kupke alles vorbereitete, unterhielten sie sich über Literatur. Fallada versprach, ihm ein paar seiner Romane zu schenken, natürlich signiert. Als Kupke seine Instrumente einpackte und den Medizinkoffer schließen wollte, bestand Fallada darauf, dass auch Ulla ihre Spritze bekam.

Becher und Kupke gingen, Ulla schloss hinter ihnen ab. Sie legte sich zu Fallada. Sie verbrachten eine ruhige Nacht in ehelicher Harmonie.

Doktor Johannes Kupke wohnte im Städtchen in unmittelbarer Nachbarschaft, Eisenmengerweg 21. Seine Praxis befand sich auch nicht weit entfernt, in der Wackenbergstraße. Ulla hatte ihn bei ihren Versuchen, Morphiumrezepte zu beschaffen, ausgelassen: Der Mann war der Hausarzt von Wilhelm Pieck. Zu seinen Patienten gehörte wohl auch Becher; da konnte man nie wissen, wie es um das Arztgeheimnis bestellt war. Kupke war einer von ihnen. Während der Weimarer Republik in der Roten Hilfe aktiv, hatte er in der Nazizeit seine Praxisräume der Roten Kapelle für konspirative Treffen zur Verfügung gestellt. Die Russen hatten Kupke in den ersten Monaten nach dem Zusammenbruch zum Amtsleiter von Pankow gemacht, inzwischen praktizierte er wieder. Um einen solchen Mann machte man lieber einen Bogen. Doch ihr Eindruck war falsch gewesen, wie sich nun herausstellte.

Nach dem Notfall am 1. Mai hatte sich Kupke gleich mehrfach hilfsbereit gezeigt. Rezepte ausgestellt, Hinweise auf erfolgversprechende Apotheken gegeben. Am 7. Mai hatte Fallada Uli mit einem Zettel zu ihm in die Praxis geschickt. Die krakelige Handschrift war kaum zu entziffern, der Schreiber hatte die Zeilen nicht halten können. »Sehr geehrter Herr Doktor Kupke«, so Falladas unter äußerster Anstrengung zu Papier gebrachter Hilferuf, »da wir beide schon jetzt am frühen Morgen starke Abstinenz-Erscheinungen zeigen, so wäre es schön, wenn Sie in den tiefsten

Tiefen ihres Schrankes noch 2 Ampullen finden würden, die uns etwas leistungsfähiger machen würden, als wir jetzt sind.« Im positiven Falle möge er den Sohn zum Boten machen, auf den Besuch des Arztes könne er nicht warten. Die Antwort kam prompt. Keine Vorwürfe, Kupke ging auf den Tonfall ein und gab sich jovial. »Lieber Hans Fallada! Glück gehabt! Ganz tief in einer Ecke fand ich noch diese Schachtel mit 2 Ampullen M. Sie müssen aber damit bis heute Abend auskommen, und dann geht es hinein in die Heilung! Ich glaube fest an Sie und freue mich auf unseren gemeinsamen Kampf! Herzliche Grüße Ihnen und Ihrer werten Gattin, Ihr J. Kupke.«

Undenkbar, dass Zutt so gehandelt, einen solchen Brief geschrieben hätte. Kupke war Allgemeinmediziner, ein Mann in Falladas Alter. Kein Intellektueller wie der Herr Professor, der Artikel über Morphinismus veröffentlichte und dessen Therapie vor allem aus strengen Verboten bestand, sondern ein Arzt mit Verständnis für die Leiden seiner Patienten. Fallada begab sich in seine Hände. Diesmal würde er den Entzug nicht abbrechen. Er hatte lange mit Kupke gesprochen, von seinen Obsessionen und Ängsten und wie er dem Teufelskreis von Schreibrausch und anschließendem Absturz in die Droge entkommen könnte. Warum er immer wieder, obwohl ihm die Folgen bewusst waren, der Sucht erlag. Wenn er diesmal das Gift besiegt hatte, wollte er sich einer Psychoanalyse unterziehen.

Kupke hatte ihn in einem Behelfskrankenhaus untergebracht, Marthastraße 10, fünf Minuten von ihrem Haus entfernt, so konnten Ulla und Uli jederzeit vorbeikommen, vormals Pflegeheim Möller, jetzt ein Krankenhaus für Frauen mit Geschlechtskrankheiten. Fallada fand sich als einziger Mann unter rund sechzig meist jungen hübschen Frauen wieder. Und er war der einzige Privatpatient, denn die anderen waren nicht freiwillig hier: Es waren Prostituierte, die sich der Behandlung entzogen hatten und schließlich von der Polizei eingeliefert worden waren. Fallada wurde das erst klar, als er am Waschraum ein Schild las: »Für Go. und Lues verboten!« Tripper oder gar Syphilis, das hätte ihm gerade noch gefehlt. Doch alle Krankenhäuser waren belegt. Und das Behelfskrankenhaus unterstand Kupke, hier hatte er Fallada immer unter Kontrolle, dem es gar so schlecht bei Mutter Möller nicht gefiel (und wesentlich billiger als in den Kuranstalten war es auch).

Zwei, drei Wochen war er zu nichts zu gebrauchen. Dann rührten sich wieder die Lebensgeister. Der erste Brief an seine Mutter in Carwitz wurde auf den Weg gebracht. »Ich liege mal wieder auf der Nase, einer meiner bösen Anfälle«, genauer wollte er nicht werden. »Aus meinem Fenster sehe ich wirklich nur grüne Bäume und heile Häuser. Ein wohltuender Blick. Die Akazien haben gerade ausgeblüht, die Rosen fangen schon an.« Zusammmen mit Ulla versuche er sich das Rauchen abzugewöhnen. Vom Morphium brauchte Mutti nichts zu wissen, und Suse sollte es schon gar nicht erfahren, die natürlich mitlesen würde.

Der nächste Brief ging an seinen wichtigsten Arbeitgeber, die »Tägliche Rundschau«. Zwei Geschichten hatte er anzubieten. Zum einen den »Pfingstgruß an Achim«. Die Geschichte war ein Geschenk für seinen Jüngsten. Achims Geburtstag am 3. April hatte er ganz vergessen, da galt es, Versäumtes nachzuholen. Ein kleiner Junge schleicht sich frühmorgens aus dem Haus, um am heiligen Pfingsttag ein Wunder zu erleben; zwar erreicht er die Quelle nicht und hört auch keine Engel singen, aber er erlebt einen Sonnenaufgang, »und sein kleines Kinderherz empfand ein Gefühl des Friedens wie noch nie in seinem Leben«. Ob die Russen wussten, was ein Pfingstwunder ist?

Mit der zweiten Geschichte würden sie mehr anzufangen wissen. In »Die gute Wiese« verkauft Bauer Karwe seine Wiese an einen ortsfremden Gutsbesitzer, weil er Geld für die Mitgift seiner Tochter braucht. Irgendwann heiratet auch Karwe junior und wird Vater. »Kinder sind Hoffnung«, hatte Fallada geschrieben und an seine eigenen gedacht. »Kinder sind der einzige Reichtum im Leben.« Wie sehnte er sich danach, mit allen zusammen zu sein. Doch das war nicht Thema der Geschichte, die trotz Krieg ein Happy End hat. »Es brach alles zusammen, was gewesen war, aber gerade aus diesem Zusammenbruch entstand etwas Neues und Gutes.« Nämlich die Bodenreform. Und so bekam Bauer Karwe, inzwischen der Junior, die Wiese seines Vaters zurück.

Konnte er den Jungen mit den beiden Geschichten zur »Täglichen Rundschau« in den Prenzlauer Berg schicken? Besser sollte Ulla gehen, sie würde man vorlassen.

Sie machte sich auf den Weg, und Fallada spekulierte, was die Geschichten einbringen würden. 1000 Mark? 1500 Mark? »Die gute Wiese« war ziemlich lang, vielleicht sogar 2500 Mark. Noch besser wäre, wenn sein neuer Roman als Vorabdruck erscheinen würde. Über Wochen, vielleicht Monate, dann wäre er aus dem Schneider. Er hatte, um Pereswetow neugierig zu machen, ein paar Andeutungen gemacht: »zweifellos ein heikler Stoff, der unter Umständen lebhafte Debatten und auch Widerspruch auslösen wird«. Anfang des kommenden Monats könnte das Buch fertig vorliegen.

Es musste nur noch geschrieben werden, und damit tat sich Fallada weiterhin schwer. Wo war er steckengeblieben? Die Namen zu ändern war kein Problem, damit verschaffte er sich erzählerische Freiheiten. Der Protagonist hieß nun Dr. Doll und seine Frau Alma, ansonsten konnte er vieles belassen. Die Morphiumsucht wurde nicht länger verschwiegen, auch nicht, dass er in der Tobsuchtszelle aufgewacht war, aber abgemildert: Doll landet nur deshalb dort, weil gerade kein anderes Zimmer frei ist. Dass er gedroht hatte, sich die Pulsadern aufzuschneiden, um eine Dosis zu erzwingen, davon schrieb er nichts. Im Roman las sich sein Aufenthalt in der geschlossenen Anstalt so, als sei er Pensionsgast in einem Sanatorium gewesen. Wahrscheinlich hatte dieser Lukács recht: geradezu zwanghaft seine Tendenz, alles zu verniedlichen.

Es klopfte. Claire oder Nina, die Namen konnte er sich nicht merken, vielleicht waren es ohnehin nur Künstlernamen. Sie kamen auf ein Schwätzchen vorbei und wollten doch nur Zigaretten. Nein, da war bei ihm nichts zu holen. Anfangs hatte er noch gedacht, er könnte den Mädchen interessante, verwertbare Geschichten entlocken. Aber sie hatten nichts zu erzählen als dumme Lügen. Er schob Claire zur Tür hinaus.

Doch eigentlich war er froh über jede Ablenkung. Ein Schreibrausch, mit dem er ganz in der Romanwelt lebte und nichts anderes an sich heranließ, wollte sich bei diesem Buch einfach nicht einstellen. Selbst bei den Schmonzetten für die Illustrierten hatte er sich nicht so gequält wie jetzt.

Er versuchte, jeden Tag sein Pensum einzuhalten, setzte sich an die Maschine wie ein Junge, der lustlos seine Schularbeiten macht. Es fehlte der Schwung, die Inspiration. Sich etwas ausdenken, indem er Erlebnisse und Menschen in Literatur verwandelte, so hatte er immer gearbeitet, aber diesmal sprang der Funke einfach nicht über. Und doch musste er sich dieses Buch von der Seele schreiben, so viel war ihm klar.

Ulla brachte gute Nachrichten mit. Offenbar war man bei der »Täglichen Rundschau« weiter an Falladas Mitarbeit interessiert. Der »Pfingstgruß an Achim« würde pünktlich zum Fest im Blatt stehen, »Die gute Wiese« am Sonntag darauf. Und den Roman wollte Pereswetow lesen, sobald er fertig war. Das gab Auftrieb.

Leider war Ulla, durch den erfreulichen Ausgang animiert, nicht ganz nüchtern gewesen und auf dem Rückweg gestürzt. Eine kleine Gehirnerschütterung, nicht weiter schlimm, aber Kupke hatte angesichts ihrer Augen gleich erkannt, was dahintersteckte und sie eingewiesen. Nun lag sie in einer anderen Stube, ebenfalls in der Marthastraße. Sie jammerte fürchterlich. Mit Falladas Ruhe war es dahin.

Die bettlägerige Ulla verlangte ständig nach ihm. Die Frau hatte Ansprüche, auf die wäre Suse nie gekommen. Fallada hatte den Verdacht, Ulla ginge es einfach gegen den Strich, dass er Hahn im Korb war. Ständig lag sie im Streit mit irgendeinem der Mädels. Gut, die stellten ihre Reize provokativ zur Schau. Alles Nutten, schrie sie. Das musste wirklich nicht sein! Keifende Weiber, das war nun wirklich nichts für ihn.

Glücklicherweise hatten sie im Eisenmengerweg inzwischen eine Aufwartefrau. Frau Hermann schaute jeden Tag nach dem Rechten, kochte für die Kinder und kümmerte sich um die Wäsche. Nur einkaufen mussten Uli und Jutta selbst.

Die Versorgung mit Lebensmitteln blieb ein ständiger Kampf. Fallada hatte beim Ernährungsamt erreicht, dass Ulla und er ihre Karten behalten durften, weil sie nicht unter die Sammelverpflegung in der Marthastraße fielen. »Weder meine Frau noch ich befinden uns in Krankenhausbehandlung«, hatte er argumentiert, »sondern machen hier nur eine Kur durch, während wir arbeiten.« Doch es gab ein weiteres Problem. »Warum ferner meinem Sohne Ulrich die Karte 5 zugeteilt worden ist, während sämtliche Schüler die Karte 3 erhalten, ist mir unverständlich. Mein Sohn erhält auf Anweisung der Listschule Nachhilfeunterricht, damit er zum September in die Obersekunda aufgenommen werden kann. Er ist also einem Schüler der Untersekunda gleichzustellen und hat denselben Kartenanspruch.« Der Junge aß wie ein Scheunendrescher, er konnte fünf Scheiben Brot verdrücken. Da reichte auch die Karte 3 nicht. Fallada hatte Mutter Möller sein Leid geklagt, sich bei ihr lieb Kind gemacht und an ihr Mutterherz appelliert. Schließlich gab sie ihre Lebensmittelkarten frei, dazu gleich noch die Kartoffelkarten: Ulla und er könnten mitessen, was Möller für die Patientinnen koche. Bekamen eben die Damen etwas weniger, dafür die lieben Kinder zu Hause etwas mehr.

Uli kam jeden Tag vorbei, brachte aus dem Eisenmengerweg Post und Zeitungen, diesmal waren zwei Ausgaben von »Pinguin« dabei, einer Jugendzeitschrift, die Erich Kästner im Rowohlt Verlag herausgab. Die konnte Uli gleich wieder mitnehmen. Väterchen hatte es also geschafft, der Verlag produzierte wieder. Kein Wort jedoch davon, ob Rowohlt nun den »Jungherrn von Strammin« verlegen wollte.

Zwei Briefe gab Fallada seinem Großen mit. Nichts Eiliges, Uli könnte sie bei Gelegenheit in den Kasten stecken. Aber einen Spezialauftrag hatte er doch. Uli sollte bei Marga Dietrich-Kenter vorbeifahren und ihr einen Aufsatz übergeben, den er über ihren Lebensgefährten Alfred Schmidt geschrieben hatte. »Sas« nannte er sich als Dichter: »Schmidt aus Schlegel«, einem Kaff in der Oberlausitz. Jedenfalls hatte der Musiklehrer, der zuvor nichts mit Literatur am Hut gehabt hatte, in der Zelle angefangen, Gedichte zu schreiben. 180 Tage hatte er in Plötzensee auf seine Hinrichtung gewartet. »›Hier bin ich, Tod.‹ Noch auf dem Knochenfinger, / Der mir winkt, / Sitzt und singt / Der Vogel Hoffnung, / Der liebe Vogel Hoffnung.« Fallada hatte seinem Aufsatz den Titel »Das Todeshaus formt einen Dichter« gegeben und wollte ihn, in der Nachfolge seines Hampel-Essays, im »Aufbau« veröffentlichen. Aber auch dieser Stoff widersetzte sich ihm. Vielleicht lag es daran, dass es kaum Material gab und er den Mann nur einmal getroffen hatte, weshalb er entsprechend unsicher war. Marga musste den Text lesen, bevor er ihn weitergab.

Ulis Unwille war nur allzu deutlich. Mit dem Fahrrad wäre er eine Stunde unterwegs, oder er müsste die U-Bahn nehmen. Ständig sollte er Botengänge für den Vater erledigen, doch das allein war es nicht. Fallada spürte, der Sohn hatte den Respekt vor ihm verloren. In den letzten Wochen hatte Uli ihn als hilfloses Drogenwrack erlebt. Wie er nach der Spritze gierte, wenn der Stoff ausgegangen war, das war würdelos. Wie sollte ein Sohn da noch Achtung vor seinem Vater haben?

Das gewünschte Kohlepapier hatte Uli mitgebracht, die Seife aber wieder vergessen. Und der Unterricht? Kam er in dem Kurs mit seinem künftigen Englischlehrer voran? Uli druckste herum. Unmöglich, den ganzen Lernstoff bis zum Herbst zu bewältigen. In den anderen Fächern sei er ziemlich »up to date«. Allerdings komme nun auch noch Russisch als Pflichtfach dazu.

Fallada wusste, dass er seinem Sohn viel zumutete. Im Moment, jedenfalls solange Ulla auch hier im Krankenhaus lag, war er der Haushaltsvorstand im Eisenmengerweg. Nachdem Jutta beim Balancieren auf den Kopf gefallen war, hatte sie sich am Morgen, noch bevor Frau Hermann kam, erbrochen. Uli sollte nun darauf achten, dass sie flach lag, Brot aß, eine warme Mahlzeit zu sich nahm. Morgen sollte er berichten, wie es ihr ging.

Fallada sah Uli nach: Er hatte doch einen tüchtigen, braven Sohn – bis auf die Seife.

Ein Einschreiben verhieß nichts Gutes. Ein Dr. Hans Selzer, Rechtsanwalt, schrieb: »Ihre Ehefrau soll vor einiger Zeit von Fräulein Schulz RM 500,– unter Umständen entliehen haben, die nach meiner Ansicht nicht nur die Beschreitung des Klageweges, sondern auch die Befassung anderer Behörden mit diesem Fall rechtfertigen würden.«

Das klang beunruhigend. Es war leider nicht das erste Mal, dass er eine unliebsame Überraschung erlebte. Erst vor ein paar Tagen hatte er ein ähnliches Schreiben von Georg Dramburg von der Weinhandlung am Bayerischen Platz bekommen. Im März, als er bereits in den Kuranstalten war, hatte Ulla dort wiederholt um Darlehen gebeten und es auch erhalten. Insgesamt 1400 Mark! Außerdem war noch eine Spirituosenrechnung über 327 Mark offen. Frau Dramburg kannte er gut, sie waren treue Kunden, und so schrieb er nett zurück, bat um etwas Geduld und versicherte, ihre Forderung als erste zu befriedigen, sobald Geld ins Haus kam.

Das Schreiben des Anwalts klang nicht danach, als würde man den Mann vertrösten können. Angeblich würde ihre ehemalige Mitbewohnerin Eva Schulz-Mario das Geld dringend brauchen, weshalb der Rechtsanwalt gewillt sei, »unter Anwendung sämtlicher gesetzlicher Möglichkeiten ihr zur Wiedererlangung des Geldes zu verhelfen«. Fallada blieb nichts anderes übrig, als darauf zu reagieren. Zuerst aber noch einmal mit Ulla sprechen.

Als er am nächsten Morgen die Adresse tippte: »Rechtsanwalt Dr. Hans Selzer, Berlin-Schöneberg, Meraner Str. 12«, fiel es ihm erst auf – das war doch ihre alte Anschrift. Die Schulz wohnte also immer noch dort. Ob der Herr Rechtsanwalt ihr Liebhaber war?

Ulla hatte gestanden, dass sie das Geld geliehen hatte. Am besten das heikle Thema direkt ansprechen. »Ich wäre Ihnen dankbar«, schrieb er dem Anwalt, »wenn Sie mir nähere Mitteilung über diese ›besonderen Umstände‹ machen würden, meine Frau ist nämlich leider Morphinistin, z. Zt. in einem Krankenhaus in Behandlung, und ich erwäge die Trennung von ihr wegen der Sucht und ihres ständigen Schuldenmachens.« Dass er selbst Morphinist und ebenfalls in Behandlung war, erwähnte er nicht. Bevor es noch Weiterungen, gar ein juristisches Nachspiel geben würde, erkannte er die Schuld an, bat aber um Verständnis, dass es mit der Rückzahlung etwas dauern würde.

Was mochte noch alles kommen? Ullas Schulden summierten sich auf 15 000 Mark! Wenn er ehrlich war, musste er sagen, dass es auch seine Schulden waren. Er hatte ihr die Beschaffung des Morphiums überlassen und nie wissen wollen, was der Stoff kostete. Guter Stoff, schlechter Stoff, das heiß gestreckter, allein das interessierte.

Es dauerte etwas länger, bis er per Postanweisung die 500 Mark zurückzahlen konnte. Beigelegt war ein persönlicher Brief. »Ich darf Sie bitten, meiner Frau unter keinen Umständen wieder Geld zu leihen – ich komme für keine Schulden von ihr mehr auf.«

Pfingstsonntag. Die »Tägliche Rundschau« mit dem »Pfingstgruß an Achim« würde er mit einem Brief nach Carwitz schicken. Viel zu berichten hatte er nicht. Nachmittags habe er Ausgang und würde sich von Uli den Garten zeigen lassen. Hagel hatte in vielen Gärtnereien die Anzuchtpflanzen zerstört. Aber Uli hatte Tabakpflanzen ergattert und gepflanzt, darauf war er besonders stolz. Fallada war skeptisch, doch besser als gar nichts war das allemal. Ansonsten: Mückes Schulfrage sei langsam akut, in Carwitz gebe es nur die Zwergschule, da würde aus ihr ein Bauernmädchen werden. Die Kinder hier in Berlin müssten bis Ende Juni angemeldet werden. Er wüsste eine Schule ganz in der Nähe, die Bachschule, Suse müsse nur noch ja sagen.

Das Honorar für die beiden Geschichten betrug weniger als die Hälfte von dem, womit Fallada gerechnet hatte. Er schrieb einen demütigenden Bettelbrief an die »Tägliche Rundschau«, drückte auf die Tränendüse und wies auf seine krankheitsbedingte Notlage hin. Zum Schluss trug er dick auf: »Ich arbeite so viel ich kann und so gut, wie ich kann, und ich möchte alle meine Arbeiten nur bei Ihnen veröffentlicht sehen, zum Ausbau Ihrer immer schöner werdenden Zeitung beitragen. Ich fühle mich ganz als Ihr Mitarbeiter, und nur als Ihr Mitarbeiter. Nehmen Sie mir also mein offenes Wort in der Honorarfrage nicht übel. Geht es nicht, dann geht es eben nicht, und das wird nicht das Geringste an meinen Gefühlen und an meiner Arbeitswilligkeit ändern.« Es war ihm so peinlich, dass er den Brief nicht noch einmal durchlas, sondern gleich in den Umschlag steckte und zuklebte.

Die Russen schickten immerhin Zigaretten und Lebensmittel. Falladas Idee, Kalendergeschichten in der Tradition von Johann Peter Hebel zu schreiben, kam gut an. Ein knappes Dutzend hatte er rasch zusammen, Anekdoten, am Ende mit dicker Moral. Nichts literarisch Bedeutendes, er überlegte, ob er sie mit seinem Namen, mit dem Kürzel H. F. oder gar nicht zeichnen sollte. Mit solchen Kleinigkeiten würde er niemals auf einen grünen Zweig kommen.

Nur der Roman würde es bringen.

Sechs Seiten. Sechs Manuskriptseiten. Unter Aufbietung aller Kräfte, bis neun Uhr abends, hatte er gestern daran gesessen. Wirklich ein verdammt zähes Buch. Aber weiter.

Fallada hatte, obwohl er es eigentlich nicht wollte, Lukács gelesen. Er musste seine persönliche Geschichte als exemplarisch darstellen, damit sie für mehr stand als das höchst individuelle Schicksal eines haltlosen Schriftstellers. Dass in den Kuranstalten unter den Süchtigen vor allem Ärzte waren, lag schlicht daran, dass sie leicht an Morphium herankamen. »Wäre es bequem zu kaufen gewesen, so hätten bestimmt drei Viertel des deutschen Volkes die Zeitkrankheit, die abgrundtiefe Verzweiflung und Apathie, auf diese Weise zu betäuben gesucht.« Ein ganzes Volk von potenziellen Morphinisten? In seinem Buch steht es so. »Doll sah in dieser nicht abreißenden Kette von Süchtigen Leidensgefährten, Menschen genau wie er selbst, die an sich und Deutschland verzweifelt waren, die unter der Last all der Erniedrigungen und Schamlosigkeiten zusammengebrochen und in künstliche Paradiese geflohen waren. Sie alle suchten – genau wie er – den ›Kleinen Tod‹. Sie alle hatten vielleicht noch eine geringe Hoffnung, die sie von dem letzten Schritt abhielt, ihnen allen fehlte noch – genau wie Doll – der letzte, entscheidende Anstoß.«

Es stimmte, viele Menschen erlitten im Krieg Traumata, verloren den Glauben an die Zukunft. Sie hatten an der Front Schreckliches erlebt oder in den Bombennächten ihre Liebsten, Freunde und Verwandten verloren. Sie standen vor den Trümmern ihrer Existenz. Verglichen damit war er gut durchgekommen. Für seine Existenzsorgen war er selbst verantwortlich und niemand sonst.

Er führte ein »beschämend nutzloses, faules Parasitendasein«, gestand er sich ein. »Er sah den Weg klar, der ihn in die Tobzelle dieses Hauses geführt hatte«, führte er den Gedanken weiter, setzte dann aber ab und überlegte. »Und doch verstand er nicht mehr, wie er diesen Weg hatte gehen können.« Wie sollte er dann sein Buch schreiben?

Es klopfte. Claire schon wieder. Ob er wenigstens *eine* Kippe für sie habe?

Ulla ging es deutlich besser. Mit Jutta, die ihre Mutti in der Marthastraße besuchte, saß sie im Garten und stopfte Strümpfe. Ihrer Übersiedlung in den Eisenmengerweg stand nichts mehr im Wege. Er würde noch bleiben. Erstens war er noch nicht ganz schlafmittelfrei, und zweitens hatte die Behandlung, die psychoanalytische, noch gar nicht begonnen.

Ein bisschen Abstand zu Ulla konnte auch nicht schaden. Erst vorhin hatte es wieder gekracht. Ulla war eifersüchtig, da unterschied sie sich kein Jota von Suse. Kaum hatte er gewagt zu sagen, dass er am liebsten Gertrud Kramer zum Tippen des Romans hier hätte, hatte Ulla ihm eine Szene gemacht. Dabei konnte er doch im Krankenhaus keine Sekretärin beschäftigen. Und schon gar nicht bezahlen. Ihm blieb nichts anderes übrig, als selbst in die Tasten zu hauen.

100 Seiten hatte er am 12. Juni geschafft, die gingen an die »Tägliche Rundschau«. Dieser Tage machte er nichts anderes als Abtippen. Die nächste Lieferung an Pereswetow war unterwegs, bevor er eine Rückmeldung erhalten hatte. Ein

paar Tage später schickte er Ulla mit den Seiten 201 bis 220 zur Redaktion. Es fehlten noch etwa 180 Seiten. Einen zusätzlichen Anreiz hatte er zu bieten: Sein englischer Verleger Richard Huntington von Putnam hatte sich gemeldet und nach einer größeren Arbeit gefragt. »Es wäre nicht nur für mich, sondern für Sie rühmlich, wenn vorher ein Vorabdruck in der ›Täglichen Rundschau‹ gelaufen wäre – so denke ich wenigstens.« Was die Russen darüber dachten, erfuhr er nicht. Er bekam wieder keine Antwort.

Die Post aus London gab Oberwasser. Am Dienstag nächster Woche hatte er einen Termin bei Major Colby vom englischen Geheimdienst, einer Oberabteilung des Secret Service. Da könnte er vorfühlen, wie man über die Wiederaufnahme des Geschäftsverkehrs zwischen ihm und seinem früheren britischen Verlag dachte. Schließlich gab es noch keinen Friedensvertrag, er war demnach noch feindlicher Ausländer.

Zu dem Gespräch mit Colby würde er Ulla mitnehmen. Eine attraktive Frau als Begleitung, das konnte nie schaden. Aber auf keinen Fall durfte er es sich mit den Russen verderben.

Ullas Ressourcen waren endgültig aufgebraucht, aller Schmuck verscherbelt. Fallada verfügte nur über Bücher. Seine schöne Bibliothek, an der er so hing. Es half alles nichts, er würde sich von vielem trennen müssen. 30 000, vielleicht 40 000 Mark sollte der Verkauf einspielen.

Wilhelm wollte helfen, aber ihm waren die Hände gebunden: Von dem Roman, für den der Verlagsleiter großzügig in Vorleistung gegangen war, gab es noch nichts zu lesen; stattdessen schrieb Fallada an einem Buch, das niemand in Auftrag gegeben hatte und von dem Wilhelm nicht mehr als den Arbeitstitel kannte. Der »Blechnapf« war inzwischen erschienen, doch statt der geplanten 30 000 Exemplare hatte man nur 15 000 drucken können – es mangelte an Einbandmaterial. Wilhelm war kein Unmensch, er wusste, unter welchem Druck sein Autor stand, und hatte einen Weg gefunden, ihm zu Geld zu verhelfen: Fallada verpfändete einen Teil seiner Bibliothek gegen ein sofort auszuzahlendes Darlehen von 5000 Mark an den Aufbau-Verlag. Das Geld ging sofort für Morphium drauf.

Wie sollte er die übrigen Bücher verkaufen, wenn sie noch in Carwitz waren? Der Transport musste organisiert und vor allem finanziert werden. Fallada schickte Ulla in die Rankestraße zu Keiper mit der Bitte um 1000 Mark und etwa 600 Zigaretten. Er gab ihr ein Schreiben an den Antiquar mit: Keiper möge ihm die Bleistiftlisten der »übergebenen Bücher sowie die Aufstellung der mir bar und unbar geleisteten Zahlungen übersenden« – Fallada hatte längst den Überblick verloren. Vereinbart wurde, dass Keiper das Geld am Wochenende vorbeibrächte, doch er kam nicht. Fallada wurde nervös. Wieder schrieb er einen Brief. »Die Bescheinigungen sind besorgt, der Lastwagen bewilligt und bereit, nur an der Pinke-Pinke liegt es jetzt. (Und an einigen Zigaretten zum Eintausch und zur Besänftigung unwilliger Gemüter.) Seien Sie noch einmal rasch hilfreich, sonst sind alle diese Vorbereitungen umsonst gewesen, und es kann wochenlang dauern, bis ich durch die Tagespresse mir das heute fehlende Geld mühsam zusammengeschrieben habe.« Diesmal kehrte Ulla mit einem prallen Umschlag zurück: Es konnte morgen losgehen.

Ulla kehrte aufgebracht zurück. War es wegen Suse, oder hatte der Transport nicht geklappt? Doch das war es nicht. Als Ulla in der Feldberger Bürgermeisterwohnung ihre dort verbliebenen Sachen abholen wollte, hatte sie erfahren, dass ihre Mutter gestorben war. Niemand hatte sie benachrichtigt. Sie durfte nicht an Muttis Sachen – alles beschlagnahmt zur Deckung der Beerdigungs- und Mietkosten. Fallada wusste kaum etwas über Frau Boltzenthal. Um ihre Mutter hatte sich Ulla nie gekümmert. Auch zu ihrer Schwester Alice pflegte sie keinen Kontakt. Ganz im Gegensatz zu ihm war sie kein Familienmensch.

Auch jetzt regte es sie vor allem auf, dass sie nicht an die Sachen kam. Noch im Mai sei die Mutter im Besitz von 700 Mark gewesen, jetzt habe man angeblich nur 50 Mark bei ihr gefunden. Wo war der Schmuck? Wo die drei Ringe, die Brillantohrringe, die Armbanduhr, alle anderen Wertsachen? Fallada sollte sofort einen Brief an den Bürgermeister aufsetzen und um Aufklärung bitten. Nicht bitten, Klärung fordern! Fallada zog ein Blatt in die Maschine ein. Als es um ihre eigenen Sachen gegangen war, war die Angelegenheit erfolglos im Sande verlaufen, hier würde es nicht anders sein.

Danach ging es endlich ans Auspacken. Eine weitere Fuhre fehlte noch. Fallada lag weniger an den Möbeln, die Bücher waren der größte Schmuck aller Zimmer. Goethes Werken, der Ausgabe letzter Hand mit allen 55 Bänden, räumte er einen Sonderplatz ein. Ansonsten musste er feststellen, dass die meisten Gesamtausgaben unvollständig waren – es fehlten immer ein oder zwei Bände. Mehr als ärgerlich, dadurch waren die Ausgaben entwertet, und er konnte nicht annähernd die Summen erzielen, die er sich ausgemalt hatte. Das konnte kein Zufall sein. Aber wer wollte ihm schaden? Die Fuhrleute kamen nicht in Frage, was wussten die schon von Literatur. Suse? Das würde sie nie tun. In Frage kam lediglich einer – einer, der sich auskannte und zur richtigen Zeit in Feldberg gewesen war: sein Schwager Ewald Losch. Nur mühsam beruhigte er sich wieder. Ulla dagegen nahm's leicht: Waren im Gegensatz zu Mutters Schmuck doch nur Bücher. Was dahin ist, ist dahin, und wenn manche Ausgabe auch nicht vollständig ist – zu lesen hatte er immer noch mehr als genug.

Suse hatte lange nichts von sich hören lassen. Dann bekam sie eben keinen Brief. Stattdessen schrieb er an Mutti. Suse sei ihm wohl böse, vermutete er. Dass sie ihm nicht eine Zeile geschickt habe, nicht einmal einen Gruß habe bestellen lassen, spreche für sich. »Aber sie soll das alles ruhig halten, wie sie will«, schrieb er der Mutter, »es macht mir keinen Kummer mehr, ich muss meinen Weg ohne sie machen, und es spielt keine Rolle, ob ich ihren Beifall habe oder nicht.« Mutti sollte das der Schwiegertochter ruhig weitererzählen.

Der zweite Brief ging an Rowohlt, schließlich musste er seinem alten Verleger doch sagen, dass er wieder auf dem Damm war. »Ich habe in letzter Zeit heftig gearbeitet und bin jetzt grade daran, einen umfangreicheren Band abzuschließen, der die Erlebnisse eines Deutschen von April 1945 bis Frühjahr 1946 schildert. Etwa 400 Schreibmaschinenseiten. Vorabdruck wahrscheinlich in der ›Täglichen Rundschau‹, Verleger leider Aufbau-Verlag.« Der Autor Fallada war höchst produktiv, das sollte Väterchen wissen.

Wilhelm hatte er den noch nicht fertigen Roman gegeben – vorab und vertraulich. Keine große Literatur. Die Zeit, da Fallada auf den Literaturnobelpreis spekuliert hatte, war längst vorbei. »Geld wird nicht bei Tage verdient«, war eins seiner Lieblingszitate, woher das stammte, war ihm entfallen. »Das Leben ist verdammt nicht billig«, schrieb er Rowohlt, »vor allem, wenn man im Rauchen immer wieder rückfällig wird und wenn man dann noch Wochen und Monate in Sanatorien und Krankenhäusern herumliegt. Dazu die stets hungrigen Kinder … Und eine junge Frau, die auch Ansprüche stellt, jedenfalls mehr als seinerzeit Suse … Aber, wie es aussieht, werden wir in Kürze die Karre wieder aus dem Dreck haben.«

»Meine Süße, mein Gold, nun ist also der große Donnerstag gekommen, und wenn es so gekommen ist, wie der Baltrusch gesagt hat, dass seine Leute hier um 2 Uhr morgens gestartet sind, und wenn sie keinen Aufenthalt unterwegs gehabt haben, so nähern sie sich zu dieser Stunde schon der Stadt Feldberg, wo Dich hoffentlich mein Telegramm erreicht hat und wo Du vielleicht grade jetzt die langen Beine aus dem Bett steckst.«

Der »große Donnerstag« war der 4. Juli 1946. Morgens um 7 Uhr 45 schrieb Fallada an Ulla, die vorausgefahren und im »Mecklenburger Hof« abgestiegen war. Die letzte Fuhre, dann hatten sie alles aus Feldberg abgeholt, und Mecklenburg war für sie beide Geschichte. Fallada hatte den Transport generalstabsmäßig vorbereitet, mit dem Fahrer die Strecke besprochen – über Gransee, Fürstenberg, Lychen und Beenz nach Feldberg. Säcke und Planen sollte er dabeihaben. Zwei Anhänger à acht Tonnen einladen, diesmal durfte wirklich nichts zurückbleiben.

Fallada wollte wieder nicht mit, er mied Feldberg konsequent. Ulla maulte, dass er sie allein ließe, aber er hatte eine Ausrede. Mutter Möller würde ihn aus der Marthastraße nicht entlassen. Doch ein herzliches Willkommen wollte er ihr bereiten, deshalb dieser Brief.

Er freue sich darauf, schrieb Fallada seiner Ulla, dass sich ihr Haus »in den kommenden Wochen unter Deiner Hand doch zu einem wirklichen Heim verwandeln wird, dass wir uns sehen werden, bald, heute oder morgen« – nun wurde er in seiner Wiedersehensfreude frivol – »dass ER bei Deinem Anblick gewiss das Gewehr präsentieren wird und seine Königin grüßen, dass wir also wieder vereint sind zu allem Schönem und Törichtem auf der Welt«!

Gestern war er im Eisenmengerweg gewesen. In der Nacht waren etliche fast reife Pfirsiche heruntergefallen. Uli, der den Transport für ein paar Ferientage in Carwitz nutzte, musste das betrüben. Jutta aber hatte sie sich schmecken lassen und er selbst auch einen probiert. An den Sträuchern saßen viele reife Himbeeren. Er hatte Porree ausgesät, zwischen den Salatköpfen, und die Tomaten ausgegeizt. Fast hätte es ein Gewitter gegeben, Regen war schon wieder nötig, aber nach wenigen Tropfen zog es vorbei. Sie müssten den Garten gießen.

Was er im Haus gesehen hatte, gefiel ihm weniger. Frau Hermann war mit der Wäsche zugange gewesen, hatte jammernd geklagt, an diesem Überzug müsse sie mindestens drei Stunden flicken. Danach wollte sie Juttas Essen kochen, aber als er um 12 Uhr ging, brannte noch immer kein Feuer im Herd. Kurzerhand nahm er das Mädchen mit in die Marthastraße. Das sei aber auch keine Lösung – das Mädchen unter all den Nutten. Wenn sie alle zurück wären, müsste man Frau Hermann auf die Finger schauen.

Vor dem Besuch am Eisenmengerweg hatte er dem »Herrn Präsidenten« seine Aufwartung gemacht. Becher war liebenswürdig und erzählte von seiner Reise nach Süddeutschland. Trotz der etwas besseren Lebensmittelversorgung ginge es ihnen hier entschieden besser als denen drüben im Westen, befand er. Auf dem Tisch lag eine Rechnung von der Zigarettenfabrik Garbáty. »Er bekommt die Dinger also direkt von der Fabrik. Sie lautete auf etwa 4000 Zigaretten, die ihn etwa 2000 Mark und etwas darüber kosteten. Wenn man das bedenkt, ist er ja noch immer verhältnismäßig großzügig mit

seinem Weggeben, wenn man seinen sonstigen Geiz bedenkt.« Becher sprach ihn nicht auf die immer noch offenen
300 Mark an, die ihm Fallada schuldete, und von sich aus
sagte er auch nichts.

Noch etwas hatte er in Bechers Wohnzimmer entdeckt
oder glaubte zumindest, es entdeckt zu haben. Dort, wo
sonst »das scheußliche Bild von G. Hauptmann« hing – war
das nicht Ullas Hafenbild? »Hast Du ihm denn das auch
geschenkt und wann? Ich finde, Herr Becher empfängt ein
wenig reichlich viel. Er sprach sich übrigens auch dahin aus,
dass Du gar nicht gut aussähest, womit er wohl Deine Gesundheit meinte«, das wollte Fallada seiner Frau nicht vor-
enthalten. Nachdem er Bechers Gemüsekulturen besichtigt
und gelobt hatte – kein Wunder, der Mann hatte einen Gärt-
ner –, verabschiedete er sich und war »fest entschlossen, diesen Anstandsbesuch nicht so bald zu wiederholen«.

Den Brief an Ulla deponierte er im Schlafzimmer und
legte zwei Fünfzigmarkscheine dazu, Trinkgeld für die Fuhrleute. Die zwei amerikanischen Zigaretten waren für sie bestimmt, ebenso die Schachteln mit den deutschen, aber falls
notwendig auch für die Fahrer. Dazu zwei Schlaftabletten.
Und »100.000.000.000.000.000.000.000.000.000000000
00000 gute Küssings überallhin, ja, auch dahin«.

Es war nicht glatt gegangen, wie Fallada bald erfuhr. Ulla
hatte einiges bereits in Feldberg verkauft, den Gewinn allerdings gleich in alkoholische Getränke investiert. Eine Flasche
hatte sie den Spediteuren geschenkt. Das hätte sie besser
bleiben lassen: Mit steigendem Alkoholpegel wurden die
Männer immer unangenehmer. Am Schlagbaum des Städtchens kam es zu einem Zusammenstoß mit den Russen, die
sie nicht passieren lassen wollten. Vielleicht wollten sie sich
auch nur einen Spaß mit der Frau erlauben – Ulla war jedenfalls mit den Nerven fertig, als glücklicherweise Becher
vorbeikam und die Situation schlichtete. Er stand Ulla auch

beim Abladen beiseite. Allein seine Anwesenheit bewirkte, dass die betrunkenen Männer die Sachen nicht einfach auf die Straße warfen, sondern Ullas Anweisungen befolgten, was in welches Zimmer gehörte.

Becher lud Ulla anschließend auf einen Schluck zu sich ein. Er erzählte ihr, was er neulich mit den Russen erlebt hatte: Als er den Genossen Ackermann besuchen wollte, sei vor Piecks Haus ein betrunkener Leutnant auf ihn zugestürzt und habe ihn, mit einer Pistole herumfuchtelnd, als »deutsches Schwein« tituliert, worauf er zu den Piecks geflüchtet sei, die Tochter habe ihn reingelassen und die Tür schnell wieder zugemacht. Der Leutnant habe, Mutterflüche ausstoßend, versucht, in die Wohnung einzudringen. Eine volle Stunde hatte Becher es nicht gewagt, das Haus zu verlassen. Auf seine Beschwerde bei Oberst Tulpanow am nächsten Tag sei nichts passiert.

Ulla mochte das kaum glauben. Becher war ein einflussreicher Mann, Kommunist, der im Parteiauftrag das Kulturleben nicht nur in der sowjetischen Zone, sondern in Berlin und Deutschland organisierte. Und doch war er durchaus nicht unantastbar, das wusste er nur zu gut. Mit den Russen, von deren Gnade sie alle lebten, war nicht zu spaßen. Was Fallada in seinem neuen Buch geschrieben hatte, ging gar nicht, Vergewaltigung war ein Tabu. Der Abschnitt, wie Uli unter »Werwolf«-Verdacht geriet und nur durch das Eingreifen des Vaters gerettet wurde, auch das würde niemals durchgehen. Das könne Ulla ihrem Mann ruhig schon mal ausrichten.

Fallada schrieb erbost an Wilhelm. »Wie Ihnen erinnerlich sein dürfte, habe ich Ihnen das Manuskript meiner neuen Arbeit nur zum eigenen Gebrauch gegeben und Sie *sehr* gebeten, darüber nicht mit andern zu sprechen. Ich erfahre nun zu meiner Betrübnis, dass noch nicht eine Woche nach Übergabe des Manuskriptes an Sie Herr Becher genau über den

Inhalt der Arbeit unterrichtet ist. Da nach den Äußerungen, die Herr Becher meiner Frau gegenüber getan hat, ein Verlag des Buches durch Sie doch nicht in Frage kommt, wäre ich Ihnen für baldige Rückgabe des Manuskriptes sehr dankbar.« Auch die »Täglichen Rundschau« bekam einen Brief, mit dem er den Text zurückzog. Gut, dass Pereswetow die 220 Seiten noch nicht gelesen hatte. Natürlich hätte er sich denken können, dass der Text bei Becher landete, egal, was immer Wilhelm ihm versicherte. Das war naiv von ihm gewesen.

Fallada suchte nun einen Weg, wie das Buch zu retten wäre. Aufgegebene Pläne, gescheiterte Projekte, das gehörte zum Schriftstellerleben. Aber dieses Buch, über dem er seit Monaten schwitzte, war doch zu wichtig, um es einfach fallen zu lassen. Er hatte das Gefühl, erst wenn er das geschrieben hatte, wäre er wieder frei für neue Romane.

Doch auch von der Darstellung der Russen einmal abgesehen – da war Fallada zu Änderungen bereit –, passte das Buch nicht ins kulturpolitische Konzept. Für seine ausländischen Verleger hatte er vorauseilend eine Inhaltsangabe verfasst. »Der Schriftsteller muss beim Einmarsch der Sieger erfahren, dass all sein Hoffen auf ein Nachlassen des Druckes, unter dem er zwölf Jahre der Naziherrschaft hindurch gelebt hat, verfehlt ist: er fühlt sich wie ein Paria. Er kann die Nazis nicht mehr hassen und seine Leidensgenossen nicht mehr lieben. Eine grauenvolle Apathie hält ihn umfangen: er glaubt nichts mehr, er hofft auf nichts mehr, nichts interessiert ihn mehr.« Das klang nach blankem Nihilismus, nicht nach Willen zum Aufbau, dem sich der Verlag schon mit seinem Namen verschrieben hatte. Die Krankengeschichte konnte nur der erste Teil sein, dem ein zweiter folgen musste: »Die Genesung«. Das war die Lösung, nur war er schon so weit?

Eine gute Nachricht gab es wenigstens. Wilhelm teilte ihm mit, dass der Aufsatz über die Gedichte von Sas – Fallada hatte auf Wunsch der Kenterin einige kleine Korrekturen vorgenommen – von der Redaktion des »Aufbaus« angenommen worden sei. Demnächst würde auch wieder sein Name im Impressum in der Spalte »Ständige Mitarbeiter« stehen.

Es war wieder Sonntag, er schrieb an Mutti. Heute wolle er mit Ulla den Velours im Arbeitszimmer auslegen. Sie habe aus eigener Ernte acht oder zehn Gläser Marmelade gekocht: Himbeeren, Johannisbeeren, Kirschen, Pfirsiche. Der Tabak wächst, die Tomaten sehen glänzend aus.

Nach so viel häuslichem Idyll kam er auf Suse zu sprechen, die ihm noch immer nicht geantwortet hatte. Reumütig gab er zu: »Sicher hätte ich in den vergangenen Monaten, da ich sinnlos Unsummen für M. verschleuderte, ihr auch einmal Geld senden können – es wäre wirklich nicht darauf angekommen. Aber eben grade durch meine Leidenschaft war ich eigentlich immer in der Bredouille, und oft war nicht das Geld für das Nötigste im Haus. So ist alles unterblieben, was ihr nicht diente, sei es nun Suse oder die elektrische Rechnung oder die Miete.«

Obwohl sie alles Verkäufliche veräußert hatten, war er aus dieser Zeit mit annähernd 35 000 Mark Schulden herausgegangen »Ich bin ein armer Mann geworden, und ich kann, wie viel ich auch verdiene, nie mehr als 1000,– RM behalten, so bestimmen es die neuen Steuergesetze.« Kurtz, Chefredakteur und Mitbesitzer des »Nacht-Express«, verdiente jährlich 750 000 Mark, von denen er 738 000 Mark als Steuern abführen musste, auch ihm verblieben nur 12 000 Mark jährlich.

Mücke in ihrem Berliner Haushalt mit durchzufüttern, das ginge, aber mehr als die vorgeschlagenen 200 Mark Kostgeld für seine Mutter nach Carwitz zu überweisen sei unmöglich. »Ich hoffe, Suse geht auf mein Angebot ein. Wenn sie weiter mit mir schmollt, so muss ich das eben ertragen. Das bestätigt mir nur wieder, dass ich in vielen Punkten doch ihren letzten Endes eigensüchtigen und nichts dazu lernenden Charakter richtig beurteilt habe.«

Böse Worte, aber damit wollte er nicht schließen. »Die Sonne scheint, die Glocken läuten, der Blick ins Grüne ist bezaubernd. Wir grüßen Dich alle herzlich und wünschen Dir gute Tage. Und sage Mückchen, an ihrem Geburtstag werden wir ihr zu Ehren alle Mücken leben lassen, auch die piekenden!«

Für Suse keinen Gruß.

Er hatte sich in der Marthastraße eingenistet, wo ihn Mutter Möller gut versorgte und er ungestört arbeiten konnte. Die Damen des Hauses hatten das Interesse an ihm verloren.

Als Kind hatte er begeistert »Robinson Crusoe« gelesen. Was heißt gelesen – er war darin versunken. Andere hatten viele Seiten überschlagen, nur um endlich zu der Stelle zu kommen, wo Robinson eines Tages im Sand einen Fußabdruck entdeckt, der größer ist als der seine … auf menschliche Knochen und Schädel stößt, offenkundig die Überreste eines Mahls von Kannibalen … wie Robinson einen entflohenen Wilden vor den Kannibalen rettet, ihn Freitag tauft und die beiden treue Gefährten werden. Doch das alles hatte Fallada nicht mehr interessiert. Allein auf einer einsamen Insel, das hatte ihn fasziniert. Wie Robinson sich eine Höhle baut und einrichtet, sich darin vergräbt. Falladas Robinson brauchte keinen Freitag, er war sich selbst genug, wollte sich verkriechen vor der Welt.

»Robinson im Gefängnis«, diesen Roman hatte er schließlich nicht geschrieben, aber er hatte Teile davon im »Blechnapf« verwendet. Das Motiv hatte ihn stets begleitet, und so hatte er es auch seinem Helden in »Kleiner Mann – was nun?« zugeschrieben: »Nun gut, der Robinson ging durch Pinnebergs Leben mit. Manchmal trat er ganz zurück, spielte keine Rolle in diesem Leben, das waren die Zeiten, wenn Pinneberg sorgenlos war, wenn er sein Auskommen hatte und eine wirklich gemütliche Bude. Aber wurde das Geld knapp, taten die Menschen einem was, so machte er abends das Licht aus und lag lange noch im Dunkeln und war Robinson.« Wurden die Sorgen aber übermächtig, schien Robinsons Welt keine Sicherheit zu bieten. »Eine Insel war gut, aber auf eine noch so abgelegene Insel konnte jeder andere kommen. Gut, man legt einen Ring Riffe darum, über die kein Schiff, kein Boot herkann, dann blieben die Flieger.« So erfand er einen Felsenkessel, in dem kein Flugzeug landen konnte. Und doch: »Keine Sicherheit, Pinneberg, der Flieger warf eine Bombe. Und da blieb nun das Letzte: sich von der Welt zurückziehen, einen Schacht graben, einen Gang in die Erde und am Schluss des Ganges eine beutelartige Höhle wie ein Hamsternest.«

Das hatte er 1932 geschrieben, stand dann aber gar nicht im gedruckten Buch, sondern war der Kürzung zum Opfer gefallen.

1944 waren die Flieger tatsächlich gekommen und hatten die Bomben abgeworfen. Aus Robinson im Gefängnis war Robinson im Bombentrichter geworden.

Auch in seinem jetzigen Roman ließ er Robinson als Einschlafphantasie wiederaufleben. Diesmal hatte er jedoch das Gefühl, er müsste noch einen Kommentar dazusetzen: »Im Grunde aber – und das wusste Doll seit der Lektüre Freud'scher Schriften recht gut – bedeutete diese Felsenhöhle oder der geschützte Talkessel nichts anderes als den Schoß der Mutter, in den sich der Bedrohte zurückwünschte. Dort allein war sichere Stille gewesen, und die südliche Sonne, die er stets auf sein Robinsoneiland scheinen ließ, das war das große heiße Herz seiner Mutter, das ihm gnädig und unermüdlich die Strahlen ihres warmen Blutes sandte!«

Am nächsten Morgen lässt er seine Romanfigur froh aus dem Bett springen, »begierig, den ersten wirklich tätigen Tag nach dem Zusammenbruch all seiner Hoffnungen zu beginnen«. Es folgte das zehnte Kapitel »Robinson geht in die Welt«.

Er selbst blieb vorerst im geschützten Raum von Mutter Möller. Geschützt war er hier auch vor sich selbst: vor einem Rückfall in die Sucht. Auch war es bequem; wenn ihn die Sehnsucht überkam, konnte er in fünf Minuten im Eisenmengerweg vorbeischauen.

Es gab immer zwei Falladas. Der eine liebte das Familienleben, wollte alle zu den Mahlzeiten um sich versammeln und mit den Kindern spielen, ihnen Geschichten erzählen und Schabernack treiben. Der andere wollte allein sein, ein Robinson auf der Insel, unbelästigt von aller Realität.

Der eine lebte im Eisenmengerweg, der andere in der Marthastraße.

Er hatte Ewald Losch zu Unrecht verdächtigt. Bei dem nächtlichen Büchertransport vom Blockhaus in Feldberg waren einige Bände vom Wagen heruntergefallen, die seine Mutter anderntags aufgehoben hatte und die jetzt für ihn in Feldberg lagen: Schiller Band 5, Heine Band 8, Hauff 10 bis 12, Herder 15, Dehmel VIII, Bettina von Arnim 1, Nietzsche 7, 12 und 21.

Aus den Altbeständen von Seifen-Losch hatte Ewald Rasierseife geschickt, eine nette Geste. Fallada hatte geklagt, dass er sich seit Monaten mit stumpfen Rasierklingen und Rasilind, diesem schmierigen Zeug, herumplage, das hatte sich der andere offenbar gemerkt. In Unkosten hatte sich der Schwager dabei nicht gestürzt. Auf der Packung stand: »18 Pfennig Kleinverkaufspreis ohne Rabatt«.

Inzwischen hatte er einen Überblick, was ihre Schulden betraf. Er würde so bald wie möglich allen Verpflichtungen nachkommen und die berechtigten Forderungen erfüllen, bei den seriösen Geschäftsleute ebenso wie bei den dubiosen Bekanntschaften von Ulla. Auch Pummel sollte sein Geld bekommen.

Verschämt hatte ihm Ulla einen Brief von Vera gezeigt, in dem diese ihr die Freundschaft aufkündigte und schwere

Vorwürfe erhob. Ulla war außer sich, Vera sei für sie gestorben. Sie wollte den Brief in den Müll werfen. Das aber hätte bedeutet, auf alles zu verzichten, was die Krämers als Pfand von ihnen hatten. Fallada nahm Ulla den Brief aus der Hand, er würde schreiben. Aber nicht nachgeben, schäumte sie und ließ ihn allein.

Bemüht um einen moderaten Ton, schrieb er, er könne nicht glauben, dass das nun das Ende ihrer Bekanntschaft sein solle. Über die Abrechnung müssten sie noch einmal sprechen. Der helle Mantel sollte ein Teil des Kaufpreises für den Pelz sein, das sei zwischen den Frauen so abgemacht worden, vor Zeugen. Doch am besten würde er die strittigen Fragen mit Werner klären, den er als einen Menschen verwandter Denkungsart kennengelernt habe. In puncto Geld bitte er noch um etwas Geduld. »Ich möchte nicht gerne, dass Ulla die chinesischen Vasen verkauft – etwas von ihren Sachen aus früherer Zeit soll sie doch auch behalten. Ich hole sie dann gelegentlich bei Euch.«

Als Kurtz wieder einmal auf seinem Nachhauseweg bei ihm reinschneite, konnte ihm Fallada ein Exposé in die Hand drücken. »Der Flapper. Idee zu einem dreiaktigen Lustspiel von Rudolf Kurtz« stand auf dem Deckblatt. Geschrieben hatte es Fallada, der sich damit als Koautor empfahl.

»An einem Theater lebt eine sehr junge Schauspielerin, nicht unbegabt, nicht übermäßig begabt, intrigant, neidisch, frech, mit unverschämten Redensarten: ein rechter Flapper. Dieses Mädchen bekommt eines Tages von einem berühmten Dramatiker einen Brief, in dem sie aufgefordert wird, ihn doch bald zu besuchen.« Sie glaubt, ihre Stunde sei gekommen, der Mann werde ihr eine große Rolle geben, doch er behandelt sie mit schneidender Kälte und sagt: »Sie sind das frechste, neidischste, skrupelloseste Geschöpf an Ihrer Bühne. Sie gönnen niemand auch nur den kleinsten Erfolg. Sie lügen hemmungslos, intrigieren ständig, würden über Leichen gehen zum Erfolg.« Um ihr das zu sagen, braust sie auf, habe er sie kommen lassen? Er fragt sie kühl, ob sie fünfhundert Mark verdienen will. Am Abend werden drei Frauen bei ihm zu Gast sein: eine große Schauspielerin, eine Dame von Welt und eine zärtliche Geliebte. Eine von den dreien wolle er heiraten, könne sich aber nicht recht entscheiden. Der Flapper solle sich benehmen wie immer: unverschämt, taktlos, vorlaut. Mit ihrem Auftritt entlarvt sie alle drei Frauen, eine nach der anderen verschwindet. Am Ende bleibt der Mann mit dem Flapper allein, und wie die Geschichte weitergeht … nun, das konnte sich Kurtz selbst denken.

Zu seinem Geburtstag am 21. Juli war Fallada wieder zu Hause. Ewig konnte er nicht unter Kupkes Aufsicht im Krankenhaus bleiben. Gefeiert wurde ganz bescheiden mit der kleinen Familie im Eisenmengerweg. 53 Jahre, das war eigentlich kein Alter. Aber er fühlte sich alt, war ein Grauschimmel geworden. Es gab zu seiner Freude Kirsch- und Aprikosenkuchen, Ernte aus eigenem Garten, dazu eine aus Trockenmilch und Zucker hergestellte Schlagsahne.

Gäste kamen keine, und Geschenke gab es nur in bescheidenem Maße, wenn er da an früher dachte. Von Ulla bekam er eine Taschenuhr. Becher war zur Erholung in Ahrenshoop und gratulierte per Post. Wilhelm hatte sich entschuldigt, er war außer Landes. Das größte Geburtstagsgeschenk aber hatte ihm der Verlag im Vorfeld gemacht: Wilhelm hatte sich, wahrscheinlich nach Rücksprache mit Becher, zu einem weiteren Vorschuss breitschlagen lassen. So hatte sein Autor darangehen können, seine Gläubiger zu befriedigen. An seinem Geburtstag war er schuldenfrei!

Frau Hermann hatten sie gekündigt und eine andere Lösung gefunden. Was sollten sie auch mit sieben Zimmern? Das alte Souterrainzimmer von Jutta bewohnte jetzt Gertrud Paul, eine junge Frau, die aus der Lausitzer Gegend hatte fliehen müssen, zusammen mit ihrer siebenjährigen Tochter

Bärbel. Da hatte Jutta endlich eine Spielgefährtin, beide sollten gemeinsam eingeschult werden. Die Paul schien, was den Haushalt betraf, tüchtig zu sein, außerdem besaß sie ein heiteres Temperament, das konnten sie im Eisenmengerweg gebrauchen.

Uli wurde immer verschlossener, Anschluss hatte er noch keinen gefunden. Mit seinen Privatlehrern war er gut vier Stunden täglich beschäftigt, das kostete 200 Mark pro Monat, Kontakt zu Gleichaltrigen aber hatte der Sohn keinen. Auch für Mücke, wenn Suse sie wirklich fortließ, würde er Nachhilfe organisieren – und bezahlen! – müssen. Englischkenntnisse hatte sie praktisch keine. Ulla war schon eifrig dabei, alles zu organisieren, die notwenigen Anmeldungen bei den Ämtern, nicht zuletzt die Kartenzuteilung. Daneben hatte sie noch andere Pläne, auf die nur sie kommen konnte: Die Kinder sollten gleich im Herbst in eine vernünftige Tanzschule, um ein bisschen Anmut zu lernen. Uli schwieg dazu, Mücke war nicht begeistert. Ihr schrieb der Vater: »Warum Tanzstunde Puh –?!!! Du sollst mal sehen, das wird ganz nett, und vor allem sollst Du dadurch eine gewisse Unbeholfenheit verlieren und gelenkiger werden. Nimm es als eine Art amüsanten Turnunterricht – es wird Dir schon viel nützen.«

Bei Fallada schrillten alle Alarmglocken, als er hörte, die Krämers seien bei Becher gewesen. Ihr Streit war eine private Auseinandersetzung, das ging keinen etwas an. Werner hatte gepetzt und behauptet, gegen Fallada zu prozessieren, was nicht stimmte. Zumal sie gegenüber Becher behauptet hatten, sie hätten alle Sachen verkauft – Pelz, Vase und was sie den Krämers sonst noch als Pfand gegeben hatten –, schon damit bei einer Hausdurchsuchung nichts mehr gefunden würde.

Diese Ganoven! Was waren das für Leute, mit denen sie sich da eingelassen hatten.

Gegenüber Becher spielte Fallada die Angelegenheit herunter. Aber er musste handeln, Krämer mundtot machen und vor allem ihre Sachen zurückholen, sofort, bevor es zu spät war. Oder hatte der Betrüger sie wirklich schon verkauft? Fallada brauchte juristischen Beistand.

Rechtsanwalt Dr. Harald Graser war eine Empfehlung von Rudolf Kurtz. Bloß keinen Kommunistenanwalt, hatte er gemeint. Graser residierte am Kurfürstendamm, Krämers wohnten in Dahlem. Wenn Fallada die Sachen wiederhaben wolle, dann wäre Graser der richtige Mann, um zu vermitteln.

Er schanzte wieder an dem verdammten Buch, als die Post kam. Suse hatte geschrieben, da legte er alles andere zur Seite. Angefangen hatte sie ihren Brief an seinem Geburtstag, doch erst heute, vier Tage später, war sie dazu gekommen, ihn auch zu Ende zu bringen. Am letzten Mittwoch waren in Carwitz neue Flüchtlinge, jetzt Umsiedler genannt, eingetroffen, diesmal aus der Slowakei. Suse hatte eine dreiköpfige Familie aufnehmen müssen, das gab eine große Umräumerei, diesmal mussten die beiden Kinderzimmer dran glauben. Inzwischen hatte sie von Mutti erfahren, was Fallada ihr geschrieben hatte. So war es ja auch gedacht, da durfte er sich nicht wundern, dass der Tonfall schlagartig schärfer wurde.

Zuerst zum Geld. Wie er zu der Meinung komme, sie würde auf ihren Vertrag pochen? Sie habe ihn lange in keiner Weise bedrängt, doch jetzt ginge ihr Geld auf den Rest, so dass sie die Wiederaufnahme der Zahlungen fordern müsse. »Und zwar hatte ich um den Vorschlag einer festen Summe gebeten, mit der ich rechnen & mich einrichten könnte.« Es sei ihr absolut klar, dass es nicht auf der alten, einmal vertraglich festgesetzten Basis von 500 Mark monatlich weitergehen könne. Doch wie solle sie den Satz verstehen, dass er ihr ab 1. August, »gewissermaßen als Kostgeld für Mutti«, 200 Mark schicken wolle? »Heißt das, dass diese Zahlung, wenn Mutti einmal nicht mehr ist, erlischt? Ich hatte ja um die Wiederaufnahme der Zahlungen *an mich* gebeten, zu denen Du ja ganz entschieden verpflichtet bist. Wie Du ja auch für die Kinder unterhaltspflichtig bist.«

Schweren Herzens nur gebe sie Mücke zu ihnen, möchte aber gleich etwas klarstellen: »Dass Ihr M. nehmt bzw. genommen habt, ist Eure eigene Angelegenheit. Da aber meine Kinder mit in Eurem Hause leben bzw. leben werden, geht es mich sehr viel an. Ich habe in den letzten Monaten um Uli genug Angst ausgestanden.« Sollte sie erfahren, dass sie wieder Morphium nehmen, werde sie Mücke sofort zu sich zurückholen.

Suse konnte man nichts vormachen. Und sie hatte ja recht. Wenn er daran dachte, welche Szenen Uli in ihrer schlimmsten Zeit miterlebt hatte, schämte er sich. Das durfte nicht noch einmal passieren.

Der »große Donnerstag« las sich im Buch anders, als der Tag in Wirklichkeit verlaufen war. Becher alias Granzow hat ihn ermutigt, statt seine Bücher zu verscherbeln, beim Verlag um einen weiteren Vorschuss zu bitten. Der Verleger – Wilhelm alias Friedrich – ist nicht kleinlich, und nach zehn Minuten verlässt Doll mit geschwollener Brieftasche den Verlag. Auf dem Postamt füllt er Überweisungen aus und begleicht alle seine Schulden.

»Er ist von schweren, ihn lange quälenden Sorgen befreit, er sieht einen Weg vor sich … Plötzlich hat er es eilig, wieder heimzukommen. Diese traurige, schmutzige Höhle, plötzlich nennt er sie Heim!

Und siehe, als er um die Ecke biegt und das letzte Ende der Villenstraße übersieht, da ist es dort lebendig geworden! Ein Lastzug hält vor seiner Tür, er sieht die Kinder den Männern beim Schleppen helfen – ach du lieber gnädiger Himmel du, gerade tragen sie seine Bücher ins Haus! Die Regale werden sich doch wieder füllen, die Höhle wird zum Heim werden, sie haben es noch einmal geschafft! Fast läuft er das letzte Stück …

Er findet Alma rauchend in einem Sessel sitzen, wie sie die Möbelträger dirigiert. Sie hat die Zeit seiner Abwesenheit benutzt, die Spuren der staubigen Lastwagenfahrt zu beseitigen, jetzt sieht sie wieder frisch und jung aus …

›Da staunst du‹, ruft sie ihm entgegen, ›jawohl, ich habe noch den Lastwagen und den Anhänger vollbekommen. Nun ist alles hier. Wir brauchen nicht noch mal zu fahren. Das Drecknest ist für immer erledigt. Alle deine Bücher sind hier – freust du dich? Habe ich es gut gemacht?‹

Natürlich freut er sich, er gibt ihr auch einen Kuss. Aber dann erkundigt er sich doch eilig, ob Alma wohl auch für ihn eine Zigarette habe –?

›Aber eine ganze Packung –!‹, ruft sie. ›Armer Junge, rauchert es dich so –? Hier: nimm! Und ich habe noch etwas für dich: Zwei Flaschen Schnaps habe ich in der Tasche! Die Leute sollen auch davon haben, sie haben tüchtig gearbeitet. Zieh bloß kein Gesicht, dass ich zu viel Geld ausgegeben habe. Der Schnaps ist dort im Nest billig: Noch nicht vierzig Mark kostet die Flasche!‹

Sie hatte noch rasch all den Schraps verkauft, der nicht mehr auf den Wagen ging. ›Altes Zeugs, das wir nicht gebraucht hätten: Matratzen, Rohholzmöbel. Und jetzt wollen wir mit einem Schnaps auf ein besseres Leben anstoßen. – Prost!‹

Sie stießen an, sie tranken. Sie dehnte sich wohlig. ›Oh, das tut gut nach der langen staubigen Fahrt! Bin ich froh, dass auch das hinter mir liegt! Und dass ich alles geschafft habe! Bis nachts drei Uhr haben wir noch aufgeladen – ja, wir sind fleißig gewesen, du darfst mir ruhig noch einen Kuss geben zum Danke! Wie glücklich ich bin!‹

Er küsste sie, dieses verwöhnte Kind, das jetzt bereit war, den Weg der Arbeit und der strengsten Sparsamkeit mit ihm zu gehen. Er sah sie an, wie sie da lächelnd saß, in all dem Glück, ihrer Jugend und Gesundheit, froh über das Erreichte.«

Am Sonntagmorgen schlief alles noch fest, nur Fallada war schon wach. Eben hatte er den Roman abgeschlossen. Das tat gut nach der monatelangen Quälerei, doch euphorische Gefühle wollten sich nicht einstellen. Es war ihm nicht wirklich gelungen, zu Papier zu bringen, was ihm vorgeschwebt hatte.

Trotzdem, er hatte sich einen Mühlstein vom Hals geschafft, das musste gefeiert werden. Heute gab es ein Festmahl, auf das er sich schon freute. Einen Kalbsbraten – zweieinhalb Pfund (mit Knochen, auch wenn kleinen) – hatte Ulla ergattert, dazu grüne Bohnen, die ersten des Jahres. Die eigenen im Garten waren noch nicht reif, und die Zwiebeln sollten nicht gegessen, sondern als Steckzwiebeln für das nächste Jahr genutzt werden. Uli, der Obergärtner. Wenn Fallada an seinen Sohn dachte, war er ganz der stolze Vater.

Nach dem »großen Donnerstag« war er im Roman schnell auf den Schluss zugesteuert. Doll geht ein letztes Mal zurück ins Krankenhaus, morgen wird er sein Heim neu aufbauen. »Er ist wieder gesund, er spürt Arbeitslust in sich, er glaubt an die Zukunft. Und man kann nicht an die eigene Zukunft glauben, ohne an die Seinen, den näheren Kreis, das ganze Volk, ohne an die Menschheit zu denken.« Hohes Pathos: das ganze Volk, die Menschheit … ging es nicht etwas kleiner? Der Schriftsteller Hans Fallada schilderte den Alltag der Menschen, da war er glaubwürdig. Politische Deklarationen waren seine Sache nicht, das sollte er lieber sein lassen. Richtig war: An die eigene Zukunft konnte man nur glauben, wenn man an die Seinen dachte.

So langsam bekam alles wieder seine Ordnung. Dass Frau Paul mit ihrer Tochter eingezogen war, hatte sich als Gewinn herausgestellt. Jutta lebte auf, meist war sie mit Bärbel im verwilderten Garten der unbewohnten Villa gegenüber zugange.

Einen neuen Hund hatten sie auch, der hing an Ulla. Wolf tat niemandem etwas zuleide, hatte eher Angst, dass man ihm etwas tat. Der dritte Brumbusch, wie sie in Anlehnung an die Carwitzer Tradition den letzten Hund genannt hatten, war von einem Auto überfahren worden, und Ulla hatte ihn einschläfern lassen müssen.

Sein »Krankheitsbericht« – den Romantitel musste er noch finden – mündete in einer bloßen Behauptung. Auf seinem Rückweg empfindet Doll zum ersten Mal, dass Frieden herrscht. »Er ist glücklich. Im Einklang mit sich selbst. Im Gleichgewicht. Gesund geworden – für ein friedevolles Leben gesund geworden.«

Fallada suchte einen Weg, sein Alter Ego Doll hatte ihn bereits gefunden: »Er sieht seinen Weg vor sich, die allernächsten Schritte, und sie bedeuten Arbeit, Arbeit, Arbeit.« Weiterleben und arbeiten, das ist die Parole. Dass es so einfach nicht ist, wusste Fallada, und so konnte er die Aufforderung nicht einfach für sich stehen lassen. »Hinter diesen Schritten fängt wieder das Dunkel an, das für jeden Deutschen heute die Zukunft verfinstert, aber daran will er nicht denken.«

Ein Damoklesschwert hing über ihnen. Hoffentlich mussten sie nicht aus dem Städtchen fortziehen, wo sie sich gerade ihr Heim eingerichtet hatten. Fallada hoffte auf den Rückhalt bei den Offizieren der »Täglichen Rundschau«. Jetzt, da der Roman fertig war, musste er dringend wieder etwas für die Russen schreiben.

Der Roman, wer wusste es besser als der Autor, stimmte vorn und hinten nicht mit den Tatsachen überein. Vorn hatte er das Regime der Russen in Feldberg geschönt bis zur Verlogenheit, hinten war das Happy End aufgesetzt, die Wandlung des Helden kam ebenso überraschend wie unglaubwürdig. Es gab auch Passagen, da war der Erzähler Fallada in seinem Element, etwa bei dem Konflikt mit »Freischlucker« Faken-Willem, der nächtlichen Ankunft in der Ruinenstadt und den Scharmützeln in der Klinik mit Schwester Trudchen. Das war gut getroffen. Aber die Figuren wurden nicht lebendig, ihre Handlungen blieben unmotiviert, kurz: es passte nichts recht zusammen.

Nichts, worauf er besonders stolz sein konnte. Aus dem hochfliegenden Plan »Fallada sucht einen Weg« war eine Verlegenheitsarbeit geworden, in der um den heißen Brei herumgeredet wurde. Bitter, wenn man das als Autor in dem Moment schon weiß, in dem man die letzten Sätze schreibt.

Ein Vorwort musste es richten. »Der Verfasser dieses Romans ist keineswegs zufrieden mit dem, was er auf den folgenden Seiten schrieb, was der Leser jetzt gedruckt vor sich hat. Als er den Plan zu diesem Buch fasste, schwebte ihm vor, dass neben den Niederlagen des täglichen Lebens, den Depressionen, den Erkrankungen, der Mutlosigkeit – dass neben allen diesen Erscheinungen, die das Ende des schrecklichen Krieges unvermeidlich jedem Deutschen gebracht hat, auch Aufschwünge zu schildern sein würden.« Leider sei das Buch im Wesentlichen ein Krankheitsbericht geblieben, der Verfasser hätte nicht aus seiner Haut gekonnt.

Immerhin war es nun fertig. Es war ein lieb gewordenes Ritual, dass er das Datum in den Arbeitskalender eintrug: Beendet 11. August 1946. Dann fügte er dem Vorwort noch einen letzten Absatz hinzu. »Es war nicht erfreulich, diesen Roman zu schreiben, aber das Buch schien dem Verfasser wichtig.« Wichtig vor allem für ihn persönlich. Mit ihm hatte er sich von dem Druck befreit, der seit dem Bürgermeister-Alptraum auf ihm gelastet hatte. Plötzlich wusste er auch den Titel: »Der Alpdruck«.

Uli kam ins Zimmer gestürmt: Er hatte ein Geheimversteck in der Garage entdeckt. Früher hatte Fallada einen Acht-zylinder gehabt, der wurde im Krieg eingezogen, inzwischen hatte er kein Auto mehr, und die Garage diente als Abstell-kammer für die Gartengeräte seines Sohnes. Fallada stand auf und folgte Uli – heute fiel ihm sowieso keine Kalender-geschichte mehr ein.

Ulis Entdeckung entpuppte sich als Luftschutzraum, den sich Latendorf hatte einbauen lassen: Eisenträger, die den Raum abstützten, als Trennwand Bretter, die sie mühsam aufbrachen. Schätze kamen dahinter leider nicht zum Vor-schein, nur Sand, Sand, Sand. Die Holzbretter und ein paar alte Möbel schafften sie in den Kohlenkeller, Heizmaterial für den Winter. Doch wohin mit dem Sand? In Eimern schleppten sie ihn auf die Straße, es hörte gar nicht auf. Der Berg konnte dort nicht liegen bleiben, für die Abfuhr musste Fallada wahrscheinlich auch noch aufkommen, mindestens zwei Fuhren. Darum kümmerte sich am besten Ulla, sie sollte das mit dem Kommandanten klären.

Solche Verhandlungen überließ Fallada seiner Frau. Be-hördengänge – er hätte nie etwas erreicht, eher einen Tob-suchtsanfall bekommen. Ulla schaffte alles, ohne sie wären sie längst verhungert.

Immer wenn sie von ihren Gängen erfolgreich zurück-kehrte, wollte sie gelobt werden. Sie heischte nach Beifall wie eine Schauspielerin auf der Bühne. Uli und Fallada sahen sich dann im stummen Einverständnis an – wie konnte man nur so eitel sein. Das war natürlich ungerecht. Um für Juttas Einschulung Schuhe aufzutreiben, musste sie sieben weit voneinander entfernt liegende Stellen anlaufen und wartet auf jeder mindestens eine Stunde lang. Am Ende wurden es Halbschuhe aus Leinen, andere gab es im Moment nicht.

Sie kümmerte sich auch um die bevorstehende Ankunft von Mücke. Suse hatte das Mädchen zum 30. August in Carwitz abgemeldet, Ulla sie in Berlin angemeldet. Unter der Hand hatte Ulla mit der Schulleiterin ein Abkommen getroffen, dass Mücke in eine höhere Klasse kommt, wenn sie gleichzeitig Privatunterricht erhielt. Jetzt gab es nur noch ein Problem: Seit Frau Paul bei ihnen war, waren ihre Schlafmöglichkeiten restlos ausgebucht. Ein Bettgestell aus Carwitz per Frachtversand kommen zu lassen ging nicht, Suse hatte das Haus voll mit Flüchtlingen. Innerhalb einer Woche ein Gestell mit Matratze zu organisieren, das konnte nur Ulla.

Dabei war sie eigentlich zu Bettruhe verdonnert, sie blutete nämlich schon seit drei Wochen. Entsprechend schwach und reizbar war sie. Durch Hormonspritzen hatten sie die Sache etwas in den Griff bekommen, aber Ulla musste sich immer noch schonen, tat es aber nicht. Es wäre schlimm, wenn wieder ein Eingriff vorgenommen werden müsste, das wäre dann schon der dritte in diesem Jahr. Gottlob hatte sich Doktor Kupke – Fallada nannte ihn auch den »Herrgott von Niederschönhausen« – als ein Mann erwiesen, der stets mit Rat und Tat zur Stelle war. Fast schon ein Freund.

Vor Mückes Ankunft war Großreinemachen angesagt. Dabei zeigte sich, dass Ulis Zimmer nicht gerade spärlich von Wanzen bevölkert war. Der Knabe war entweder unempfindlich gegen das Ungeziefer, oder er hatte nichts gesagt. Gut, dass er jetzt für eine Woche nach Carwitz fuhr: In der Zeit konnte der Kammerjäger Ulis Palazzo einnebeln, denn anders kriegte man die Biester nicht aus der Couch. Am Ende seiner Ferien würde er in den Eisenmengerweg zurückkehren, zusammen mit Suse und Mücke.

Ach, Carwitz, so manches Mal dachte Fallada sehnsüchtig an die Zeit zurück. Es war ein schönes Fleckchen mitten in der Feldberger Seenlandschaft, »eine verwunschene Herrlichkeit«, hatte er damals allen vorgeschwärmt. Aber selbst in dieser »Welteneinsamkeit« war es nicht mehr so idyllisch wie vor dem Krieg.

Nach der Lektüre von »Heute bei uns zu Haus« hatte ihm eine Schwester in den Kuranstalten mal gesagt, er hätte sich niemals scheiden lassen dürfen. Er wusste genau, worauf sie anspielte. In dem heiteren Buch über das Familienleben eines Schriftstellers stand ganz am Anfang eine Liebeserklärung an Suse. »Sie erst hat mich zu dem gemacht, was ich geworden bin, sie hat einen Verbummelten wieder das Arbeiten gelehrt, einen Hoffnungslosen die Hoffnung.« Vieles im Buch war geschönt oder auch frei erfunden, aber dieser Satz war ein ehrliches Bekenntnis. Und doch waren sie keine zwei Jahre später nach heftigem hasserfülltem Streit getrennte Wege gegangen. »Durch ihren Glauben, ihre Treue, ihre Geduld wurde aufgebaut, was wir heute besitzen, was uns alle Tage freut«, ging der Text weiter. Nun besaß er nichts mehr von dem, was er damals dank Suse aufgebaut hatte.

Er beneidete Uli um seine Ferien in dem Haus am See mit dem Obstgarten und dem Bienenhaus. Er konnte nicht mehr dorthin zurück. Carwitz, verlorenes Paradies.

Nico Rost, sein alter holländischer Übersetzer, meldete sich aus Amonines, Belgisch Luxemburg. Sie kannten sich aus längst vergangenen Tagen. Als Junge hatte Rost die Schule in Groningen geschmissen und war aus seinem Elternhaus davongelaufen. Berlin war sein Ziel gewesen, das pulsierende Leben dort, denn Rost wollte Schriftsteller werden. Er schrieb für holländische Zeitungen, aber auch für den »Querschnitt«. In dem Magazin hatte Fallada gelegentlich eine Geschichte untergebracht. Rost wurde Mitglied der KPD, vor allem aber ein wichtiger Vermittler der deutschen Literatur in den Niederlanden. Er übersetzte die neuesten Romane von Döblin, Feuchtwanger, Toller, Joseph Roth, Benn und Anna Seghers, von Fallada »Bauern, Bonzen und Bomben« und »Kleiner Mann – was nun?«. Bei Rowohlt in der

Potsdamer Straße hatten sie sich mehr als einmal getroffen, waren mit Väterchen gut essen gegangen. Bei Schlichter, da ließ sich der Alte nicht lumpen.

Kurz nach der Machtübernahme wurde Rost ins KZ Dachau gesteckt, kam wieder frei und emigrierte nach Brüssel. Fallada übersetzte er weiter. »Wer einmal aus dem Blechnapf frißt«, »Wir hatten mal ein Kind«, sogar »Altes Herz geht auf die Reise«, danach war Schluss.

1944 wurde er erneut verhaftet und wieder ins KZ Dachau verschleppt, das bei Kriegsende von den Amerikanern befreit wurde. Den Glauben an die deutsche Kultur aber hatte Rost nicht verloren. Und nun hatte er im Aufbau-Prospekt die Ankündigung von »Im Namen des Deutschen Volkes« gesehen. Gern würde er das Buch lesen, es in der holländischen Presse ausführlich besprechen, vielleicht auch übersetzen. »Natürlich ist es jetzt nicht so einfach, bei uns von neuem Interesse für deutsche Literatur zu wecken. Vielleicht wäre es möglich, dass Sie mir einen Brief schreiben, den ich publizieren kann und worin Sie mir einen kurzen Bericht geben über Ihre Haltung, Tätigkeit und Schwierigkeiten unter dem Regime und im Kriege.« Er würde sich freuen, wenn man wieder ins Gespräch käme. Doch so einfach war es nicht.

»Mein lieber alter Nico Rost«, antwortete ihm Fallada, »ich habe vor ein paar Tagen Ihren Brief bekommen. Und ob ich mich Ihrer erinnere –! Vor allen Dingen freilich Ihres Zornesbriefs, als ich den ›Eisernen Gustav‹ geschrieben hatte.« Rechtfertigen wollte sich Fallada nicht. »Nein, ich kann und mag Ihnen keinen Brief schreiben, den man veröffentlichen könnte, den man verwenden könnte, das liegt mir alles so ferne«, lehnte er ab. So gern er wieder seine Bücher im Ausland sehen wollte, gegenüber Rost, der gekämpft und gelitten hatte, schämte er sich. Regelrechte Depressionen plagten ihn. »Sie haben keinen guten Tag getroffen, mein Lieber. Es gibt auch gläubigere, stärkere

Stunden, obwohl sie selten geworden sind. Ich will Ihnen kein Klagelied schreiben. Ich schreibe nur, wie mir ums Herz ist, und weiß dabei, dass wir über die Jahre hin Freunde geblieben sind. Ich habe sogar einige Ihrer Übersetzungen aus dem Feuer und den Bomben gerettet … Also, wir haben uns wieder gegrüßt. Und wenn Ihnen wieder mal so ist, schreiben Sie dem alten Fallada ein paar Worte. Es werden mehr als Worte für ihn sein.«

Hatte Fallada geglaubt, mit der Abgabe des Manuskripts auch gleich den Vertrag für den »Alpdruck« unterschreiben zu können, so wurde er nun enttäuscht. Wilhelm meinte, erst müsste der Text ins Lektorat und danach zum Kulturellen Beirat des Kulturbunds. Einem Kontrollgremium, erklärte er missmutig; offenbar war er mit den Genossen öfter schon aneinandergeraten. Es war ein Fehler gewesen, dass er das halb fertige Manuskript herumgereicht hatte. Das Vertrauen in den Autor Hans Fallada hatte darunter gelitten.

Er schickte Wilhelm unaufgefordert einige Bücher. Fünf Bände »Anmerkungen zu den Kinder- und Hausmärchen der Brüder Grimm«, dazu die »Briefe an seinen Sohn« von Chesterfield, die schöne Ausgabe in der Bücherreihe der Abtei Thelem. Wilhelm war irritiert, was sollte er damit? Falladas Antwort: Die Bücher wolle er abstoßen, sie würden Wilhelm sicher Freude machen. »Ich glaube nicht, dass ich Sie übersteuere, wenn ich Ihnen für Grimm plus Chesterfield 100,– RM belaste – oder was meinen Sie?«

Wie verzweifelt musste sein Autor sein. Wilhelm wollte gern helfen, aber wie? Auf »Im Namen des Deutschen Volkes« hatten sie schon viel Geld gezahlt, sehr viel Geld, die Vorschüsse zählte er lieber nicht zusammen, und bisher gab es noch keine Zeile. Beim »Alpdruck« musste man abwarten, was die hohen Herrschaften sagten. »Kleiner Mann – was nun?«, Falladas populärstes Buch, kam nicht in Frage: Die Kommunisten wussten ja die Antwort auf die Frage im Titel, der Roman war ihnen nicht parteilich genug. »Wolf unter Wölfen«? Zu dick und auch nicht unproblematisch. Fallada bot die »Geschichten aus der Murkelei« an.

Sein Alpdruck war keineswegs gebannt, er drückte weiter auf ihm, schlimmer denn je. Geldverdienen, darum drehte sich alles.

Die Verhältnisse lasteten schwer auf seinen Schultern. Ulla schien das nicht zu begreifen. Sie war eine junge, verwöhnte Frau und dachte gar nicht daran, auf etwas zu verzichten, zum Beispiel das Rauchen einzuschränken. Dass sie Schulden machte, hatte er so gut wie möglich unterbunden – mit der Folge, dass sie ständig Geld von ihm forderte. Darüber gab es fast täglich Streit.

Er konnte gar nicht so viel heranschaffen, wie sie es wünschte, ja verlangte. Woher sollte es kommen – er schuftete doch schon wie ein Ochse. Der »Sas«-Aufsatz sollte ursprünglich im Augustheft des »Aufbaus« erscheinen, war aber verschoben worden, doch mit dem Honorar hatte er fest gerechnet. Die Erzählung »Unser täglich Brot« war von der »Täglichen Rundschau« zurückgekommen: viel zu lang, bitte radikal kürzen. »Die Bucklige« war wegen »Graulichkeit« von den Russen abgelehnt worden. Schauerlich war die Geschichte in der Tat: Ein Zeitungswerber – seine Erlebnisse in Neumünster boten einen guten Hintergrund – gerät an eine Frau, die ihm mehr als ein Abonnement abnimmt und sich als Leichenwäscherin entpuppt, ihn im Angesicht eines toten Kindes zu verführen versucht, aus deren Klauen er sich nur mit Gewalt lösen kann. Fallada hatte ein Faible für abseitige Geschichten, dunkle Gestalten, bizarre Obsessionen, für das Feuilleton einer Tageszeitung aber war das nichts. Den »Ententeich« hatten sie angenommen: eine heitere Begebenheit aus dem Familienalltag, Uli und Mücke spielten mit, das war fast derselbe Tonfall wie in »Heute bei uns zu Haus«.

Wahrlich, von einer Kurzgeschichte im Monat konnte man nicht leben, schon gar nicht eine Familie ernähren. Die Kartenrationen reichten nie, sie mussten jeden Monat zwei bis drei Zentner Kartoffeln dazukaufen – Uli und Mücke aßen um die Wette. Er hoffte immer auf ein »Care«-Paket, aber keiner schien an ihn zu denken. Die 15 Dollar, die es kostete, sollten seine ausländischen Verleger eigentlich für ihn übrig haben.

Die Kinder sattkriegen, schwierig genug, und dazu auch noch andere Nöte. An das Bezirksamt, Abteilung Beschaffungswesen, hatte er geschrieben: »Ich beantrage für meinen Sohn Ulrich, geboren am 14. 3. 1930, einen Anzugstoff. Da mein Sohn ca. 1,80 m groß ist, müsste dies bei der Bemessung berücksichtigt werden.« Uli besaß nur noch zwei kurze Hosen, und der Junge sollte sich in der Schule nicht lächerlich machen. Ulla wüsste sicher jemanden, der anständig schneidern konnte.

Manches Mal hatte er schon an Trennung gedacht. Gestern, als es wieder zu einer hässlichen Auseinandersetzung gekommen war, spürte er das Gefühl einer großen, unüberbrückbaren Fremdheit. Die Verliebtheit hatte die Gegensätze zwischen ihnen übertüncht, jetzt blätterte es. Doch schon vor der Heirat hatte er gewusst, dass die Sache irgendwann schiefgehen würde. Andererseits hatte sie ihm neue Lebensfreude geschenkt, auf ihre Art war sie immer für ihn da.

Mit Suse hatte er eine Kameradschaftsehe geführt, Sex – Fehlanzeige. Ulla verwöhnte ihn im Bett, machte Sachen, die mit Suse undenkbar gewesen waren. Seine Gefühle waren widersprüchlich. Eben dachte er noch an Scheidung, dann hatte er den brennenden Wunsch, von Ulla ein Kind zu bekommen.

Er war eben ein Kindernarr. »Es war einmal ein Vater, der wünschte sich viele Kinder, am liebsten ein Dutzend, sechs Jungen und sechs Mädchen«, so begann die Titelgeschichte in der »Murkelei«. »Es geschah ihm aber nicht nach Wunsch«, ging der Text weiter, und das galt für vieles in seinem Leben.

Wilhelm hatte die »Geschichten aus der Murkelei« vom Lektorat zurückbekommen, verbunden mit einem Gutachten von Elisabeth Kessel, der Frau des Schriftstellers Martin Kessel. Nicht ganz so hübsch, wie man es von einem solchen Verfasser erwarten sollte, lautete ihr Urteil; ein wenig antiquiert, immerhin manch reizender Einfall. Fazit: »Ein Verlag, der die ›Murkelei‹ herausbringt, wird sich keinesfalls blamieren.« Wilhelm zögerte, rang sich dann aber doch zur Annahme durch. »Lieber Herr Fallada«, teilte er am 23. August 1946 mit, »ich habe mich nun doch dazu entschlossen, Ihr Märchenbuch ›Geschichten aus der Murkelei‹ herauszugeben. Obgleich ich nicht die Absicht habe, eine ausgesprochene Sparte für Kinderbücher bei uns ins Leben zu rufen, so ist mir diese Arbeit doch wert genug, um neben Friedrich Wolfs Märchenbuch bestens bei uns bestehen zu können.« Beigefügt war der Vertrag in zwei Exemplaren, Honorar pro Buch 20 % vom Ladenpreis, Vorschuss 5000 RM. Ein gegengezeichnetes Vertragsexemplar bitte zurück. Fallada atmete auf.

Er nahm sich den alten Text noch einmal vor, verbesserte hier und da etwas, meist stilistisch, oder baute manches weiter aus. Bei der »Geschichte vom unheimlichen Besuch« ließ er Husch sein Unwesen auch in der Schule treiben. Der Junge ärgert die Lehrer, die ihn nicht zu fassen kriegen – eben sahen sie ihn noch, dabei ist er inzwischen leise unter des Lehrers Pult gehuscht. Schulstreiche, darüber freuten sich alle Kinder.

Den launigen Vorspruch in der alten Ausgabe musste er ändern. »Lieber Uli und liebe kleine Mücke«, da war eine Ergänzung notwendig, es fehlte der Nachzügler. »Lieber Uli, liebe Mücke und lieber kleiner Achim!«, musste es fortan heißen. Und noch ein paar weitere kleine Aktualisierungen waren notwendig. Im nächsten Absatz sagte Uli ursprünglich: »Der Onkel Rowohlt druckt ja so viele Bücher von dir, Papa, da kann er uns doch auch die Geschichten drucken!« Das passte nicht in die Ausgabe bei Aufbau. »Onkel Becher«: So familiär war man mit dem Präsidenten des Kulturbunds nicht, also ganz weg damit. Die alte Ausgabe enthielt Illustrationen von Melitta Patz. Fallada fand die Bilder ganz scheußlich und machte sie dafür verantwortlich, dass sich das Buch damals nicht gut verkauft hatte. So betulich, tantenhaft – frisch und modern, mit Witz, so wünschte er sich die neue »Murkelei«. Hoffentlich würde Conny das besser machen.

Unterdes herrschte Leben in der Bude. Eine fröhliche Runde, die morgens am Tisch saß, bevor die Kinder zur Schule aufbrachen. Mücke ging auf die Elisabeth-Christinen-Schule, eine Viertelstunde zu Fuß oder drei Haltstellen mit der Straßenbahn. Genau hinter der List-Schule, auf der Uli angekommen war. Jutta war ebenfalls eingeschult worden, zusammen mit Bärbel besuchte sie die Volksschule.

Wenn er an die Kinder dachte, lachte sein Herz. Bei ihrem letzten Besuch hatte Suse Achim mitgebracht, und Fallada war gerührt, dass der Fünfjährige ihn sofort erkannt, jedenfalls keinerlei Scheu gezeigt hatte. Uli entwickelte sich prächtig, obwohl er oft launisch, leicht verletzt und reizbar, ja aggressiv und nicht frei von Dünkel war. Der Vater glaubte, in ihm würde das Zeug zu einem Physiker oder Philosophen stecken. Mücke dagegen war noch ein Kind, zärtlichkeitsbedürftig, redete gern mit Papa, wollte ihm immer etwas erzählen. Jutta hatte er neulich eine Ohrfeige geben müssen – sie hatte einem kleinen Russenmädchen Sand in die Augen geworfen. Im Moment war sie dickköpfig und immer ungezogen.

Mit der Post kam eine Traueranzeige. Fallada riss den Brief auf, obwohl er an Ulla adressiert war.

> Für uns unfaßbar, entriß ein grausames Schicksal mir meine einzige, geliebte Tochter
>
> ## Ruth Hoffmann-Krämer
>
> im blühenden Alter von 15 Jahren.
>
> In unsagbarem Leid
> Frau Vera Krämer geb. Hasse.
> Dr. Werner Krämer
>
> Berlin-Dahlem, den 28. August 1946
> Schorlemer Allee 21 a

Auf der Rückseite des Briefumschlags bat Vera handschriftlich, von Beileidsbekundungen abzusehen. Drei Tage später kam eine weitere schwarz umrandete Anzeige:

> Einem Giftmord zum Opfer gefallen ist meine schöne, lebensfrohe Tochter
>
> ## Ruth Hoffmann-Krämer
>
> Dank für die Teilnahme an unserem Unglück.
>
> Vera Krämer geb. Hasse
> Dr. Werner Krämer
>
> Berlin-Dahlem
> Schorlemer Allee 21 a

»Giftmord«? Bei dem Gift konnte es sich nur um Rauschgift handeln. Und die Mörder? Waren das nicht die Rauschgifthändler, also die Eltern selbst? Das waren schöne »Freunde«. Ullas Freunde. Mit denen wollte Fallada endgültig nichts mehr zu tun haben. Aber ihre Sachen wollten sie schon noch zurück.

Er musste Ulla, die schwanger war, wegen Erbrechen ins Krankenhaus bringen. Es war vielleicht nicht gerade der beste Moment, aber er nutzte die Gelegenheit und eröffnete ihr, komme, was kommen mag, dass er ihre Ehe lösen wolle.

»Wir hatten uns schon mündlich einmal dahin ausgesprochen, aber es ist dann doch alles beim Alten geblieben«, schrieb er Suse später. »Hoffentlich geht es ohne zu hässliche Kämpfe ab. Jedenfalls ist mir klar, dass all meine Arbeitskraft und Arbeitslust bei Ulla verloren gehen würden, dass die mir am wichtigsten sind, weißt Du ja. Es widerstrebt mir natürlich, Dich in diesen Dingen um Rat zu fragen, und doch habe ich grade in den letzten Wochen sehr an die alten Zeiten denken müssen, und ich wäre Dir dankbar, wenn Du mir ein paar Worte schreiben würdest.«

Bevor Suse antworten konnte, erhielt sie einen zweiten Brief. »Liebe Suse, ich will Dich mit wenigen kurzen Worten über die letzten Ereignisse orientieren. Ulla kam aus dem Krankenhaus überraschend zurück: sie hatte eine Fehlgeburt gehabt. Sie weigerte sich, sich von mir scheiden zu lassen, getrennt leben, wenn ich es wollte, ja. Erst als ich schließlich zögernd sagte, ich würde vielleicht Dich (wenn Du es denn wolltest) wiederheiraten, sagte sie: in diesem Falle, aber nur in diesem willige ich in die Scheidung. Sie gab als Grund an, sie wisse dann wenigstens, dass eine Frau, die mich wirklich gerne möge, sich um mich kümmere und für mich sorge.«

Sie hätten dann lange zusammengesessen und geredet und schließlich entschieden, dass sie es noch einmal miteinander versuchen wollten. Er sei wieder am Arbeiten, obwohl ein böser, schmerzhafter Rheumatismus ihm zu schaffen mache. »Aber ich habe einen Filmauftrag bekommen. Kein gutes Thema: Widerstandsbewegung, aber vielleicht mache ich etwas daraus.« Das Monatsgeld werde er Suse wenn nicht morgen, so doch wenig später senden können.

Gestern sei er bei Mückes Schulleiterin gewesen und habe darum gebeten, seine Tochter in der dritten Klasse zu belassen, auch wenn ihre Leistungen zu Weihnachten nicht ausreichen sollten. »Im Ganzen ist sie doch wohl ernster und viel verständiger als die gleichaltrigen Großstadtmädchen, aber sie wird sich schon ihre Sympathien gewinnen, hat es teils wohl schon getan. Ich bin sehr froh, dass sie mit im Haus ist, ich möchte es ihr nur noch gemütlicher machen, dieses Zusammenhausen mit Jutta ist nicht sehr glücklich …«

Das Gemeinschaftszimmer Jutta-Mücke hatte sich als keine glückliche Lösung erwiesen. Mücke hielt sich möglichst selten dort auf, lieber war sie im Zimmer ihres großen Bruders. Jutta war ein verstörtes Kind, während seine Tochter aus der heilen Carwitzer Welt kam. Schlagartig wurde Fallada bewusst, was sie den Kindern angetan hatten. Bevor er den Brief an Suse zuklebte, fügte er noch einen letzten Satz hinzu: »Wirst Du ein wenig verstehen, wie zerrissen ich bin?«

»Lieber Junge, Deine beiden Briefe vom 16. und 19. 9. kamen kurz nacheinander vor einigen Tagen hier an und gestern noch Deine Karte vom 20. 9. Und obgleich ich weiß, dass Du auf Antwort wartest, fand ich doch nicht die Zeit und vor allem die Ruhe und das innere Gleichgewicht, um Dir sofort zu antworten. Dass mir diese Antwort sehr schwer wird, kannst Du Dir wohl denken.«

Fünfzehn Jahre Ehe würden sich nicht einfach auslöschen lassen, aber das Ende sei doch zu schmerzhaft gewesen. Und obwohl sie ihm gerne helfen würde, er ihr auch leidtue, könne sie doch nur mit einem glatten »Nein« antworten. »Ich kann Dich nicht wiederheiraten, ich will es auch nicht. Seit unserer Trennung bin ich ein völlig anderer Mensch geworden, auch Du bist ganz anders geworden, eine neue Ehe zwischen uns geht bestimmt nicht mehr gut. Das Beste wird schon sein, wenn wir versuchen, Freunde zu sein, und was ich Dir in dieser Form helfen kann, will ich gerne und uneingeschränkt tun.«

Fallada las zweimal, dann noch einmal. Damit hatte er nicht gerechnet. So klare, entschiedene Worte. Das musste er erst verdauen.

Gewiss, er hatte sich das auch nicht leicht vorgestellt, es war einfach zu viel vorgefallen. Trotzdem: Diese endgültige Absage verletzte ihn. Immerhin hatte sie geschrieben »Lieber Junge«, so hatte sie ihn seit der Scheidung nicht mehr genannt. Feindselig war sie nicht mehr. Vielleicht liebte sie ihn doch noch ein bisschen?

»Der Alpdruck« und kein Ende, Fallada hatte das Manuskript noch einmal überarbeitet und schickte Ulla damit zum Verlag. Wegen eines üblen Gelenkrheumatismus konnte er nicht selbst gehen, hatte aber einen Brief für Wilhelm beigelegt. »Wie Sie schon beim flüchtigen Durchblättern sehen werden, habe ich noch viel Arbeit in diesen Roman gesteckt, wohl keine Seite ist ohne Korrektur geblieben, und vor allem ist sehr stark gekürzt, wohl um ein Viertel. Ich hoffe, dass das Buch in der nun vorliegenden endgiltigen Gestalt Ihnen zusagen wird.«

Er bat darum, das Manuskript abtippen zu lassen. Zwei Durchschläge für ihn, einer davon war für die »Tägliche Rundschau« bestimmt. Die Russen sollten das Buch möglichst schnell haben – Fallada spekulierte nach wie vor auf einen lukrativen Vorabdruck. Später sollten dann auch noch Abzüge der Druckfahnen an seine ausländischen Verlage gehen, Putnam in London, Gyldendal in Kopenhagen und Hökerberg in Stockholm. Sobald es wieder erlaubt war, wollte Fallada seine internationalen Kontakte nutzen. »Freilich muss man erst die Stellung des russischen Zensors abwarten, und auch dafür ist der Vorabdruck in der ›Täglichen Rundschau‹ wichtig.«

Fallada drängelte, nicht anders kannte der Verleger seinen Autor. Paul Wiegler bekam das Manuskript als Erster auf den Tisch. Natürlich erkannte er sofort: ein Schlüsselroman. Er selbst kam auch vor. »Das alte, von Sorgen gezeichnete Gesicht eines Greises mit dünnem, weißem Haar« – das sollte er sein? Im Roman heißt er Völger. Granzow war unverkennbar Becher, im Buch vorgestellt als »großer, fetter, grauer Mann«. Wilhelm kam dagegen gut weg: Verleger Friedrich sei ein »vernünftiger«, »kein kleinlicher Mann«.

Wiegler musste schmunzeln, kein Wunder, schließlich hatte Wilhelm Fallada generös mit Vorschüssen versorgt.

Als Rudolf Kurtz hereinschneite, um die Theaterkritik für die heutige Ausgabe vom »Nacht-Express« abzuholen, nutzte Wiegler die Gelegenheit und zeigte dem Kollegen die Passage über den Arzt Doktor Pernies, und Kurtz stimmte ihm zu: sein Freund Gottfried Benn, nicht schlecht getroffen.

Wieder allein, setzte sich Wiegler an die Schreibmaschine und fertigte ein Gutachten für den Verlag an. Alles, was zu sehr nach Schlüsselroman aussah, müsste eliminiert werden. Und unbedingt Striche bei den politischen Passagen. Ein Beispiel hatte er mit Bleistift markiert: »Wie oft hörte er die Worte: ›Ja, unter dem Führer gab es dies und jenes viel reichlicher.‹ Ihnen allen, und vielen darunter, die früher keine Nazis gewesen waren, schien plötzlich die Zeit unter der Hitler-Tyrannei wie eine gelobte.« Es mochte ja sein, dass die Leute auf der Straße so redeten, doch war es ziemlich töricht, so etwas aufzuschreiben, zumindest sich nicht deutlich davon zu distanzieren. Hatte Fallada ganz vergessen, wie angreifbar er nach den Bakonyi-Enthüllungen war? Der Mann war über fünfzig und sollte aus seinen Erfahrungen gelernt haben, da konnte Wiegler nur mit dem Kopf schütteln.

Seine Expertise fiel trotzdem positiv aus. »Stilistik: realistisch, ohne ins Zynische abzusinken. Begründung zur Inverlagnahme: Notwendig im Hinblick auf Falladas weitere Produktionskraft.«

Doch Wilhelm blieb vorsichtig. Er reichte das Manuskript weiter an Alexander Abusch vom Kulturbund. Der Berufsrevolutionär war nun Parteifunktionär. Aus dem Exil in Mexiko hatte er Autoren wie Anna Seghers und Egon Erwin Kisch zu Aufbau geholt, er selbst war mit seinem Buch »Irrweg einer Nation« erfolgreich gewesen. Ideologe und Apparatschik, Freund von Becher. Schwer einzuschätzen. Wilhelm war kein Genosse, was wusste er von parteiinternen Machtkämpfen.

Dem Manuskript fügte er einen Brief bei. »Sehr geehrter Herr Abusch, ich muss Sie zunächst unterrichten, dass wir mit Fallada einen Generalvertrag haben. Es liegen hier besondere Umstände vor, die wir wohl am besten persönlich besprechen werden.« Die Herausgabe sei, nachdem der Text eine neue Fassung erhalten habe, »ernstlich zu erwägen«. Bloß keine eigene Meinung. Außerdem würden noch kleinere Überarbeitungen vorgenommen, das sei bereits mit Fallada besprochen. Vielleicht wäre es am besten, Abusch nicht viel Zeit zur Lektüre zu geben? »Fallada will möglichst Ende nächster Woche von mir endgültigen Bescheid in Händen haben.« Das könnte klappen.

Krämer hatte Rechtsanwalt Graser eine gänzlich andere Schilderung ihres Streitfalls gegeben, und aus den Rückfragen des Anwalts war herauszuhören, dass dieser an dem Bericht seines Mandanten zu zweifeln begann. Und der erklärte etwas kleinlaut, er sei auf die Angaben seiner Frau angewiesen, alles Wesentliche sei zwischen ihr und Vera ausgehandelt worden.

Festzuhalten sei jedoch: »1. Krämer hat uns ständig mit Morphium zu Überpreisen versorgt. 2. Krämer hat dafür Sachen von uns erhalten bzw. inne behalten.« Konkret ging es um Ullas Persianer, seinen Pelzmantel mit Nutriafutter, einen neuwertigen Maßanzug aus englischem Stoff und die chinesische Deckelvase. Ja, die Vase war immer noch bei den Krämers. Im »Alpdruck« stand sie bereits wieder am angestammten Platz im Eisenmengerweg. »Dolls Blick fällt auf eine große chinesische Deckelvase, die, ein Prachtstück in Purpur, Grün, Blau, auf einer schwarzen Säule in der Zimmerecke steht. Doll hebt grüßend zu ihr die Hand. Diese Vase ist das einzige Wertstück, das sie aus einem halben Weltuntergang gerettet haben.« Und die hatten sich die Krämers unter den Nagel gerissen!

Der Streit wurde immer ekelhafter. Werner behauptete,

Fallada habe für die beiden Pelzmäntel 20 000 Mark in bar erhalten. Die Mäntel hätte Krämer der Preisstelle vorgelegt; dort sei man der Meinung, es handle sich nicht um Preiswucher, sondern um vorsätzlichen Betrug. Die Vase sei sichergestellt bis zur Herausgabe von Veras beigem Mantel und der Rückgabe des geliehenen Reisebügeleisens. Es folgten Drohungen, an die Öffentlichkeit zu gehen etc. Lauter Unverschämtheiten.

Von Krämers hatten sie immer nur Morphium oder Dilaudid erhalten, die Preise hätte Werner festgesetzt – die Ampulle, die in der Apotheke 21 Pfennig kostet, habe er mit 65 Mark in Rechnung gestellt. Belege dafür gab es keine. Aber Fallada fand einen Brief von Vera an Ulla, in dem es heißt: »Bis zum nächsten Winter hat Väterchen« – gemeint war er, offenbar nannten die Frauen ihn so, wenn sie unter sich waren – »so viel Geld, dass er Dir einen neuen Pelzmantel kauft. Du hast keinen Übergangsmantel, ich gebe Dir meinen, den Du jetzt trägst, und eine Summe Geld, die Du meinst, streichen wir außerdem von Euerm Konto. Ich gebe den Mantel zum Kürschner, so wie jetzt ist er mir zu kaputt ...« So wurde unter den Frauen getauscht und gefeilscht, immer unter der Maßgabe, dass er, Fallada, irgendwann einen Bestseller landen und den großen Reibach machen würde. »Nichts, was wir Krämers gaben«, versicherte Fallada dem Anwalt, »ist bar bezahlt worden, es ging immer nur vom ›Konto‹, und unsere Lastschrift auf dem Konto war durch die Morphiumlieferungen Krämers unerschöpflich.«

Dr. Graser mochte solche unübersichtlichen Streitfälle überhaupt nicht. Er unternahm noch einen Vermittlungsversuch und setzte ein Schreiben an Krämer auf: »Der Mantel Ihrer Gattin (Beigemantel) steht dieser gegen Rückgabe des Persianermantels zur Verfügung. Das kleine Bügeleisen wird Frau Fallada Ihrer Gattin zurückgeben, wenn auch die Ihnen gemachten Geschenke (zwei Bilder von Losch, Personenwaage, Spiegelglastisch) zurückgegeben werden.« Und natürlich die chinesische Vase, das hatte ihm Fallada immer wieder eingeschärft.

Fallada war empört: »Dieser Schuft von einem Gysi hat wieder nicht Wort gehalten und auch in der Nummer 9 des ›Aufbaus‹ die Arbeit über und von Sas nicht gebracht!«

Es stimmte, er hatte hier nicht den Typ des heroischen Widerstandskämpfers gezeichnet, so wie ihn die Partei sich wünschte. Schmidt-Sas hatte früher Kontakt zu einer kommunistischen Zelle gehabt, wie weit er aber in die Aktivitäten der Gruppe um Hanno Günther eingeweiht war, hatte auch seine Frau Marga Fallada nicht sagen können. Eine von der Gestapo bei Sas gefundene Druckmaschine, auf der Flugblätter hergestellt worden waren, hatte als wichtigstes Beweisstück im Prozess gedient. Wie aber der Abziehapparat zu ihm gekommen war, ob er ihm gar untergeschoben worden war, darüber gab es verschiedene Gerüchte. Fallada bot in seinem Aufsatz zwei Versionen an, die er literarisch ausmalte. Mussten beide nicht wahr sein, könnten es aber in einer Zeit, in der die Menschen nach dem Motto »Rette sich, wer kann – mögen die andern alle verrecken« handelten. Das ergab kein gutes Bild für die Widerstandszelle. Was Fallada viel mehr interessierte, waren die im Zuchthaus geschriebenen Gedichte und Abschiedsbriefe an Marga. Diese Dokumente, die er in seinem Aufsatz ausführlich zitierte, machten Sas in seinen Augen sehr wohl zu einer heroischen Figur.

Er informierte Marga Dietrich-Kenter und wandte sich auch direkt an Klaus Gysi: »Ich darf Ihnen sagen, dass ich dies nicht ganz nett finde. Sie kränken dadurch nicht einmal so sehr mich, wie das Andenken des Verstorbenen und seiner Witwe«, schrieb er ihm. »Wie stehe ich jetzt vor dieser Frau da, der das Andenken an den Toten alles ist, die möchte, dass er durch seine wirklich schönen Gedichte weiterwirkt –? Ich schäme mich vor ihr, und ich bin doch nicht schuld! Ich möchte mir alle Vorwürfe ersparen. Ich erwarte aber, dass diese Arbeit nun in Nummer 10 bestimmt erscheint.«

Ulla war unterwegs zur »Täglichen Rundschau«. Das dauerte hin und zurück fast vier Stunden. Hoffentlich war sie erfolgreich. Das Blatt hatte lange nichts mehr von ihm gebracht, in der Redaktion lagen noch zwei ungedruckte Geschichten von ihm. Wenn die Russen den »Alpdruck« veröffentlichen würden, wenigstens in Auszügen, wäre er erst einmal aus dem Schneider. Ulla sollte versuchen, einen Vorschuss herauszuholen. Am besten 2000 Mark. Sollte er wirklich eine Psychoanalyse machen?

Er hatte sich in Wilmersdorf mit einem Nervenarzt getroffen. Harald Schultz-Hencke, Kaubstraße. Fallada musste sich nicht auf die Couch legen, sie hatten sich im Garten unterhalten, einem Garten, dessen Mischung aus Verwilderung und Nützlichkeit auf ihn wie ein Symbol für Kreativität wirkte. Das Gespräch war ihm lange nachgegangen, doch dann schreckte er vor der Behandlung zurück und sagte die erste Sitzung ab. Er sei zu dem Ergebnis gekommen, dass eine depressive Anlage, wie er sie habe, nicht heilbar sei und die Nebenerscheinungen, die durch die besonderen, zeitbedingten Umstände so schwer auftraten, in Kauf genommen werden müssten. »Und dann ist da das Tabu, das mit meiner Produktion zusammenhängt, und diesem Tabu würden wir uns ja doch unvermeidlich bei der Fortsetzung unserer Unterhaltungen nähern – und das geht doch nicht, das will ich auch nicht.«

Das Manuskript vom »Alpdruck« abgegeben, Zeitungsschreibereien alle erledigt. Nichts hinderte ihn daran, jetzt den neuen, den ganz großen Roman anzugehen. »Die Eroberung von Berlin«, den Titel hatte er lange schon im Kopf. Ein junger Mensch, Flüchtling aus Pommern, kommt in die Ruinenstadt Berlin und will sich dort ein neues Leben aufbauen. Rutscht ab, fängt sich wieder. Ein kleines Glück, etwas Optimismus. Eigentlich ein alter Plan, aber der Schauplatz war niemals so spannend wie jetzt. »Berlin ist wahrscheinlich heute die interessanteste Stadt der Welt, es gibt hier alles unvermittelt in einem U-Bahn-Wagen: Millionäre und die Elendsgestalten der Trecks, Schieber und kleine Angestellte, verkommene Jugendliche und Nutten: das Leben zeigt sich in seiner Rohheit und dabei in seiner Gewalt oft herrlich!«

Er selbst bekam vom Berliner Leben wenig, ja fast gar nichts mit. Aus dem Städtchen kam er nur selten heraus. Sie lebten ganz zurückgezogen, hielten sich fern von allen gesellschaftlichen Verpflichtungen. Nichts wissen wollte Fallada von der Literaturszene, dieser klatschsüchtigen Branche. Auftritte auf politischen Versammlungen, Rundfunkansprachen, das war vorbei – Becher fragte ihn schon lange nicht mehr.

Überraschend meldete sich die DEFA und lud zu einem Treffen in die Krausenstraße, dem alten UFA-Haus, ein. Er hatte tatsächlich etwas anzubieten, eine Filmidee, an der er seit einigen Tagen pusselte: »Deine Frau« oder, dieser Titel klang noch mehr nach Film: »Die Frau, die dein ist«. Ein Mann in den besten Jahren, »die beginnen, wenn die guten vorüber sind«, kommt über den Tod seiner Frau nicht hinweg. Ein tragischer Fall, hatte er sie doch mit krankhafter Eifersucht verfolgt und muss sich vorwerfen, dass sie vielleicht seinetwegen Selbstmord begangen hat. Dann begegnet er einem jungen Mädchen, dass seiner verstorbenen Frau aufs Haar gleicht. Dieselben Bewegungen, dieselben Redensarten. Er kann der Versuchung nicht widerstehen, holt sie in sein Haus. Das alte Eifersuchtsspiel beginnt von Neuem, doch am Ende kann der Mann sich von seiner Obsession befreien. »Sie ist dieselbe Frau wie damals – und doch eine ganz andere, sie ist die Frau, die ihn immer lieben wird!« Eine melodramatische Geschichte mit reizvollen optischen Effekten: Die junge Frau steht vor dem Spiegel, ihr Bild verschwimmt mit dem der Verstorbenen, sie trägt deren Kleider, deren Schmuck …

Die UFA hätte ihm die Filmidee sofort abgekauft. Nicht so die DEFA.

Direktor Lindemann bevorzugte, was Fallada dem Filmaktiv vor Monaten vorgeschlagen hatte. Den Aufsatz über den Fall Hampel im »Aufbau« mit der Ankündigung des Romans »Im Namen des Deutschen Volkes«.

Das waren die Stoffe, die die DEFA suchte. Nächsten Monat sollte ihr erster Film in die Kinos kommen, der erste deutsche Film seit dem Kriegsende: »Die Mörder sind unter uns«. Dann würde »Ehe im Schatten« folgen und »Freies Land«.

Die DEFA sei nicht die UFA, erklärte nun auch Lindemann, keine Traumfabrik, sie produzierten nicht Unterhaltung als Ablenkung von der Wirklichkeit. Stattdessen: Auseinandersetzung mit dem Hitler-Faschismus.

Fallada hatte schnell kapiert, dass sein Melodrama nicht interessierte, und befand sich unversehens in Verhandlungen über »Im Namen des Deutschen Volkes«. Honorar 15 000 Mark, zahlbar in drei Raten. Erste Rate gleich bei Vertragsabschluss. Ein Drehbuch würde er nicht schreiben, sondern den Roman, den müssten die Filmleute dann selbst für ihre Zwecke umarbeiten. Das habe er immer so gemacht. Natürlich sei der Roman voller Szenen und Dialoge, auch würde er dem Drehbuchautor zur Seite stehen. Lindemann schaute fragend zu seinem Dramaturgen Barkhausen, der nickte – darum würde er sich kümmern. Termin? Fallada tat so, als hätte er die Geschichte schon im Kopf. Vorausgesetzt, der Vertrag ließe nicht auf sich warten, würde er gleich anfangen, und am 1. Dezember hätten sie alles auf dem Tisch.

Als Fallada nach Hause ging, war er mit den Filmleuten handelseinig geworden über ein Buch, das er noch vor ein paar Stunden um keinen Preis schreiben wollte. Um keinen

Preis, nun das stimmte nicht, es war sehr wohl der Preis, der ihn umgestimmt hatte. Er würde den Roman vom Film bezahlt bekommen und gleichzeitig seine Verpflichtung dem Verlag gegenüber erfüllen können. Doppelt verdienen, das motivierte zusätzlich.

Immer wieder hatte er über dem Stoff gebrütet, ohne ihm etwas abgewinnen zu können. Zwei alte Leute ohne Anhang und Freunde, deren Widerstandsaktion nichts bewirkt hatte. Leichte Beute für die Gestapo, Volksgerichtshof, Hinrichtung. Ein sinnloses Opfer, eine trostlose Geschichte. Es galt, den Auftrag mit Anstand zu erledigen. Man musste etwas dazuerfinden, interessante Nebenfiguren etwa. Ließ sich nicht aus jedem Stoff etwas machen, wenn man sich richtig reinkniete? Er beherrschte doch sein Handwerk.

Plötzlich war alles wie früher. Fallada legte ein Arbeitsjournal an und trug unter dem 29. September 1946 ein: »Roman-Anfangstag«. Die erste Fassung schrieb er immer mit der Hand, genug Papier hatte er besorgt. Erster Teil: »Die Quangels«. Erstes Kapitel: »Die Post bringt eine schlimme Nachricht«. Die Briefträgerin Eva Kluge hat für die Quangels einen Feldpostbrief in der Tasche. Maschinegeschrieben, das kann nichts Gutes bedeuten. Schon hatte Fallada mit der Reaktion der Alten auf den Tod ihres einzigen Sohns die Ehe von Anna und Otto mit wenigen Strichen gezeichnet. Trudel, die Fast-Verlobte des gefallenen Sohnes, muss informiert werden. Im selben Haus wohnen die Persickes, denen die Briefträgerin jeden Tag den »Völkischen Beobachter« bringt. Sie hat im Leben im Übrigen ihr eigenes Päckchen zu tragen: Ihr Mann Enno ist ein Nichtsnutz, den sie vor die Tür gesetzt hat und der trotzdem immer wieder auftaucht. Eine Treppe höher, im vierten Stock, Lore Rosenthal, die sich jetzt Sara nennen muss und gut daran tut, hinter der verschlossenen Tür zu bleiben. Ein, zwei Kapitel, schon hatte Fallada ein Figurenensemble beisammen.

Der Vertrag war gekommen, aber unterschreiben wollte

Fallada ihn nicht. Da stand doch tatsächlich in Paragraph 1: »Herr Barkhausen ist Verfasser und Urheber des Drehbuches ...« Das war ein Versehen, natürlich, aber in diesen Dingen war er empfindlich. Wichtiger war das Honorar. 15 000 Mark in drei Raten, das war korrekt. »Zahlung in drei gleichen Raten, wobei die erste nach Inkrafttreten des Vertrages, die zweite nach Ablieferung und die dritte nach Abnahme fällig wird.« Damit war er keineswegs einverstanden, das war anders besprochen. Er setzte, statt zu unterschrieben, einen eigenen Vertrag auf. Da wurde nicht nur präziser seine Tätigkeit beschrieben, sondern auch die Zahlungsmodalitäten anders festgesetzt: erste Rate bei Unterzeichnung, zweite am 1. November und die dritte am 1. Dezember bei Ablieferung des Manuskripts. Fallada hatte seine Erfahrungen mit der Filmindustrie gemacht und wusste, dass man sonst ewig der letzten Rate hinterherlaufen konnte. Mit dem von ihm bereits unterschriebenen Vertragsentwurf schickte er Ulla zu Direktor Lindemann: gegenzeichnen lassen und gleich die erste Rate kassieren.

Die DEFA wollte Fallada und den Stoff, also verhandelten sie nicht lange, sondern waren einverstanden. Fallada konnte sich an das nächste Kapitel setzen: »Ein Mann namens Barkhausen«. Das würde keine positive Figur werden.

Jeden Morgen saß er nun um fünf oder halb sechs am Schreibtisch. Oft bibbernd, denn es war schon ziemlich kalt im Oktober. Aber der Bien muss. Um Kohlen würde er sich später kümmern.

Es war nicht die befürchtete Quälerei, alles lief gut. Mit den Figuren wurde er schnell warm, war ihnen nahe mit all ihren Verstrickungen und Widersprüchen. Auch seinen Helden gönnte er nichts. Otto Quangel beschrieb er als kühl und schweigsam. Ein Mann mit einem scharfen Vogelgesicht, dünnlippigen Mund und kalten Augen. Lange arbeitslos gewesen und nun Werkmeister in einer Möbelfabrik, das rechnet er dem Führer an, der die Wirtschaft wieder in Gang gebracht hat. Otto ist in der Arbeitsfront, aber nicht in der Partei. Denn er mag die Karrieristen und Speichellecker nicht. »Du und Dein Führer«, schleudert ihm Anna entgegen, als sie die Nachricht vom Tod des Sohnes bekommen. Dabei ist es auch Annas Führer, schließlich hat sie einen Posten in der NS-Frauenschaft übernommen. Nicht gezwungenermaßen, aber auch nicht aus edlen Motiven. Es hat ihr Spaß gemacht, »wenn sie da wieder so eine faule Nichtstuerin aufgetrieben hatte«, die sich vor der Arbeit in den Rüstungsbetrieben drückte.

Nein, Anna und ihr Otto sind keine Nazis, aber auch nicht unschuldig. Sie haben mitgemacht. Wie sie sich ihrer Funktionen entledigen, das ergab zwei große Kapitel. Regelrechte Inszenierungen. Eine provozierende Rede in der Betriebsversammlung, wobei Otto sich ganz naiv gibt und so als oller Spinner durchgeht. Ein tüchtiger Arbeiter, den man nicht missen will, aber besser übernimmt ein anderer seinen Posten bei der Arbeitsfront. »Auch Anna Quangel macht sich frei«, dieses Kapitel war Fallada noch besser gelungen. Eine richtige Farce, wie Anna die blasierte Frau des Obersturmbannführers angeht, die sich über eine derartige Behandlung beschwert. Die Sache zieht immer größere Kreise, Anna sieht nicht ein, warum sie sich entschuldigen soll – sie will einfach nicht begreifen, dass höhere Amtsträger und ihre Anverwandten von allen Pflichten gegenüber Staat und Gemeinschaft entbunden sind. Wer so begriffsstutzig ist, kann nicht länger für die NS-Frauenschaft tätig sein.

Fallada war mit sich selbst zufrieden. Kapitel 17, wirklich ein Kabinettstück. Wenn er so richtig drin war im Stoff, war er nicht ansprechbar. Das hatte inzwischen auch Ulla akzeptiert – die »Brandung« war verstummt.

Er hasste Unterbrechungen und schottete sich ab. Nur einmal wurde er tagsüber gestört. Ulla rief nach ihm, weil ein Mann in der Küche stand und ihre Stromversorgung verplombte: Sie hätten weit über die zulässige Menge verbraucht. Ob sie etwa elektrisch kochen würden? Sie wüssten doch sicher, dass das verboten sei, es würden ab sofort Nachkontrollen sämtlicher elektrisch kochender Haushalte vorgenommen. Es drohten drastische Strafen gemäß den Gesetzen Nummer 7 und 19 des Alliierten Kontrollrats in Form des hundertfachen Betrags der normalen Stromgebühr. Ja, wie sollten sie denn sonst kochen? Sie hatten immer noch keinen Gasanschluss. Die Plombe wurde wieder entfernt. Fallada konnte weiterarbeiten.

Die Gerichtsakten zum Fall der Hampels hatte er längst zurückgegeben, er verfügte nur noch über seine damaligen Notizen. Ein von ihm vereinbartes Gespräch mit Hampels Verteidiger vor Gericht, Rechtsanwalt Werner Müller-Hoff, hatte nicht stattgefunden (wegen Krankheit, Fallada war in den Kuranstalten). Ein paar Daten über den Verlauf des Krieges wollte er noch bei seiner Schwester Ibeth erfragen, aber brauchte er das wirklich? In die Bibliothek gehen, alte Zeitungen ansehen, das lag ihm nicht. Er wollte nicht an dem Material kleben, er hatte nicht die Absicht, einen dokumentarischen Roman zu schreiben.

Die Welt des Romans bevölkerte er mit Gestalten, die ihm vertraut waren. Der alte Kammergerichtsrat Fromm, der Frau Rosenthal in seiner Wohnung versteckt, trägt Züge seines Vaters, eine ambivalente Figur: »Trotzdem er gütig ist, ist er kalt. Selbst seine Güte ist kalt.« Die Persickes mit dem versoffenen Familienoberhaupt und dem durchtriebenen Sohn Baldur sind Nazis; aus Emil Barkhausen hat Fallada einen Gelegenheitsspitzel gemacht, Enno Kluge steht ihm in nichts nach.

Im Oktoberheft des »Aufbaus« erschien der »Sas«-Aufsatz wieder nicht. Noch einmal würde er sich nicht bei Gysi beschweren. Ein literarisches Denkmal war sowieso besser als ein Artikel in einer Zeitschrift, die beständig Leser einbüßte. In dem Dirigenten Dr. Reichhardt, Zellengenosse von Otto Quangel, konnte man Schmidt-Sas erkennen. Die Geschichte des untergeschobenen Koffers mit der Druckmaschine fand im Roman ebenfalls Verwendung. Da ist es Grigoleits Koffer, der für Trudel und Karl zum Verhängnis wird.

Die Widerstandsgruppe kommt nicht positiv weg: Trudel verplappert sich im ersten Schock, als sie vom Tod ihres Verlobten hört und Otto gegenüber ihre konspirativ im Betrieb operierende »kommunistische Zelle« erwähnt. Diesen Fehler muss sie den Genossen eingestehen. Das Gespräch findet, da fällt es am wenigstens auf, während eines Tanzvergnügens im Elysium statt. Grigoleit, ein »Mann mit dem Unschuldsgesicht eines großgewordenen Säuglings«, nimmt sie ins Verhör. »Trudel, du sagtest eben, du hättest noch keine Namen genannt? Und du behauptest, zum Sterben bereit zu sein, ehe du so etwas tätest?« Trudel bejaht, worauf der Säugling gewinnend lächelt: »Nun Trudel, wie wäre es, wenn du heute Abend schon stürbest, ehe du weiter geplappert hast? Das würde uns eine gewisse Sicherheit geben und eine Masse Arbeit ersparen …« Trudel ist kalkweiß geworden. Nur Karl widerspricht, dringt in Trudel: »Du wirst es nicht tun, es ist wahnsinnig, so etwas zu verlangen.« Inmitten der tanzfreudigen Gesellschaft, in der Braunhemden und Uniformierte herumwirbeln, führen vier Mitglieder einer kommunistischen Zelle eine mörderische Diskussion, die sich gegen sie selbst richtet.

»Du bist die Menschlichkeit, er ist bloß das Dogma«, raunt Karl, während sie tanzen, Trudel zu. Das klang fast nach einem Lehrstück, und tatsächlich erinnerte sich Fallada an ein sogenanntes »Lehrstück« von Brecht, in dem eine Diskussion in einer kommunistischen Zelle nachgespielt wird. Um nicht als Revolutionäre im fremden Land entlarvt zu werden, töten Moskauer Agitatoren in der »Maßnahme« einen jungen Genossen – mit dessen Einverständnis. »Im Interesse des Kommunismus«, wie er sagt. So unmenschlich und mörderisch, ihre eigenen Leute ans Messer zu liefern, wenn es die Ideologie verlangte, konnten die Kommunisten sein.

Becher hatte Fallada einmal erzählt – da war er nicht mehr nüchtern gewesen, nicht mehr so kontrolliert wie sonst –, was er im Moskauer Exil im Hotel Lux erlebt hatte, wie Leute über Nacht verschwanden, Schauprozesse inszeniert wurden. Er selbst habe vor einem Tribunal gestanden, sei über seine Beziehungen zu angeblichen Trotzkisten befragt worden, hätte Selbstkritik üben müssen und sich gerettet, indem er versprochen habe, ein Epos über Stalin zu verfassen.

Fallada schrieb für die »Tägliche Rundschau«, lebte im Städtchen, ließ sich von den Russen durchfüttern, aber eine Hymne auf Stalin, die würden sie von ihm nie bekommen.

Er hatte jetzt zwei Wochen an dem Roman gearbeitet. Der zweite Teil »Die Gestapo« war fast fertig; er hatte Kommissar Escherich eingeführt, der Enno Kluge in den Selbstmord treibt. Der Titel für den dritten Teil stand schon fest: »Das Spiel steht gegen die Quangels«. Ungefähr 350 Druckseiten in zwölf Arbeitstagen – nicht schlecht, er steuerte auf einen neuen Rekord zu. Allerdings war er, wenn er abends um sieben Schluss machte, völlig erledigt. Nur der Sonntag gehörte der Familie.

Mücke machte sich in der Schule ausgezeichnet. In Englisch stand sie zwischen 3 und 4, gar nicht schlecht, wenn man bedachte, wie kurz sie erst dabei war. Augenblicklich pausierte sie mit der Englischnachhilfe, nahm dafür Extrastunden in Mathematik und auch in Deutsch, wo ihr die Interpunktion zu schaffen machte. Doch Schule bestand nicht allein aus Unterricht und Zensuren. Die Klasse hatte Mücke noch nicht aufgenommen, sie war als Neue in einen geschlossenen Kreis eingetreten. Zudem ließ sich mit ihr schwer herumalbern, Mücke war ernsthaft. Ein mecklenburgisches Mädel zwischen Berliner Gören. Seine Tochter nahm immer ein Buch mit, das sie in den Pausen las – abseits von ihren Klassenkameradinnen. Kabbeleien mit Uli zu Hause waren indes an der Tagesordnung, da wusste sich Mücke ihrer Haut zu wehren – über ihren Bruder vergoss sie keine Tränen.

Fallada fand, Uli sollte lernen, mit Geld umzugehen, und hielt ihn an, ein Haushaltsheft zu führen: Er bekam von Papa 100 Mark und musste über seine Ausgaben penibel Buch führen. Englisch-, Physik-, Chemie-Nachhilfe jeweils drei Mark, Bücher für die Schule (er hatte in diesem Monat »A Christmas Carol« von Dickens, ein Wörterbuch sowie »Götz von Berlichingen« gekauft). Einlegesohlen 50 Pfennig. Besuch einer Ausstellung, Eintritt 40 Pfennig. Fahrgelder: zum Kartenbesorgen eine Mark, zu den Kammerspielen 60 Pfennig, zum Varieté 80 Pfennig, das summierte sich. Bleistiftminen 60 Pfennig. Die 1,75 Mark für den Friseur, meinte Uli, hätte man sich sparen können. Über das Taschengeld, wöchentlich zehn Mark, brauchte er keine Rechenschaft abzulegen.

Jutta, eben eingeschult, klagte über die zwei Schulstunden am Tag: Nun könne sie gar nicht mehr spielen!

Allmählich entdeckten sie die Schattenseiten ihrer neuen Stütze. Die Paul schlug ihr Kind, und zwar fast täglich und so heftig, dass es aus Mund und Nase blutete. Fallada hatte es ihr schon mehrfach untersagt, aber sie sahen der kleinen Bärbel an, dass es weiterhin geschah, nun eben im Keller. Es ging immer noch viel Zeit mit dem Anstehen vor den Geschäften verloren, besonders für Gemüse. Uli fraß weiterhin wie ein Scheunendrescher. Anderthalb Zentner Kartoffeln bekamen sie im Monat, fünf könnten sie gut aufessen.

Die Einrichtung des Hauses stockte, weil keine Teppichnägel aufzutreiben waren. Ein Teil der Gardinen fehlte, das musste warten – kein Geld. Das Schloss musste repariert werden, was nicht aufzuschieben war. Das Wanzen-Problem in Ulis Zimmer hatte sich trotz Kammerjäger nicht erledigt. Fallada ließ den Mann noch einmal kommen. Diesmal fiel die Rechnung höher aus, inklusive Abdichtungsarbeiten 45 Mark.

Alle Hebel hatte er in Bewegung gesetzt, sich immer wieder an die Bauleitung in der Kommandantur gewandt, Schreiben von der »Täglichen Rundschau« wie vom Kulturoffizier der Zentralkommandantur beigelegt, und dann war überraschend der Mann von der Gasag da, um den Anschluss zu legen. Er wollte 400 Mark vorab kassieren, sonst würde er wieder verschwinden. So viel Geld hatten sie nicht im Haus. Ulla musste sich das Geld bei den Nachbarn zusammenleihen, aber nun war es geschafft, sie konnten normal kochen.

Das musste gefeiert werden. Ulla bereitete in der Küche einen Festschmaus: zwei Gläser Carwitzer Bruchspargel, Fleischklößchen samt Knochen, Kartoffeln und Mohrrüben, alles ab in die Suppe. Das gab's nicht alle Tage. Kochen konnte die Paul auch nicht. Sie war kaum dazu zu bewegen, sich für Gemüse oder Fleisch anzustellen, lieber ließ sie die Marken verfallen.

Sieben Zeitungen kamen ins Haus, einige waren kostenlos, die anderen hatte Fallada abonniert, so auch den »Tagesspiegel«, obwohl er kein Freund von Reger war und das Blatt inzwischen stramm auf Westkurs gegen den Osten hetzte. Im »Nacht-Express« las Ulla meist nur die »Heiratswünsche«. »Fleischermeister, 44 Jahre, 1,78 groß, schlank, gute Erscheinung, sucht Neigungsehe mit liebem, aufrichtigem Mädel oder Witwe. Einheirat in Fleischerei oder ähnliches erwünscht.« Oder hier: »Mechanikermeister, Witwer, 60, jünger und gutaussehend, 1,73 groß, gesund, kräftig, ausgebombt, kein Pg., ersehnt Neigungsehe mit verträglicher Frau.« Ulla konnte sich stundenlang über solche Anzeigen amüsieren. Hier sei etwas für ihn: »Einheirat in Komfort-Landhaus mit 1250 qm Garten bietet 49-jährige Witwe.« Fallada winke ab, aber Ulla las unbeirrt weiter: »vollschlank und von angenehmem Äußerem. Vermögen vorhanden«.

Daneben die Theateranzeigen. Sie wollten doch etwas unternehmen, wie wäre das? Der »Palast« am Bahnhof Friedrichstraße. War das nicht früher Zirkus Schumann oder Busch, später die Volksbühne am Bülowplatz? Ulla las weiter vor: »Das Varieté der 3000. Das 200 000-Reichsmark-Programm!! Sonnenwalzer – Sigrid Hary und das Palast-Ballett, Maria Hübner, 6 Douglas, Zita-Trio, Axl Holm und ›Die singenden Acht‹, Anita, Max Trill, 2 Zerndt …« Es ging noch weiter – die Namen sagten Fallada nichts, aber die Kinder würden Spaß haben. Die Erwachsenen vielleicht auch. Eine kleine Abwechslung, bevor er am Montag wieder zurück an den Schreibtisch musste und die Kinder in die Schule.

Anfang April hatte er den »Alpdruck« abgeschlossen, nach über einem halben Jahr bekam er endlich einen Vertrag, am 29. Oktober. Doch Wilhelm hatte immer noch Änderungswünsche. Da ging es etwa um die Segnungen, die Dolls von Granzow empfangen haben, u. a. die zusätzlichen Lebensmittel. »Wir tun wohl gut daran«, meinte Wilhelm, »wenn wir diese Szenen unterlassen. Sie werden sich vorstellen können, wie eine gewisse Presse bei Erscheinen des Buches auf diese Dinge reagiert.«

Die Bedenken kamen wahrscheinlich von Becher höchstpersönlich. Die Streichung sei kein Problem, meinte Fallada, das sei rasch gemacht, übermorgen würde er Ulla mit den neuen Seiten schicken. Er hatte eine andere Frage: Das bei Vertragsabschluss fällige Garantiehonorar sei wohl schon durch die verschiedenen Vorschüsse abgestottert?

Wilhelm seufzte. Kein anderer Autor erhielt so gute Konditionen: 20 Prozent für jedes verkaufte Buch, andere bekamen nur die Hälfte. Vor Erscheinen hatte Fallada bereits das komplette Honorar der Druckauflage als Vorschuss erbettelt. Was blieb Wilhelm anderes übrig, als die Rechnung für die Kohlenlieferung für Fallada zu begleichen. Zwei Zentner Briketts, 41 Mark – hatte Fallada denn gar nichts in der Rückhand?

Ein schwieriger Autor. Jetzt gefielen ihm die Zeichnungen

von Conrad Neubauer-Conny für die »Murkelei« nicht. Wilhelm bedauerte beinahe, dass er Fallada die Druckfahnen gezeigt hatte. »Das sind keine Buchillustrationen, das sind Witzzeichnungen und flüchtig und ganz lieblos hingeworfen dazu!« Conrad Neubauer war Pressezeichner, hatte in den zwanziger Jahren für das »8-Uhr-Abendblatt« gearbeitet und jetzt für den »Sonntag«. Fallada war ungerecht. Was Conny abgeliefert hatte (und wofür er kein Honorar, sondern lediglich Freiexemplare bekam), konnte sich sehen lassen und kam überall gut an. Doch Fallada wütete: Zu der »Geschichte vom unheimlichen Besuch« gab es ein Bild des Jungen, wie er mit einer Gabel dem Bären in den Hintern piekt … Ja, was war daran verkehrt? Er wies schnaubend mit dem Finger auf die Gabel: drei Zinken! Im Text wird der Bär mit einer vierzinkigen Gabel gestochen. Das werden die Kinder merken!

Aber damit nicht genug. Trotz seiner dreimaligen Bitte stünden die Geschichten immer noch nicht in der richtigen Reihenfolge. Das sei keine Marotte des Autors, sondern eine genau überlegte Steigerung, wobei außerdem für Abwechslung gesorgt werde, so dass nicht eine Tiergeschichte auf die andere folge. »Also, bitte, lieber Herr Wilhelm, sprechen Sie ein Machtwort und sorgen Sie für diese Umstellung persönlich! Das Buch darf unmöglich in dieser falschen Folge erscheinen!«

Der Verleger atmete auf, als Fallada endlich gegangen war.

Post von Schultz-Hencke. Der Nervenarzt bewertete ihr Gespräch im Garten als »Konsultation« und legte eine Rechnung vor über 20 Mark. Er ließ sich durch Falladas Terminabsage nicht beirren und setzte zu längeren Ausführungen an: »Ihrem Leiden liegen höchstwahrscheinlich anlagemäßige Unruheerscheinungen, Missempfindungen, besser Parästhesien, Dysphorien zu Grunde. Diese wären per definitionem nicht heilbar. Darüber hinaus haben Sie, wie das fast immer geschieht – dadurch verstört – von Kindheit an Fehlreaktionen entwickelt, die ihrerseits dann Depressionen im Gefolge haben. Diese Fehlreaktionen sind unnötig, werden in einigen Fällen vermieden und sind in einer ausreichenden Zahl von Fällen durchaus korrigierbar. Im Fall eines solchen Erfolges würden dann auch die Depressionen fortfallen. Die Dysphorien würden bleiben und wahrscheinlich nicht nur ertragbar, sondern sogar fruchtbar bleiben. Für diesen Stachel im Fleisch des Geistes würde die Natur also weiter sorgen dürfen. Das Leben und dieser Stachel würden ausreichend beunruhigend sein, Produktivität garantieren.«

Keine Angst vor dem Verlust seiner Kreativität, lautete die Botschaft. Fallada antwortete: »Es wäre schön, wenn man die Fehlreaktionen bei mir und damit die daraus resultierenden Depressionen beseitigen könnte. Oder doch mildern. Ich habe grade so etwas wieder hinter mir, es war sehr unangenehm für meine Umgebung, besonders für meine Frau – ich selbst habe nicht die geringste Erinnerung daran.« Nun aber sitze er unter Zeitdruck an einem Roman, weshalb er jeden Tag mindestens zwölf Stunden am Schreibtisch verbringen müsse. Während der Arbeit fühle er sich frei von allen Krankheitssymptomen. »Die kommen dann erst wieder, wenn die Arbeit abgeschlossen und abgeliefert ist. Und das wäre dann wohl auch der Termin, an dem ich mich wieder bei ihnen melde, also in den ersten Dezembertagen.«

Mit der Antwort an Suse hatte er sich bewusst Zeit gelassen. Niemals würde er eingestehen, wie sehr ihre Ablehnung ihn getroffen hatte. Also schrieb er entschuldigend, er habe die Arbeit am neuen Roman nicht unterbrechen wollen. »Gestern bin ich nun fertig geworden, und bin zufrieden. Ich glaube, es ist seit ›Wolf unter Wölfen‹ wieder der erste richtige Fallada geworden.« Er konnte es sich nicht verkneifen, Suse mitzuteilen, dass er auch ohne sie zu literarischen Höchstleistungen fähig sei: »Im Übrigen habe ich in Rekordzeit gearbeitet: vier Wochen und 550 Druckseiten, das übertrifft alle meine früheren Rekorde.« Er werde nicht lange untätig bleiben, gehe jetzt ans Abtippen und Umarbeiten. Die Kramer habe bei den Amis gekündigt – das Essen sei auch dort immer schlechter geworden –, sie komme nächste Woche zum Diktat. Und so werde er termingerecht zum 1. Dezember abliefern. Wieder was geschafft!

Im Übrigen fühle er sich »puppenlustig«. Ob sie ihm das glaubte, wusste sie doch, dass auf das Ende der Arbeit stets der Zusammenbruch folgte? Auf Euphorie und Schaffensrausch der Absturz in die Depression drohte? Diesmal sollte es anders sein, vielleicht half der Nervenarzt.

»Aber nun zu Deinem Brief. Ich will Dir gestehen, dass ich Dein ›Nein‹ mit einem gewissen Gefühl der Erleichterung aufgenommen habe. Aus zwei Gründen: Einmal weiß ich es nun von Dir selbst, dass mir der Rückweg zu Dir verschlossen ist; ich hatte doch in mancher Schwierigkeit oft an diesen Rückweg gedacht. Nun weiß ich, es gibt ihn nicht mehr, und so werde ich die Schwierigkeiten anders und besser überwinden. Der zweite Grund zur Erleichterung aber war es, dass ich nun ein gewisses Schuldgefühl Dir gegenüber, das mich doch immer noch gequält hatte, verloren habe. Du willst mich nicht mehr, nun gut, werden wir also Freunde, wie Du es gesagt hast, ich bin es eigentlich Dir gegenüber wohl schon lange. Jedes Gefühl von Erbitterung usw. ist gewichen, und ich denke gerne an die Jahre mit Dir zurück, ich möchte sie nicht missen.«

Es ging nicht anders. Am 1. November wollte er mit dem Diktat von »Im Namen des Deutschen Volkes« beginnen, doch die Kramer konnte erst ab dem 8., und Fallada wollte keine Woche warten. Er war viel zu nervös, um auch nur einen Tag untätig verstreichen zu lassen. Der Abgabetermin saß ihm im Nacken. Andererseits hatte er gerade bei diesem Projekt so viele Termine gerissen, da kam es eigentlich nicht mehr darauf an. Es war etwas anderes, was ihn antrieb: Ein Roman in Handschrift war immer gefährdet, noch nicht gesichert, anfällig für alle denkbaren Katastrophen. Er würde sich die Anfangskapitel eben selbst in die Maschine diktieren. Eine Notlösung.

Früher hatte Suse abends gelesen, was er am Tag getippt hatte; am nächsten Morgen korrigierte er dann die von ihr angestrichenen Tippfehler. Ulla war dazu nicht imstande. Dafür war sie pausenlos unterwegs. Sie besorgte Farbband, Papier und Kohlepapier aus dem Verlag. Wilhelm war beim ersten Mal nicht da gewesen und hatte vergessen, die Sachen bereitzulegen, deshalb musste sie zweimal laufen.

Hilfsbereit waren die Verlagsleute, da konnte er sich nicht beschweren. Erst jetzt fiel ihm auf, dass er den »Alpdruck«-Vertrag erst bekommen hatte, nachdem er den Abschluss von »Im Namen des Deutschen Volkes« vermeldet hatte. Sicher kein Zufall. Wahrscheinlich hatte niemand mehr geglaubt, dass Fallada den Roman noch schreiben würde. Er selbst auch nicht.

Im Moment war Ulla auf dem Weg in die Krausenstraße, bei der DEFA die zweite Rate kassieren. Er hatte ihr einen Brief mitgegeben und als Anlage eine Handlungsskizze sowie eine Liste der Figuren. »Über Mangel an Stoff und Handlung werden Sie sich nicht zu beklagen haben, ich fürchte, Sie werden in starkem Maße die Qual der Wahl haben.« In diesem Monat werde er das Buch noch einmal durcharbeiten; mit der rechtzeitigen Ablieferung zum 1. Dezember könnten sie bestimmt rechnen.

Nächste Woche, wenn die Kramer endlich kam und er ihr diktieren konnte, würde alles schneller gehen.

Bei aller Hetzerei, der Sonntag blieb der Familie vorbehalten. Sie waren unternehmungslustig, heute war ein Besuch im Hebbel-Theater angesagt, immer ausverkauft, aber dank Becher waren sie an Karten gekommen: Intendant Karlheinz Martin gehörte dem Kulturbund an. Das Theater lag im amerikanischen Sektor, und es stand auch ein amerikanisches Stück auf dem Programm: Thornton Wilders »Wir sind noch einmal davongekommen«. Lieber hätte Fallada »Die Dreigroschenoper« gesehen, mit der Martin eröffnet hatte und von der alle schwärmten. Den Autor Thornton Wilder kannte er nicht, ob das den Kindern gefiel? Für Mücke war es der erste Theaterbesuch überhaupt.

Fallada staunte. Das war ein ganz modernes Stück und eine völlig neuartige Dramentechnik. Manchmal ein bisschen bemüht, aber doch ganz großartig. Erster Akt: vor der Eiszeit, zweiter Akt: vor der Sintflut, dritter Akt: direkt nach diesem Krieg. Eine Familie: Mr. und Mrs. Antrobus, ihr Sohn Henry, Tochter Gladys, dazu ein Hausmädchen. Die Weltgeschichte bleibt immer gleich, nichts ändert sich, alles fängt immer wieder von vorne an, das wollte das Stück wohl sagen. Eigentlich deprimierend, aber wie witzig gemacht! Man rüstet sich gegen die Eiszeit, indem die Bretter vor den Köpfen verfeuert werden, der Dinosaurier nach draußen geschikt wird. Einfälle über Einfälle. Wenn Frau Antrobus das Mädchen fragt: Haben Sie das Mammut gemolken? Auch die Kinder hatte es gepackt, selbst den kühlen Uli.

»By the skin of my teeth« war der Originaltitel. Englisch konnte Fallada ja, was aber sollte das bedeuten – »Bei der Haut meiner Zähne«?

Mr. Antrobus wurde von O. E. Hasse gespielt. Der ist vom anderen Ufer, flüsterte ihm Ulla zu. Woher sie das nun wieder wissen wollte. Käthe Haack verkörperte die Rolle von Mrs. Antrobus, die kannte er, auch wenn er keinen Filmtitel mehr zu sagen wusste. Roma Bahn erinnerte ihn ein bisschen an Ulla, die sich neuerdings die Haare rot färbte. Fasziniert war er von der jungen Joana Maria Gorvin als Hausmädchen Sabina: eine verführerische Femme fatale, die es auf den Hausherrn abgesehen hat, doch immer wieder in die Küche geschickt wird. Fallada konnte kaum die Augen von ihr lassen, was nicht unbemerkt blieb. Auf dem Nachhauseweg machte Ulla die Schauspielerin schlecht, fand sie verkrampft, obszön, schlechterdings unmöglich. Dazu schwieg Fallada lieber.

Er dachte daran, dass er morgen wieder an seinem Roman sitzen würde. Ein Schauspieler namens Max Harteisen kommt darin vor. Vielleicht auch er schwul, das klingt zumindest an. Jedenfalls hat sich Goebbels in ihn verkuckt, ihn dann plötzlich fallenlassen. Harteisen hat Butter auf dem Kopf, da hätte er die Sonne des Ministers besser meiden sollen.

Eine für den Roman ansonsten unwichtige Geschichte eröffnet den zweiten Teil »Die Gestapo«. Ja, Fallada verstand sein Handwerk, er begann nicht gleich mit Kommissar Escherich, dem Gegenspieler der Quangels. Sondern Harteisen konferiert mit seinem Anwalt und Freund, wie er sich dagegen wehren kann, kaltgestellt zu werden. Der Rechtsanwalt macht ihm seine Ohnmacht klar: Am besten aufs Land verziehen und still abwarten. Das geht über viele Seiten, und erst als der Mann die Kanzlei schon verlassen hat und im Treppenhaus steht, findet er eine von Otto geschriebene Karte mit einem Aufruf zum Widerstand.

Rechtsanwalt Graser hatte in Sachen Krämer einen Teilerfolg zu vermelden: Werner hatte Falladas Anzug in die Reinigung gegeben und den Abholschein dem Anwalt geschickt. Als Ulla jedoch in der Reinigungsfirma Spindler erschien, wurde ihr ein billiger Anzug von der Stange ausgehändigt. Das war nicht Falladas englischer Maßanzug! Ulla verweigerte brüsk die Annahme. Von solchen Scherzen hatte Fallada nun genug. Er forderte den Anwalt auf, Krämers zu verklagen.

Die gute Nachricht: Die »Tägliche Rundschau« plante einen Teilvorabdruck vom »Alpdruck«. Etwas vom Anfang, einen Passus aus der Mitte, ganz gewiss den Schluss. Wenn's gut ging, würde er über zwei Wochen laufen. Die weniger gute Nachricht: »Unser täglich Brot« war zu lang für die »Tägliche Rundschau«, deshalb hatte Gustav Leuteritz die Geschichte an die Beilage »Illustrierte Rundschau« weitergereicht. Fallada sollte sie um ein Drittel kürzen. »Auf die Festsetzung des Honorars würde das keinerlei Auswirkung haben.« Wenigstens das.

Immer diese Unterbrechungen.

Zurück zum Roman. Der Schauspieler findet die Karte, weiß nicht, was er tun soll. Haben ihn die Leute, die im Fahrstuhl vorbeifuhren, beobachtet? Harteisen stürmt zurück in die Praxis seines Anwalts. Vorbei an der Vorzimmerdame, knallt er Erwin Toll die Karte auf den Tisch. Der schließt als Erstes sorgfältig die Doppeltür seines Büros und fragt mit scharfer Stimme, was das solle. Auf ihn könne sich Harteisen nicht berufen – er solle die Karte wieder an sich nehmen, er habe sie nie gesehen.

»Mit blassen Gesichtern starrten sie sich an. Sie waren alte Freunde, schon seit der Schulzeit, aber nun war die Angst zwischen sie gekommen, und die Angst hatte das Misstrauen mit sich gebracht. Sie sahen einander stumm an.

Er ist ein Schauspieler, dachte der Anwalt. Vielleicht hat er mir hier was vorgespielt, will mich hineinreißen. Kommt im Auftrag, meine Zuverlässigkeit auf die Probe zu stellen. Neulich, bei dieser unglückseligen Verteidigung vor dem Volksgerichtshof, bin ich mit knapper Not noch durchgekommen. Aber seitdem wird mir misstraut …

Inwiefern ist Erwin eigentlich mein Anwalt, dachte unterdes finster der Schauspieler. In der Sache mit dem Minister will er mir nicht helfen, und jetzt will er sogar gegen die Wahrheit aussagen, er hätte die Karte nie gesehen. Er nimmt nicht meine Interessen wahr. Er handelt gegen mich. Wer weiß, ob nicht diese Karte – überall hört man von Fallen, die den Leuten gestellt werden.«

Die Spannung löst sich, beide besinnen sich – sie sind doch Freunde seit ewigen Zeiten. Fallada hatte den Grundton des Romans angeschlagen: das Misstrauen jeder gegen jeden, die allgegenwärtige Angst. Und zugleich gezeigt, dass die Widerstandsaktion seiner Helden durchaus ein zweischneidiges Schwert ist. Der Anwalt schlägt zornig auf die Karte: »Was dieser Idiot sich wohl gedacht hat, als er dieses Dings schrieb und hier ins Schafott legte! Andere Leute aufs Schafott bringen!«

Wie sinnvoll ist die Aktion der Quangels? Ihre Karten werden nicht gelesen, sie verbreiten lediglich Angst und Schrecken. »Ein gewissenloser Kerl, dieser Kartenschreiber, er brachte die Leute in die größte Bedrängnis. Dachte er nicht an die Schwierigkeiten, die er ihnen mit seiner verdammten Karte machte?«, fragt sich der Arzt, dessen Sprechstundenhilfe im Flur eine Karte findet. Sie versetzt auch ihn in Panik, denn er hat im Dienstbotenzimmer seine jüdische Frau versteckt, von der er offiziell geschieden ist.

Die übereifrige Sprechstundenhilfe verdächtigt einen Mann, der ihr gleich unsympathisch war: Will sich eine

Krankschreibung erschleichen, raucht auf der Toilette. Bis die Polizei eintrifft, muss der Mann unauffällig festgehalten werden.

Während der Arzt auf die Polizei wartet, setzt er sich rasch eine Morphiumspritze. »Die wird ihn instand setzen, diesen Herren, die da zu ihm im Anmarsch sind, ruhig und sogar ein bisschen gelangweilt zu begegnen.« Seit seiner Scheidung findet er in diesem Mittel seine Zuflucht. »Er ist noch kein Morphinist, weit entfernt, er kommt manchmal fünf, sechs Tage ohne Morphium aus, aber wenn Schwierigkeiten auf seinem Lebenswege auftauchen, und diese Schwierigkeiten häufen sich jetzt während des Krieges immer mehr, so nimmt er Morphium. Das allein hilft ihm noch, ohne diese künstliche Hilfe verliert er seine Nerven. Nein, noch ist er kein Morphinist!«

Die Kramer tippte, enthielt sich dabei jedes Kommentars.

Im Wartezimmer indessen wird es unruhig. Seit über zwanzig Minuten ist kein Patient hereingerufen worden. »Wahrscheinlich fertigt der Doktor vorne gut zahlende Privatpatienten ab und die Kassenpatienten hier können sitzen, bis sie schwarz werden!«

Die Kramer musste schmunzeln, als Fallada ihr das diktierte.

Die Polizei kommt, im Behandlungszimmer übergibt der Arzt die Karte. Er kann nichts dazu sagen, das Fräulein Kiesow, die Sprechstundenhilfe, dagegen umso mehr. »Der Arzt beobachtet sie genau, wie sie da erregt, mit oft versagender Stimme aussagt. Er denkt: Ich muss jetzt mal sehen, dass sie wirklich was Ernstliches gegen ihren Basedow unternimmt.« Eine Überprüfung am Tatort zeigt, dass die Karte auch durch den Einwurf in den Briefkastenschlitz in die Praxis gelangt sein könnte. Keinesfalls muss es der Mann im Wartezimmer, Enno Kluge, gewesen sein. Der Leser weiß, der ist nicht der Kartenschreiber. Der Kriminalassistent ahnt das auch, aber als Enno den Uniformierten gegenübersteht, reißt er sich in einer Kurzschlussreaktion los und versucht zu türmen. Wird geschnappt und festgenommen. »Oben, wo die Patienten jetzt auf dem Flur stehen und gar nicht mehr böse sind über die lange Wartezeit bei ihrem Doktor, denn eine Verhaftung ist immer etwas Interessantes …«

Nun musste die Kramer lachen: So sind die Leute. Fallada war zufrieden. Eine gut gebaute, spannende Szene. Sie macht deutlich, dass selbst ein so windiger Typ wie Enno Kluge auch nur ein armes Würstchen ist, und bringt mit dessen Festnahme die Handlung voran. Er hatte die einzelnen Schritte vorab nicht festgelegt, das passierte alles unbewusst und unkontrolliert in seinem Kopf, wurde beim Diktat dann noch etwas poliert. Wahrscheinlich lief es diesmal besonders gut, weil er sich, anders als beim »Alpdruck«, keinerlei Beschränkungen auferlegt hatte.

Für den neuen Verlagsprospekt, der im November gedruckt wurde, hatte ihn Wilhelm um ein paar Zeilen gebeten. Mit der detaillierten Inhaltsangabe für jedes der 73 Kapitel, die Fallada für die DEFA gemacht hatte, konnte Wilhelm nichts anfangen. »In diesem umfangreichen Roman wird die Geschichte eines schlichten Arbeiterehepaares in Berlin, das den Kampf aufnimmt gegen das Hitler-Regime und dafür sein Leben lassen muss, geschildert.« Das war sachlich, danach wurde es pathetisch. »Und um den stillen heroischen Kampf dieser beiden ist der Teppich aus Blut und Tränen der Kriegsjahre geknüpft: Liebende, deren Liebe traurig enden muss, tapfere Mütter und gute Geistliche, die ihr Leben wagen, um Todgeweihten zu helfen. Ein Buch voller Trauer und doch voll stiller Menschengröße: anständig bleiben oder sterben. Nein, anständig bleiben und sterben!«

Mit der »Schmonze«, so hatten sie bei Rowohlt immer derlei Werbesprüche genannt, schickte Fallada den Vorschlag für den endgültigen Titel. »Im Namen des Deutschen Volkes« war doch ziemlich farblos, klang nach Aktendeckel.

»Jeder stirbt für sich allein« war viel besser. Hoffentlich gab es diesen Titel nicht schon, da hatte er ein ungutes Gefühl.

Bei der Gelegenheit fragte er Wilhelm: »Haben Sie nicht einmal Lust, mit Ihrer Frau zu einem kleinen Plauderabend zu uns zu kommen? Wir hatten schon lange den Wunsch, Sie endlich einmal bei uns zu sehen, leider war die Arbeit und das ewige Kranksein … Aber nun …« Kurtz würde er auch einladen.

Als geselligen Menschen hatte sich Fallada bisher nicht präsentiert.

Mit der ersten Hälfte war er durch, Rudolf Kurtz war der erste Leser. Nach drei Tagen hatte er hundert Seiten des Romans verschlungen und gab begeistert Rückmeldung: »Er setzt großartig ein und ist hinreißend erzählt. Ganz erstaunlich, wie die Seiten von innerer Beweglichkeit erfüllt sind.« Der Chefredakteur vom »Nacht-Express« hatte gleich eine Idee: »Ich würde sehr gern ein paar Artikel bringen, die die deutsche Situation während der Kriegszeit anschaulich darstellen: die Gestapo-Angst, der Luftschutzkeller, der Naziterror usw., etwa zwei Seiten ohne Betrachtungen – mitten ins Herz.«

Kappus von der »Neuen Berliner Illustrierten« hatte »von befreundeter Seite« – Lilly Becher, der Chefredakteurin? – erfahren, dass der Roman inzwischen fertig sei und bat dringend um das Manuskript. »Wir sagen schnellste Lesung zu und erklären uns im positiven Falle auch bereit, die zweite Honorarrate von RM 6000,– Ihnen sogleich nach der Genehmigung des Romanes durch die Zensur zu überweisen.«

Fallada reagiert säuerlich: Es hätte seinerzeit nicht dieser Mahnung bedurft, um ihn an seine Verpflichtungen zu erinnern. »Nie werde ich Ihren Brief vom 27. April v. J. vergessen, in dem mir zum ersten Mal in meiner nun 28-jährigen schriftstellerischen Tätigkeit gerichtliche Schritte zur Förderung meiner künstlerischen Produktion in Aussicht gestellt wurden!« Die »Neue Berliner Illustrierte« werde das Manuskript in der kommenden Woche erhalten. Die jetzt im Umlauf befindlichen Durchschläge haben nur drei enge Freunde erhalten, deren Rat er vor der Ablieferung einholen wolle, um noch etwaige Verbesserungen vorzunehmen.

Kappus wollte die Missstimmung so nicht stehen lassen. »Versuchen Sie, sehr verehrter Herr Fallada, sich in unsere damalige schwierige Lage zu versetzen. Dadurch, dass Ihr Roman ausblieb, ergab sich für uns die Notwendigkeit, uns Hals über Kopf für eine Arbeit zu entscheiden, die – wir dürfen ehrlich sein – dem Romanteil unserer Illustrierten nicht gerade zum Vorteil gereichte.« An der Zusammenarbeit sei ihm nach wie vor sehr viel gelegen, hoffentlich sei ihr Verhältnis nicht getrübt. Auf einmal war Fallada wieder jemand.

Von wegen 550 Seiten – es wurden beim Diktieren immer mehr, es lief auf 800 Schreibmaschinenseiten hinaus, wenn nicht mehr. Mit vierzehn Tagen, wie er es der Kramer angekündigt hatte, würden sie nicht auskommen. Doch den Termin 1. Dezember wollte er unbedingt halten. Hinterher wäre er halbtot, aber vorher hätte er endlich wieder einen richtigen Roman geschrieben, einen echten »Fallada«.

Der dritte Teil endete mit einem Höhepunkt. Kommissar Escherich, den die Gestapo-Leute in den Keller gesperrt und gebrochen hatten, hat den Fall Klabautermann aufgeklärt und die Eheleute Quangel hinter Gitter gebracht. Es ist nach Mitternacht, er ist allein in der Prinz-Albrecht-Straße und steht vor dem Stadtplan mit den vielen Fähnchen, den Fundstellen der Karten. Die Sache ist erledigt, er reißt den Plan runter und geht zu seinem Schreibtisch, zieht die Lade auf. »Hier stehe ich, wahrscheinlich der einzige Mann, den Otto Quangel durch seine Karten bekehrt hat. Aber ich bin dir nichts nutze, Otto Quangel, ich kann dein Werk nicht fortsetzen. Ich bin zu feige dazu. Dein einziger Anhänger, Otto Quangel!« Er zieht die Pistole hervor und erschießt sich. Nächste Seite, Beginn des vierten Teils »Das Ende«.

Die Verhör- und Gefängnisszenen, das erledigte Fallada routiniert. Den untergeschobenen Koffer mit der Druckmaschine, dafür macht er Grigoleit, den Fanatiker aus der kommunistischen Zelle, verantwortlich; Karl und Trudel, die sich gefunden und ganz ins Private zurückgezogen haben, müssen dafür ihr Leben lassen. »Der gute Pastor«, Überschrift von Kapitel 59, hat sein Vorbild in Falladas Großvater, der als Pastor in der Strafanstalt Lüneburg wirkte. Reichhardt alias Schmidt-Sas spricht Otto gut zu, als dieser angesichts der Wirkungslosigkeit der Karten verzweifelt. Wem ihr Widerstand genützt habe? »Uns – viel, weil wir uns bis zum Tode als anständige Menschen fühlen können. Und mehr noch dem Volke, das errettet werden wird um der Gerechten willen, wie es in der Bibel heißt.« Nein, falls sich irgendwelche Kulturbundfunktionäre von dem Roman kommunistische Propaganda erwartet hatten, wurden sie enttäuscht, davon gab es in dem Buch keine Spur. Weltanschauung – Fehlanzeige. »Niemand konnte mehr als sein Leben wagen. Jeder nach seinen Kräften und Anlagen – die Hauptsache: Man widerstand.«

Mit dem Prozess vor dem Volksgerichtshof und den Ausfällen von Freisler kommt wieder Dynamik ins Buch. Das Todesurteil steht, auch für den Leser, schon vorher fest. Das Gnadengesuch hatte in der Akte, die Fallada zur Verfügung gestanden hatte, gefehlt. Leider, es wäre aufschlussreich gewesen. Doch dass die Romanfiguren Otto und Anna selbst in dieser Stunde noch zusammenhalten, verstand sich von selbst: Bei den Verhören nehmen beide die ganze Schuld auf sich und versuchen, den jeweils anderen zu entlasten.

Nach dem Urteil können sie noch ein letztes Mal miteinander sprechen. »›Aber du glaubst doch, Otto, dass wir zusammen hingerichtet werden?‹ ›Ich weiß nicht‹, sagte er ausweichend. Er wollte sie nicht belügen und wusste doch, jedes würde allein sterben müssen. ›Aber man wird uns doch zur gleichen Stunde hinrichten?‹ ›Sicher, Anna, bestimmt wird man das!«« Doch selbst das ist ihnen nicht vergönnt. Jeder stirbt für sich allein.

Ulla hatte wieder ständig Diarrhö, musste sich übergeben, auch ihre Blutungen hörten einfach nicht auf. Doktor Kupkes Hormonspritzen halfen nicht. Sie lief von Arzt zu Arzt, in allen Apotheken der Umgebung der Engel-, der Linden- oder der Minerva-Apotheke war sie bekannt wie ein bunter Hund. Fallada hatte Verständnis, dass sie etwas gegen die Schmerzen brauchte.

Und sie sah auch, in welchem Erschöpfungszustand er sich befand. Eines Tages brachte sie Morphium mit. Sie wollte ihm eine Freude machen, sich selbst natürlich auch. Zehn Ampullen, für jeden fünf, sie machten grundsätzlich bei allem halbe-halbe. Kupke verschrieb immer nur Chloralhydrat. Ulla jedoch bevorzugte Morphium, und Geld war inzwischen wieder im Haus. Sie spritzte regelmäßig, und Fallada beteiligte sich daran.

Er stand unter Druck, nur noch bis die Arbeit abgeschlossen war.

Die letzten Romankapitel hatten ihn ziemlich mitgenommen. Alles verengte sich jetzt auf das Schicksal der Helden, es gab keine Nebenschauplätze mehr. Fallada war seinen Figuren immer sehr nahe, und als er jetzt die Hinrichtung Ottos beschrieb, war er kurz davor, zu weinen. Anna dagegen lässt er länger leben, man verschweigt ihr, dass das Todesurteil an ihrem Mann bereits vollstreckt wurde, und so wartet sie zuversichtlich darauf, ihm noch einmal zu begegnen. Bis eine Fliegerbombe das Gefängnis trifft. »Frau Anna Quangel hat keine Zeit mehr gehabt, aus ihrem Wiedersehenstraum mit Otto aufzuwachen. Sie ist schon bei ihm. Sie ist jedenfalls dort, wo auch er ist. Wo immer das nun auch sein mag.«

Parallel zum Roman-Diktat bearbeitete er die Druckfahnen vom »Alpdruck«. Die vom Verlag gewählte Schrift Weiß Antiqua gefiel ihm, aber der Einbandentwurf … Da musste er gleich bei Wilhelm Einspruch erheben: »Nehmen Sie nicht diesen Entwurf, dessen Schrift durcheinanderfällt und der nach gar nichts aussieht!« Außerdem: Warum hatte der »Alpdruck« nicht dasselbe Format wie der »Blechnapf«? »Sie werden ja in der nächsten Zeit noch mehr Falladas veröffentlichen – warum nicht für alle das gleiche Format (was auch im Hinblick auf eine spätere Gesamtausgabe wünschenswert wäre!) –?« Der Mann stellt Ansprüche, dachte der Verleger. Wenn Fallada wüsste, wie schwer es in diesen Zeiten war, ein ordentlich gedrucktes und gut verarbeitetes Buch herzustellen.

Sein Autor dachte bereits an Weihnachten. Zu ärgerlich, dass die »Geschichten aus der Murkelei« erst nach dem Fest in die Buchhandlungen kommen würden. Natürlich hätte er die Neuausgabe gern verschenkt. So suchte er sich etwas anderes aus, was er sich von Aufbau schicken lassen konnte. Im Prospekt kreuzte er Friedrich Wolfs »Märchen für kleine und große Kinder« an – ob das Buch wirklich so gut wie seine »Murkelei« war? »Das siebte Kreuz« von Anna Seghers, ansonsten nur Klassiker: Tolstoi und Gogol, Storm und Stevenson. Vielleicht noch »Gesetze des Lebens. Roman einer Wissenschaft«, das wäre eventuell etwas für Uli. Thema waren die Theorien eines Agrarwissenschaftlers, denen Stalin anhing.

Er hatte unverblümt, ja schamlos seine ausländischen Verleger um »Care«-Pakete angebettelt. Der einfachste Weg war, in New York zehn Dollar einzuzahlen, dann würde er ein genormtes Lebensmittelpaket von 40 Pfund Gewicht ausgehändigt bekommen.

Die Russen sollten davon nichts mitbekommen. Sie verteilten ihrerseits Lebensmittelpakete, die sogenannten »Pajoks«, nicht jedoch an ihn, schließlich wurde Fallada im Städtchen von den Russen direkt versorgt. Er gab nicht den Eisenmengerweg als Adresse an, sondern Hans Fallada, p. a. W. Keiper Verlag, Berlin W 50, Rankestraße 14. Doch auf

»Care«-Pakete aus den USA oder England warteten sie vergeblich.

In Schweden hatte man Fallada jedoch nicht vergessen. Von Hökerbergs Bokförlag kamen zwei Liebesgabenpakete mit Kleidern, einem Paar Schuhe – die brauchten sie ganz dringend, sollten sie nicht passen, hatten sie etwas zum Tauschen – und Lebensmitteln. Hökerberg? Da musste Fallada erst nachdenken ... Der Verlag hatte »Kleiner Mann – großer Mann« herausgebracht, weil Rowohlt auf Weisung des Propagandaministeriums ab 1940 nicht länger mit dem angestammten schwedischen Verlag Bonnier Verträge schließen durfte. Und prompt hatte auch Bonnier ein Paket geschickt, abzuholen auf dem Hauptzollamt.

Am Abend wurde ausgepackt, die Kinder waren dabei und machten große Augen, was da alles zum Vorschein kam: Trockenmilch, Kaffee, Tee, Kakao, Kekse, Marmelade, Maränen in Öl, Käse, Süßstoff. Fallada schrieb einen großen Dankesbrief nach Stockholm: »Am Abend haben wir dann genascht, alle zusammen. Die ganz Kleinen haben zum ersten Mal in ihrem Leben Kakao getrunken, und auch die großen Kinder wussten nicht mehr so genau, wie Schokolade schmeckt. Nun werden wir noch manchen Abend bekommen, an dem wir glücklich ins Bett gehen können.«

Sonntags ging es ins Kino Blauer Stern, die ehemaligen Bismarck-Lichtspiele. Ein sowjetischer Film: »Sei gegrüßt, Moskau!« Schüler aus der Provinz schaffen es mit Tricks und Chuzpe auf die Bühne eines Moskauer Operntheaters, das Ganze mit viel Musik und Tanz, schwungvoll gemacht. Mücke fiebert mit, Uli dagegen meinte, die Amis könnten das besser. Fallada amüsiert sich besonders über die unverfälscht wienerischen Stimmen – die Synchronisation war im Atelier des Schauspielers Willi Forst entstanden.

Das letzte Romankapitel war ein ziemlicher Krampf. Es spielt im Frühsommer 1946. Aus Kuno-Dieter Barkhausen ist Kuno Kienschäper geworden: Eva Kluge und ihr neuer Mann haben ihn adoptiert. Mit seinem leiblichen Vater Emil will Kuno nichts mehr zu tun haben, er vertreibt ihn mit der Peitsche, als dieser unangemeldet bei ihnen auf dem Land auftaucht. Zur Erntezeit geht der Junge mit der Sense aufs Feld. »Denn was man gesät hat, soll man auch ernten, und der Junge hatte gutes Korn gesät.« Es war das schwächste Kapitel. Schlusskapitel waren seine Sache nicht, auch in dieser Hinsicht war es ein echter Fallada. Doch am 24. November konnte er ins Arbeitsjournal eintragen: »Jeder stirbt für sich allein« abgeschlossen.

»Lieber Herr Kurtz, Gott sei's getrommelt und gepfiffen – ich bin fertig, und so lege ich Ihnen denn den Schluss meines Romans als kleinen Sonntagsgruß vor die Füße. Hoffentlich plage ich Sie nicht damit! Natürlich bin ich sehr gespannt, was Sie dazu sagen werden, und so bitten wir Sie, doch am kommenden Sonnabend abends zu einem Plausch zu uns zu kommen.« Auch Wilhelm wurde mit einem Exemplar bedacht. »Weiter wäre ich Ihnen dankbar, wenn Sie mir den zweiten und falls schon erledigt auch den dritten Teil des Romans durch die Mücke zurückgeben würden – Becher will sie gerne haben. Aber natürlich nur, wenn Sie damit fertig sind.« Der eigentliche Initiator des Projekts musste hintanstehen.

Die alten Freunde – so viele waren es nicht, und die meisten wollten etwas von ihm. Persilscheine, da hielt er sich aus guten Gründen zurück. Protektion – ob nicht bei Aufbau, auch sei er doch gut befreundet mit Becher …

Friedrich Eisenlohr wollte, dass sein alter Roman »Das gläserne Netz« in Falladas Hausverlag neu herauskam. Eisenlohr war auch Expressionist gewesen – wer eigentlich nicht? –, kannte aus alten Zeiten Becher und war jetzt Leiter der Theaterabteilung bei Aufbau. Brauchte der Mann wirklich seine Fürsprache?

Freund Geyer gab nicht auf. Inzwischen hatte Fallada das

Heft gelesen, das er ihm beim letzten Besuch geschenkt hatte: »Renzo, der Verräter«, Band 150 in der Hein-Class-Reihe. Ein Groschenheft, genauer, es kostete zwei Groschen. Fallada brauchte keine halbe Stunde für die Lektüre. Eine reichlich wüste Story, kein Vergleich mit Karl May. Doch Geyer versuchte sein Glück nun auf anderem Terrain: Nachdem er bei einem Preisausschreiben des »Neuen Deutschland« für Kurzgeschichten keinen Erfolg gehabt hatte, war er jetzt mit einem Filmexposé zugange.

Doch auch ein Besucher kündigte sich an, ein treuer Leser. Werner Hütter schrieb ihm seit Jahren Briefe und hatte sich – im Januar 1945, als Soldat auf Urlaub – einmal zu ihm nach Carwitz durchgeschlagen. Fallada hatte ihn nicht abwimmeln wollen und ihm eine Wegbeschreibung geschickt, am Schlagbaum solle er dem Posten sagen, er wolle zu Fallada, dann würde man ihn schon durchlassen. So leicht war es aber nicht. Der diensthabende Russe im Schilderhäuschen befolgte seine Instruktionen, und »Fallada« erwies sich nicht als das Zauberwort, das Einlass gewährte. Es musste erst telefoniert werden, Frau Paul kommen und Hütter an der Schranke abholen.

Ulla empfing den Gast. Der Hausherr erschien, viel Zeit hatte er nicht. Er führte den Gast durch die Räume, das große Wohnzimmer, Hütter staunte. Aufträge hätte er genug, zum Geldverdienen müsste er viel Zeitungsschreiberei machen. Hier die Bibliothek. Besonders stolz war Fallada auf das Regal mit den Auslandsausgaben seiner Bücher. Am Fenster stand Ulla, gegenüber saß Suse, Hütter staunte noch mehr. Bei seinem Besuch in Carwitz war die Luft zwischen den Frauen zum Schneiden gewesen, im Moment schien alles harmonisch und friedlich. Fallada sprach noch einmal vom Geldverdienen, er habe zwei Familien zu ernähren …

Suse war am frühen Morgen wieder abgereist, im Moment war sie wohl gerade auf dem Stettiner Bahnhof. Eben hatte er nach Mücke gesehen. Sie schlief noch fest. Mit dem komischen Verband sah es so aus, als sei ihr die Nasenspitze abgeschnitten worden. Gestern hatte sie eine Nasen-OP, einen kleinen Eingriff, nichts Schlimmes. Mücke hatte sich tapfer gehalten.

Jutta fügte sich ergeben in ihr Schicksal als Schülerin, seit sie einen Ranzen besaß – aus Pappe für acht Mark, er wird nicht einen Regen überstehen. Im Übrigen bekam sie nun Nachhilfe von Uli, der das mit viel Geduld, voller Ironie (was die begriffsstutzige Jutta gar nicht merkte) und Humor erledigte.

Ulla lag noch im Bett, hatte sich ein Viertelstündchen abgebettelt. Mehr würde er ihr nicht gönnen, dann musste sie wirklich hoch und mit dem fertigen Buch zur DEFA.

Schnell tippte er noch einen Brief, den er ihr mitgeben konnte. Vor dem Umfang des Buches sollten sie nicht erschrecken. »Unschwer lassen sich für die Verfilmung eine ganze Reihe von Episoden aussondern, und die Handlung wird sich auf das Ehepaar Quangel beschränken. Ich habe mir darüber bereits meine eigenen Ideen gebildet – Sie als Fachmann werden das noch viel besser sehen.« Darüber könnte man sich noch mündlich austauschen, jetzt ginge es ihm zunächst um etwas anderes: »Schließlich bitte ich noch, der Überbringerin, meiner Frau, das bei Ablieferung des Buches fällige Honorar aushändigen zu lassen.«

Die Schreibmaschine musste zur Reparatur, sie hatte das Tippen der 860 Seiten übelgenommen. Auch der Autor war von der Fronarbeit lädiert: Nagelhautvereiterung, ausgerechnet am linken Tippfinger. Dabei hatte er schon wieder Aufträge angenommen, eine Weihnachtsgeschichte für die »Tägliche Rundschau«, eine zweite für den »Nacht-Express«, zudem hatte er versprochen, sich auch für Silvester etwas auszudenken. Den Tippfinger brauchte er dazu glücklicherweise nicht, schrieb er den ersten Entwurf doch immer mit der Hand.

Dann hatte er Uli für seinen literarischen Verein noch einen Vortrag über literarisches Schaffen versprochen. Der wollte auch ausgearbeitet werden, er konnte den Jungen doch nicht vor seinen Freunden blamieren. Der Rundfunk hatte sich wieder gemeldet, nicht der der Russen – der Nordwestdeutsche, das waren die Engländer, hatte ihn bereits mehrfach eingeladen. Wilmersdorf, Heidelberger Platz, ziemlich weiter Weg.

Es wäre sicher taktisch klug, auch für die andere Seite zu arbeiten. Wie gerne würde er seine Bücher wieder im Ausland sehen, vor allem Putnam in London »Jeder stirbt für sich allein« schicken. Er hatte, mehrfach, Willmann vom Kulturbund gefragt, ob etwas dagegenspreche, aber keine vernünftige Antwort erhalten. Um den korrekten Weg zu gehen, hatte er Major Colby vom britischen Information Services kontaktiert und nun, nach vier Monaten, einen negativen Bescheid erhalten: Derlei könnte im Moment noch nicht gestattet werden. Begründung gab es keine, aber man hatte ihm gesteckt: Er werde durch die Russen »pushed«, seine Bücher erschienen im russisch lizensierten Aufbau-Verlag, das sah man nicht gern. Den Verlag würde er deshalb nicht wechseln.

Bevor er den neuen großen Roman »Die Eroberung von Berlin« begann, plante er zum Ausruhen etwas Kleines, eine Erzählung für die Jugendschriftenreihe von Aufbau, zudem hatte er dem »Nacht-Express« die Artikelserie »Schon wieder vergessen?« zugesagt. Ganz schön strammes Programm.

Dazu lauter Ärger und Verdruss. Die DEFA wollte nicht zahlen: Erst wolle man das Buch lesen. Daraufhin händigte Ulla ihnen das Manuskript nicht aus und zog unverrichteter Dinge wieder ab. Schon das Eintreiben der ersten beiden Raten hatte sich als mühsam erwiesen. Obwohl sie pünktlich in der Krausenstraße erschienen war, hatte man Ulla stundenlang warten lassen. Währenddessen hatte sie sich schnippische Bemerkungen der Vorzimmerdame anhören müssen.

Fallada wandte sich nun an Direktor Lindemann: »Zu meinem Bedauern habe ich hören müssen, dass Sie mit meiner Frau Differenzen hatten, bei denen Sie nicht gerade höflich zu ihr waren. Das wird unserer weiteren Zusammenarbeit nicht dienlich sein.« Am Montag, mittags um halb zwölf, würde Ulla noch einmal erscheinen und gegen Zahlung von 5000 Mark das Manuskript übergeben. Doch den Weg machte sie erneut umsonst. Jetzt reichte es.

Fallada kannte die Filmbranche, alles Ganoven und Betrüger. Da stand die DEFA ihren Vorgängern in nichts nach. »Film bleibt doch ein ewiger Kotz«, das war seine Erfahrung, die sich immer wieder bestätigte. Inzwischen wusste er aber mit diesen Burschen umzugehen.

Anderntags erhielt die DEFA – durch Boten und gegen Quittung – ein weiteres Schreiben von Fallada: Mit der Zahlungsverweigerung habe die DEFA den Vertrag gebrochen, den er hiermit für gelöst erkläre. Die geleisteten Zahlungen würden zu seinen Gunsten verfallen.

Im Eisenmengerweg feierten sie den Roman gemeinsam mit Becher und den Wilhelms, Kurtz hatte leider absagen müssen. Das war schade, aber das mühsam besorgte Fleisch erlaubte keinen längeren Aufschub, es musste gegessen werden. Becher war glücklich. Das war der Roman, den er sich von Fallada erhofft hatte, den kein anderer hätte schreiben können. Der erste Roman über das Leben unter der Nazidiktatur und den Widerstand einfacher Leute. Er würde Bestand haben.

Dem Kulturbundpräsidenten war die Erleichterung anzumerken, dass Fallada geliefert hatte. Gegen mancherlei Skeptiker – selbst Willmann hatte Fallada nicht für den Richtigen für diese Aufgabe gehalten – hatte er an ihm festgehalten und war nicht enttäuscht worden.

Fallada hatte in Becher den Mann gesehen, der alles möglich machen konnte. An diesem Abend begriff er, dass dessen Position keineswegs so gesichert war, wie es den Anschein hatte. Nachdem Wilhelm und Frau schon gegangen waren, zu Hause wartete ihre Tochter Lux, erzählte Becher von seinen Sorgen. Die sowjetischen Kulturoffiziere hätten seine Ablösung gefordert. Man verdächtige ihn, sich an der westeuropäischen Demokratie zu orientieren – er sei in Wahrheit gar kein Kommunist, so der Vorwurf, den Sergej Tulpanow erhoben hatte, woraufhin der Chef der Politischen Abteilung, Wladimir Semjonow, ihn zu einem Gespräch gebeten hatte. Es könnte passieren, dass er plötzlich abberufen wurde, noch fungierte er als Aushängeschild. War er, Fallada, denn etwas anderes als ein Aushängeschild, wenn er für die Zeitung der Roten Armee Weihnachtsgeschichten schrieb?

Von der »Täglichen Rundschau« war ein Personalfragebogen gekommen. Die üblichen Rubriken. Beruf, Verdienst, Eigentumsverhältnisse. Fallada trug ein: »Schriftsteller, noch ohne festes Einkommen, da nur von Zeitungsbeiträgen lebend. Kein Vermögen.« Das war tiefgestapelt: Die Honorare aus seinen Buch- und Filmverträgen hatte er unter den Tisch fallen lassen. Zum Lebenslauf machte er folgende Anmerkungen: »Im Jahre 1943 wurde ich gezwungen, eine Reise nach Frankreich als Berichterstatter für den Reichs-Arbeitsdienst zu machen. Ich habe darüber aber nie auch nur eine einzige Zeile veröffentlicht oder auch nur geschrieben.« Weder hatte man ihn dazu gezwungen – im Gegenteil, Marianne Wintersteiner hatte die Reise angestoßen, und sie war gegen größte Bedenken der Partei angesichts dieses unsicheren Kantonisten durchgeboxt worden –, noch hatte er in dieser Zeit nichts geschrieben. Zum Glück hatte Papiermangel geherrscht, und nichts davon war gedruckt worden.

Am Fuß des Fragebogens stand eine zu unterzeichnende Erklärung: »Ich versichere an Eides Statt, vorstehende Angaben wahrheitsgemäß gemacht zu haben. Es ist mir bekannt, dass falsche Angaben strafrechtliche Folgen und bei evtl.

erfolgter Einstellung fristlose Entlassung nach sich zieht.« Fallada unterschrieb, ohne zu zögern.

Ihr täglicher Morphiumkonsum hatte sich inzwischen verdoppelt: zehn Ampullen für jeden. Sie hatten das unter Kontrolle, dachten sie. In Wahrheit hatte die Sucht sie längst wieder im Griff.

Ulla begab sich zur Entziehung in das Krankenhaus Blankenburger Straße, Fallada hielt das für sich nicht für notwendig. Er war allein zu Hause, als am 6. Dezember das Morphium ausging und sich Abstinenzerscheinungen einstellten. Dagegen richtete auch Kognak nichts aus. Er schrie das Haus zusammen, begann herumzutoben, riss Bücher aus den Regalen und warf sie zornentbrannt zu Boden. Mücke flüchtete weinend zu Frau Paul, die die Tür zu ihrem Zimmer verriegelte. Uli lief zu Doktor Kupke, der glücklicherweise zu Hause war. Der Arzt kam sofort und spritzte dem Wütenden Pernocton, woraufhin der sich beruhigte.

Am nächsten Morgen, als der Arzt nach seinem Patienten sehen wollte, wurde er von ihm aus dem Haus geworfen: Er wisse genau, dass er tags zuvor Pernocton und nicht Morphium bekommen habe! Kupke wandte sich an Becher, der wusste, wie es um Fallada stand, wagte aber nicht einzugreifen. Eigentlich hätte man ihn als Morphinisten längst bei den Behörden melden müssen. Hilfe tat not, bevor Fallada alles kurz und klein schlug oder gar noch Schlimmeres passierte. Kupke konnte nicht noch einmal bei Fallada auftauchen, sie holten Doktor Bell, der ebenfalls über Fallada Bescheid wusste.

Bell wurde reingelassen. Fallada war unrasiert, sein Haar wirr, das Gesicht aschfahl. Die Wohnung sah fürchterlich aus, aber der Arzt konnte sich ganz ruhig und sachlich mit ihm unterhalten. Er gab sich einsichtig, und Bell setzte sich telefonisch mit der Charité in Verbindung, um die Aufnahme des Patienten für Montag vormerken zu lassen.

Gegen Abend geriet Fallada erneut in einen heftigen Erregungszustand. Der von Uli alarmierte Bell wurde an der Haustür von Frau Paul empfangen: Der Mann sei gemeingefährlich und habe mit Gegenständen auf sie geworfen. Die Kinder habe sie sicherheitshalber zum Spielen weggeschickt. Außerdem habe Fallada zwei Flaschen Kognak intus.

Der Arzt sah auf den ersten Blick, dass es unmöglich war, Fallada über das Wochenende zu Hause zu lassen: Er schimpfte ununterbrochen, schlug um sich, verlangte nach Zigaretten. Da half kein Zureden. Bell spritzte ihm Morphium, um ihn für den Transport ruhigzustellen. Dennoch war er nur unter Gewaltenwendung in den Krankenwagen zu bugsieren. Zwei kräftige Träger waren nötig, Bell begleitete sie. Gegen 10 Uhr abends waren sie in der Charité, wo Fallada in den Wachsaal gebracht wurde.

Bereits am nächsten Morgen suchte er mit den Ärzten das Gespräch auf Augenhöhe. Fallada war wieder die Art Patient, die es besser weiß als alle Ärzte. Wollte die Medikation selbst festlegen, doch darüber ließ Frau Doktor Lück nicht mit sich handeln. Er war hier nicht im Behelfskrankenhaus Marthastraße, sondern in der Charité. Aber über den Verlauf könne er gern Auskunft geben. Nach Abklingen der Abstinenzerscheinungen – er schätze, so in vier, fünf Tagen – möchte er in ein Einzelzimmer verlegt werden, er sei Schriftsteller und könne unmöglich in einem solchen Saal arbeiten.

Dieser Patient war das ideale Anschauungsobjekt für seine Studenten, befand Professor Heinrich Roggenbau, Leiter der Nervenklinik. Er führte Fallada in seinem Kolleg vor, allerdings ohne den Namen preiszugeben. Fallada schilderte im Hörsaal seinen Werdegang als Morphinist, erzählte den angehenden Medizinern freimütig von seinen Rauschgifterfahrungen und seiner Schlafmittelabhängigkeit. Der betreuende Doktor Taepper notierte: »Immer noch schwerfällige, schleppende Sprache. Beim Erzählen verliert er immer wieder den

Faden und muss vom Professor dauernd ermahnt werden, bei der Stange zu bleiben.«

So schnell, wie er es in seiner Selbstdiagnose prognostiziert hatte, war Fallada nicht wieder auf den Beinen. Die Entzugserscheinungen hielten sich in Grenzen, der Patient bekam warme Dauerbäder und jeden Abend fünf Esslöffel Chloralhydrat. Unzufriedenheit und Unausgeglichenheit registrierten die Ärzte bei ihren täglichen Visiten. Am 13. Dezember wurde endlich Falladas Wunsch erfüllt: verlegt vom Wachsaal auf die Station 6, eine reguläre psychiatrische Station im Hinterhaus der Klinik. Er bekam ein Einzelzimmer, krankenhaustypisch spartanisch eingerichtet, rechts am Fenster das Bett, links Tisch, Stuhl, Waschgelegenheit. Aber das Wichtigste: eine Schreibmaschine.

Noch etwas fehlte ihm zum Glück: Ulla.

Bei der Chefvisite sprach er Professor Roggenbau darauf an: Seine Frau befinde sich im Krankenhaus Blankenburger Straße in einem erbarmungswürdigen Zustand, ob man da etwas für sie tun könne. Noch am selben Tag wurde Ulla von Pankow nach Mitte in die Nervenklinik der Charité verlegt. »Patientin wird im Auto hergebracht und auf Station 6 aufgenommen«, vermerkt die Krankenakte: »Sie macht bei der Aufnahme einen betrunkenen Eindruck, muss von zwei Personen gestützt werden, schwankt hin und her, riecht nach Alkohol. Der Blick ist glasig. Ihr Äußeres ist vernachlässigt, die Haare hängen wirr und unordentlich, unter der künstlichen roten Farbe ist ein breiter Streifen des natürlichen Dunkelblond nachgewachsen. Die Hände sind mit roten Farbflecken beschmiert, das Gesicht mit Lippenschminke befleckt.« Gut, dass Fallada sie so nicht sehen musste.

Die Anwesenheit von Ulla hob Falladas Stimmung merklich. Sie befanden sich beide auf derselben Station, nur durch den langen Gang voneinander getrennt. Der Kontakt war ihnen zwar zunächst strikt untersagt, aber für später in Aussicht gestellt.

Wenn die Ärzte zur Visite kamen, fanden sie Fallada stets beim Tippen an der Schreibmaschine vor. Für literarische Arbeiten – über die ersten Seiten von »Die Eroberung von Berlin« war er nicht hinausgekommen – fühlte er sich noch zu schwach. Er schrieb lieber Briefe, da war einiges aufzuarbeiten.

Der erste ging an Suse. Wenigstens hatte er ihr, drei Tage vor seiner Einlieferung in die Charité, noch Geld per Post angewiesen (den monatlichen Zuschuss von 200 Mark, dazu je 100 Mark Weihnachtsgeld für Suse, Mutti und Achim). In dieser Hinsicht war alles in Ordnung. Uli und Mücke würden Weihnachten in Carwitz verbringen, auch das beruhigte ihn. Nun galt es, Suse über die aktuelle Situation zu unterrichten. »Seit gestern ist nun auch Ulla hier im Hause – im letzten Krankenhause hätte man mir das arme Kind fast ganz verdorben. Sie ist freilich in einem Zustand, in dem ich sie noch nicht sehen darf. Zum Fest werde ich alleine sein.«

Er vermisste Suse, die ihm über viele Jahre Halt im Leben gegeben hatte. Von Ulla war das nicht zu erwarten, im Gegenteil, jetzt musste er für seine Frau eine Stütze sein. »Ich bin wie ein Lahmer, der bisher geführt wurde, der aber jetzt nicht nur allein gehen muss, sondern auch einen Blinden führen muss.« Er versprach Suse, dafür zu sorgen, dass zur Rückkehr der Kinder am 10. Januar im Hause erträgliche Zustände herrschen und auch Vorräte da sein würden. »Vielleicht bin ich dann auch schon dort. Ulla bestimmt noch nicht.«

Suse war nach der Lektüre des Briefes nicht beruhigt – er glaube doch nicht im Ernst, dass sie die Kinder wieder in den Eisenmengerweg zurückschicken würde, wo sie sich allein überlassen wären? Und selbst wenn er wieder nach Hause käme … Suse machte sich Vorwürfe, dass sie bei ihrem letzten Besuch nicht bemerkt hatte, wie es um ihren

Jungen stand. Den Morphiumkonsum hatte Fallada geschickt verheimlicht – sie hätte misstrauisch werden müssen, das würde sie sich nie verzeihen. Wenn sie von Uli hörte, welche Szenen sich im Hause Fallada abgespielt hatten! Und Mücke brachte vor lauter Weinen kein Wort hervor.

Ahnte Fallada denn nicht, welche Reaktion sein Brief bei ihr auslösen musste? Offenbar nicht, denn am Schluss hatte er noch eine Bitte: »Wenn es Dir gelingt, Ulis Feindschaft gegen Ulla, die unser Zusammenleben oft gefährdet, mit einem vorsichtigen Wort zu dämpfen, wäre das sehr wertvoll. Ich nehme an, er sieht in Ulla stets die, die Dir Deinen Platz vorenthält, und das tut sie doch gewiss nicht.«

Er spannte das nächste Blatt Papier ein. Er musste dringend der Kramer schreiben: Sie bekam noch ihr Honorar für das Abtippen von »Jeder stirbt für sich allein«. Zum vereinbarten Termin hatte sie an der Sperre gestanden, aber Fallada war nicht erschienen. »Sie werden sich auch den Kopf zerbrechen, was eigentlich mit Falladas los ist, und werden mich für einen ganz undankbaren Menschen halten. Aber aus der Adresse sehen Sie, dass wir mal wieder ausgerutscht sind …«

In diesem Moment klopfte es: Besuch für Herrn Fallada. Lilly Becher brachte das Romanmanuskript. Fallada hatte sich ausbedungen, die Kürzung für den Vorabdruck in der »Neuen Berliner Illustrierten« selbst vorzunehmen; das hatte er früher bei der alten »Berliner Illustrirten« auch gemacht. Bevor ein Fremder seinen Text verhunzte … Hoffentlich sah niemand in Carwitz oder Feldberg den grauenhaft zerschnitzelten »Alpdruck« in der »Täglichen Rundschau«.

Nachdem Lilly Becher gegangen war, setzte er den Kramer-Brief fort. Natürlich erhalte sie bei nächster Gelegenheit ihr Geld, im Übrigen werde »unser Roman« ein großer Erfolg. »Becher soll tagelang nach der Lektüre wie besoffen herumgelaufen sein«, erzähle man sich. Da hatte er mal eben Becher zu Rowohlt gemacht: Väterchen hatte das nach der Lektüre von »Wer einmal aus dem Blechnapf frißt« zu ihm gesagt. Becher war viel zu reserviert, als dass er sich zu einer solchen Formulierung hätte hinreißen lassen.

»Ich bin schon wieder einmal ziemlich zurechtgeflickt und auch arbeitslustig«, teilte er dem Verlag mit. In letzter Minute, kurz vor Druck, gab es noch eine Änderung im »Alpdruck«: Auf Wunsch von Wilhelm hieß der Verleger im Roman nun nicht Friedrich, sondern Mertens.

Die »Tägliche Rundschau« hatte er noch mit einer Geschichte versorgt – »Christkind verkehrt«, was Neues war ihm einfach nicht eingefallen –, Kurtz für den »Nacht-Express« hatte er im Stich gelassen, hoffentlich war der nicht böse auf ihn. Ob er ihn nicht einmal hier in der Charité besuchen wollte? »Wegen der DEFA muss ich unbedingt mal mit Ihnen sprechen. Sie wollten mir ja einen Anwalt für diese Sache benennen. Die wollen jetzt den Vertrag erfüllen, bieten mir das Geld und verlangen das Manuskript. Sie haben mich bisher beraten, und ich hätte so gerne mit Ihnen darüber gesprochen!«

Ob Graser auch für die Auseinandersetzung mit der DEFA der richtige Anwalt war? Wunschgemäß hatte dieser inzwischen Klage gegen die Eheleute Werner und Vera Krämer beim Landgericht Berlin-Zehlendorf eingereicht.

Fallada hatte den Streitwert auf 10 000 Mark geschätzt, daran bemaß sich der Gerichtskostenvorschuss. Fallada zahlte und wies aus der Charité seinen Anwalt an, die Sache bis eine Minute vor der Verhandlung voranzutreiben, dann aber abzubrechen. Werner hatte seine Spielchen mit ihm getrieben, nun würde er dasselbe mit diesem »Freund« anstellen.

Einen letzten Brief musste er noch schreiben. Einen, der ihm nicht leichtfiel.

»Liebe Mutti«, begann er. Der Brief wurde zu einer großen Konfession. »Woran liegt es nur bei mir, Mutti? Ich lasse es weder an Fleiß noch an Ausdauer, noch an Ordnung und gewiss auch nicht an der Liebe fehlen, aber dann zerschlage ich mir selbst in wenigen Stunden oft das, an dem ich Monate und Jahre gebaut. Ich habe jetzt wieder einen wirklich großen Roman geschrieben, in ganz kurzer Zeit, ein Roman, der ein Erfolg werden wird, ich hatte die Früchte meines Fleißes schon in der Hand, und nun sitze ich hier einsam allein und habe mich wieder um alles Erreichte gebracht.«

Er wisse ja, dass es diese Zusammenbrüche nicht mehr geben dürfe, dass er vernünftiger leben müsse, aber er hätte heilige Versprechen schon so oft gebrochen, dass er selbst nicht mehr recht daran glauben könnte.

»Mein armes Mädchen Ulla liegt hier auf derselben Station mit mir, nur ein paar Türen weiter, in einem Schlafsaal (während ich ein Einzelzimmer habe), weil, wie der Professor mir sagte, sie noch zu unruhig ist, als dass man sie allein legen dürfte. Ich darf sie noch nicht sehen, und ich darf sie wohl auch noch länger nicht sehen – auch das will ich ohne Klagen ertragen. Ich bin der Schuldige, ich bin der Mann, ich hätte sie führen und ihr helfen müssen, statt töricht ihren Wünschen nachzugeben.« Ulla sei »so aufopfernd, so treu, so liebevoll«; oft denke er an sie wie an »ein Kind, das man ja auch nicht im Dunkeln auf der Straße stehen lassen darf«.

Der Brief wurde immer länger. Für einen Weihnachtsbrief habe er schon viel zu viel gesagt. »Lass es Dir einmal erzählt sein. Du antwortest besser gar nicht darauf.« Aber sie solle erfahren, wie ihm ums Herz sei, er wisse diese Geständnisse bei ihr in guter Obhut.

Vor diesem Tag hatte er sich gefürchtet: Heiligabend allein in der Charité. Er schrieb Ulla nachmittags 4 Uhr einen Brief:

»Min leven Söten, Du mein liebstes Mädchen, – nun ist der Weihnachtsabend gekommen, und wir werden ihn nicht gemeinsam verleben, im selben Hause werden wir doch getrennt voneinander sein. Warum das so sein muss, daran tragen wir beide allein die Schuld, aber davon will ich heute Abend nicht reden. Sondern nur davon, dass wir, ob auch räumlich getrennt, doch beieinander sind, dass ich so sehr an Dich denke und denken werde, wie das kein Mensch kann, dass ich bei Dir bin, den ganzen Abend, bis ich hoffentlich einschlafen werde, irgendwann, um von Dir, Dir, Dir zu träumen.

Denke an die besten Stunden, die wir miteinander verlebten, denke daran, wie viel Glück wir uns schon schenken konnten, dass wir beide jung sind, dass noch ein langes Leben vor uns liegt, dass wir nachholen können, was wir eben versäumen ...«

Sie war jung, er war es nicht mehr. Er war noch älter, als es in seinem Pass stand. Ulla war das Glück seines alternden Herzens.

Er sehnte sich nach ihr, schloss die Augen und sah sie vor sich. Sie kam aus der Stadt zurück und hinauf in sein Zimmer, wo er am Schreibtisch saß. Sie hatte gar nicht erst abgelegt, stand in ihrem grauen Kapuzenmantel da. Er sah, ein wenig blinzelnd, zu ihr auf, sie brachte eine gute Botschaft mit, wahrscheinlich von der »Täglichen Rundschau«.

Er konnte nicht ewig die Augen vor der Realität verschließen. Ehe er mit seiner Liebeserklärung fortfuhr, musste er Ulla mitteilen, wie die Dinge draußen geordnet waren. Uli und Mücke waren zum Fest nach Carwitz gefahren. »Da Frau Paul durchaus zu ihrer Mutter mit Bärbel fahren wollte, war die Schwierigkeit die, wie ich Jutta unterbringen sollte. Loschens fahren nach Feldberg, Frau Grundig gab einen sehr hässlichen Korb, so habe ich Jutta gestern Nachmittag in ein katholisches Heim in der Nähe des Kurfürstendamms bringen lassen, wo sie mit anderen elternlosen Kindern das Weihnachtsfest verleben wird.«

Er hatte wirklich »elternlose Kinder« geschrieben. Tatsächlich war Jutta, so wenig wie sie sich in den letzten Wochen um sie gekümmert hatten, ein elternloses Kind.

Das Heim war sicher keine schöne Lösung, aber er hatte keine andere gefunden. Jutta mit den beiden Großen nach Carwitz zu schicken – er hatte daran gedacht, aber er wollte keine Gefälligkeiten von Suse. Da war Weihnachten im Kinderheim besser, mit anderen Kindern zusammen, unter der Obhut von Nonnen, mit Lebensmitteln versorgt – die Krankenhausfürsorgerin hatte erzählt, dass die Engländer dieses katholische Heim mit Sondergaben bedachten.

Die arme kleine Jutta litt durch ihre und seine Schuld. Vielleicht hätte man es doch organisieren können, dass das Mädchen die Mutter am Heiligabend wenigstens eine Stunde in der Charité besuchen durfte. Doch das hätte schrecklich enden können, für Jutta, auch für Ulla.

Wie mochte es ihr ergehen? Er spielte mit dem Gedanken, sich nachts über den Flur zu schleichen und seine Liebste heimlich zu besuchen. Ließ es aber besser bleiben. Wahrscheinlich wartete sie auf ihn.

»Nur ein Wort möchte ich Dir heute sagen. Ich habe dem

Professor, ehe er Dich hier aufnahm, mein Wort gegeben, ihn nicht zu bedrängen, bis er selber sagt, ich darf Dich sehen, und es ist selbstverständlich, dass ich mein Wort halte. Ich frage nach Dir, ich höre, wie es Dir geht, das muss mir genügen. Und nun habe ich auch die Erlaubnis, Dir täglich zu schreiben. … Wollen wir uns nicht erst einmal damit begnügen? Je ruhiger Du bist, je mehr Du Dich den Anordnungen fügst, umso eher werden wir beide wieder beisammen sein dürfen.«

Er hatte auch schwere Tage hinter sich, doch ihm ging es besser als ihr. Sie mussten durchhalten, durften nicht wieder zu früh abbrechen. Das war kein Leben mehr, wenn das Morphium alles Denken und Handeln bestimmte, alle anderen Gefühle verdrängte. »Denke an die letzten Tage draußen, da waren wir ja gar nicht mehr richtig beisammen, aber jetzt sind wir es wieder, und mögen noch so viel Mauern und Treppen und Anordnungen zwischen uns liegen!«

Die Schwester kam und fragte, wann er endlich fertig sei – sie sollte den Brief Ulla bringen. Fallada bat um etwas Geduld, er würde nur noch einen Absatz schreiben. Er beschwor ihre gemeinsamen Erinnerungen.

»Denke wie es begann, an die glücklichen Stunden, unten am Klinkecken. Damals haben wir uns noch nicht träumen lassen, wohin das Leben uns überall führen wird; aber wohin es uns auch geführt hat, es hat uns doch einander immer näher gebracht. Mir wenigstens scheint es, ich habe Dich noch nie so geliebt wie zu dieser Stunde, da ich allein sitze und Dir diese Zeilen schreibe.«

Die Schwester war noch nicht wieder erschienen, um den Brief abzuholen, und so spannte Fallada einen neuen Bogen in die Maschine ein. »Alle die andern, so viele, an die ich mein Herz früher verschwendete, sie sind nun alle weit fort, und nur die Uschi ist mir geblieben. Nur die Uschi? Ach, das größte Glück ist mir für den Schluss aufgespart, da ich es würdigen konnte, da ich schon ein wenig von den Frauen wusste, da ich erfahren hatte, was Glück ist und wie selten es ist und dass es fast nie dauert – da kamst Du! Lachend, die Locken hinter Dich werfend, bist Du in mein Leben gekommen, lachend haben wir uns auf den Weg gemacht, und ging es auch manchmal über Stock und Stein, wir wollen weiter lachen!«

Das konnte er selbst nicht so recht glauben. Die Stimmung schlug plötzlich um – nein, sie waren nicht die glücklichsten Menschen von dieser Welt, ihr Weihnachten war eine traurige Angelegenheit.

Er suchte verzweifelt Trost, schloss die Augen und stellte sich vor, Ulla sei bei ihm. »Hier in diesem Zimmer, ganz bei mir, ich hätte Dich anfassen können, so nahe warst Du mir. Wie ich es heute Abend schon einmal schrieb, bleibe bei mir, und irgendwo in der Bibel, glaube ich, heißt es weiter, denn es will Abend werden. Also, bleibe bei mir, denn es will Abend werden, und ich bin so allein ohne Dich. Wieder einmal nimm mich in Deine Arme, lass mich ausruhen bei Dir, in Dir, lass mich alle Sorgen loswerden bei Dir, erwärme mich an Deinem Herzen.«

Er wischte die Tränen weg, als er die Schwester kommen hörte. Er übergab ihr den Brief.

Schlafen konnte er noch nicht. Arbeit half, nach dieser Devise hatte er immer gelebt, also setzte er sich wieder an die Maschine und schrieb noch etwas an dem Vortrag, den er Uli versprochen hatte. Er steckte ein bisschen fest … Auf Seite 37 war er angekommen, das würde ein langer Vortrag werden. Hoffentlich würden sich die Schüler nicht langweilen. Er war bei »Jeder stirbt für sich allein« angelangt, bei dem Triumph, 600 Druckseiten in 24 Tagen geschrieben zu haben. Ungefähr 600 Seiten, denn der Text war noch nicht gesetzt, es könnten sogar mehr werden. Von den Schöpferwonnen hatte er erzählt, nun kam die unangenehme Kärrnerarbeit, die auch zum Schriftstellerberuf gehörte, das wollte er den Schülern nicht verschweigen.

Wie jeden Abend kam die Schwester mit der täglichen Ration Chloralhydrat zur Nacht. Inzwischen war er herunter auf drei Esslöffel.

In der Nacht, es mochte gegen drei Uhr gewesen sein, wachte er auf und entdeckte, dass er seinen Steppdeckenbezug an drei Stellen angekokelt hatte, auch den Hemdsärmel, ohne dass er etwas bemerkt hatte. Er war sonst immer vorsichtig mit Rauchen im Bett, aber diesmal musste ihn das Chloralhydrat so schnell umgeworfen haben, dass er die Zigarette offenbar nicht ausgemacht hatte. An Einschlafen war nun nicht mehr zu denken.

In schlaflosen Nächten las er, in letzter Zeit Dickens. Aber die Weihnachtstage brachten ihn dazu, noch einmal sein Leben Revue passieren zu lassen.

Letztes Jahr hatten sie Weihnachten bei Bechers gefeiert. Jutta hatte den Kaufmannsladen bekommen; diesmal hatten sie für die Kinder nichts. An dem besagten Abend hatte er sich mit dem russischen Korrespondenten angelegt, sie hatten über den Nürnberger Prozess gestritten. Erst viel später hatte Fallada erfahren, dass es sich dabei um Konstantin Fedin gehandelt hatte, der »Kleiner Mann – was nun?« ins Russische übersetzt hatte.

Berlin, das war nach zwölf Jahren Carwitz noch einmal ein neues Leben gewesen. Ein Lebensabschnitt, sein letzter, das spürte Fallada. Was er hier, in dieser zerstörten Stadt, erlebt hatte, mit Suse wäre das undenkbar gewesen. Ulla, das war die richtige Frau für diesen Lebensabschnitt – sie war seine letzte Liebe.

Die Sucht hatte sein Leben zerstört. Er hatte sie mehr als einmal überwunden, doch diesmal? Er machte sich etwas vor, wenn er glaubte, nach ein paar schlimmen Tagen und anschließend ein paar Wochen Entwöhnung sei alles wieder gut und er könne von Neuem beginnen. Sein Körper hielt das nicht mehr lange aus.

Gewiss, es hatte immer Gründe gegeben. Zuletzt der überforderte, von seinen Mitmenschen gehasste und von den Russen drangsalierte Bürgermeister in Feldberg, kein Wunder, dass er sich in die Droge flüchtete. Die Ankunft in Berlin und der Schock, dass sie, ihrer eigenen Wohnung beraubt, ein Vagabundenleben führen mussten, abhängig von dubiosen Geschäftemachern und Schwarzmarktschiebern. Dann plötzlich an vorderster Front im Literaturbetrieb, protegiert von Russen und denunziert von Heckenschützen der Amis. Unter enormem Druck ein unliebsames Projekt aufgegriffen und im Schaffensrausch einen großen Roman geschrieben, so hatte er wieder zur Droge gegriffen.

Es gab immer Gründe, und Ulla war keine Frau, die ihn abhielt. Suse hätte es getan, jedenfalls versucht. Ulla war seine Komplizin, sie gaben sich gemeinsam den Wonnen der Sucht hin. Sie genossen es, es verband sie. Zwei erwachsene Menschen, keiner hatte den anderen verführt, gemeinschaftlicher Selbstmord auf Raten.

Irgendwann schlief er dann doch ein. Um sieben Uhr morgens der übliche Krach, nicht mal am ersten Weihnachtstag wurde Rücksicht genommen.

Es hatte auf der Station einen Wasserrohrbruch gegeben, und so liefen die Schwestern zur Feier des Tages mit Wischlappen und Eimern über die Gänge. Falladas Zimmernachbar, ein russischer General, musste auf eine andere Station verlegt werden. Bei ihm war es nicht so schlimm, es drippte nur etwas von der Decke, da stellte er einen Eimer drunter und konnte weiter am Text für Ulis Vortrag arbeiten. Er wollte heute fertig werden. Inzwischen war die Wand klatschnass, gerade da, wo die elektrischen Leitungen verliefen. Wenn das bloß keinen Kurzschluss gab.

Zu Weihnachten waren alle mit ihren Familien beschäftigt. Becher hatte nur kurz vorbeigeschaut, Wilhelm noch kürzer – er hatte angekündigt, dass es noch Korrekturwünsche am Roman gäbe. Im Übrigen entschuldigte er sich: Im Verlag sei wahnsinnig viel zu tun – es klang nach Ärger.

Weil niemand zu ihm kam, sah er sich im Gebäude um. Mehrfach war er verlegt worden, kannte deshalb einige seiner Leidensgenossen. Er suchte Päule Leuchter auf, einen Bauer aus der Gegend von Jüterbog, einen Mann, der alle Menschen anschnauzte, immer kommandierte. Dabei grundanständig, aber krakeelen musste er doch. Unablässig phantasierte er von Autos, er hatte früher neben seinem Bauernhof einen Fuhrbetrieb mit sechs Fahrzeugen besessen. Dieser Mann sollte die Hauptfigur in der Erzählung werden, die Fallada für die Jugendschriftenreihe von Wilhelm plante. Leider war Päule heute zu nichts zu gebrauchen, er schlief immer wieder ein. Darüber war es Nachmittag geworden.

Fallada war bedrückt, Ulla hatte gar nicht geantwortet – kein Wort auf seinen gestrigen Liebesbrief. Nun, das Schreiben war immer seine und nicht ihre Sache gewesen. Die Schwester hatte ihm aber versichert, Ulla habe sich sehr darüber gefreut, und so setzte er sich wieder an die Maschine.

»Meine liebe süße Uschi, – nun ist die beste Stunde am Tage wieder gekommen: Ich sitze an meiner Maschine und schreibe an Dich. Den ganzen Tag habe ich mich schon auf diese Stunde gefreut, und nun ist sie da, und jetzt werden wir eine Stunde lang miteinander plaudern.

Ganz wie Du hatte ich mich sehr vor dem Weihnachtsabend gegrault, aber Du hast mir geholfen, ihn besser zu verbringen, als ich erwartete.«

Es klopfte, die Schwester kündigte Besuch an, Frau Paul mit Bärbel. Sie wollten sich, bevor sie abreisten, verabschieden und bedanken. Fallada hatte ihr geschrieben, sie solle von dem Geld, das sie für ihn verwahrte, 100 Mark nehmen, um sich und Bärbel einen kleinen Weihnachtswunsch zu erfüllen.

Sie hatten der Paul wegen diverser Vorfälle zum Jahresende gekündigt. Das war vor ihrem Zusammenbruch gewesen – in der momentanen Situation konnten sie kaum auf sie verzichten. »Die Pauline war diesmal ganz vernünftig, nicht so verkrampft-feindlich wie sonst«, berichtete Fallada Ulla nun von dem Besuch. »Sie hat mich ganz friedlich mit ›Sie‹ angeredet, was ja auch das Beste ist, und hat sich bereit erklärt, den Haushalt am Eisenmengerweg noch weiter zu verwalten, auch bis Ende Januar, auch eventuell länger, bis wir eben wieder aktionsfähig sind.«

Noch etwas musste er Ulla unbedingt erzählen. Frau Charlotte Lück, die ihn bei seiner Ankunft hier aufgenommen und mit ihm die Formalien erledigt hatte, die als blonde Eminenz der Charité galt, war die Mutter von Eva Burlage. Ja, jenem Evchen, das im Moment mit Uli und Mücke in Carwitz Weihnachten verbrachte, der Witwe von Wilhelm Burlage, eng befreundet mit Suse. Frau Lück war die Sekretärin von Roggenbau, ihre Tochter Eva wohnte für gewöhnlich in diesem Haus, Evas Freund, bei dem auch Suse oft gewohnt hatte, war Doktor Ziese, der jetzt auch in der Charité angestellt war. Alles eine Clique. Waren sie umgeben von ihnen feindlich gesinnten Menschen? Oder bildete er sich das nur ein?

Das Abendessen kam, er musste Schluss machen. Morgen, am zweiten Feiertag, würde er Ulla wieder schreiben. Am Freitag sollte der Professor dann im Haus sein. Mit Roggenbau würde er sprechen, ihm auf den Zahn fühlen. Vor allem fragen, wann er seine Ulla besuchen dürfe. Wie gerne würde er sie jetzt sehen und ihr erzählen, was er alles vorhat.

»So endlose Briefe, die einen ganzen Abend Geschwätz bedeuten, gibt es dann nicht mehr. Jetzt bin ich ja die reine Brandung geworden und brande immer weiter, brande, brause, brande …

Ade zur Guten Nacht, jetzt wird Schluss gemacht, dass ich muss scheiden. Und nun einen schönen langen Kuss und mit guten Gedanken einschlafen, ja? – Immer Dein gerupfter Spatz«.

Die Schwester war mit dem Brief abgezogen, er war wieder allein.

Plötzlich wusste er, warum ihm der Titel »Jeder stirbt für sich allein« so bekannt vorgekommen war. Nicht von irgendeinem fremden Buch, sondern von einem seiner eigenen Romane. Vor vielen Jahren hatte er in seinem Roman »Wir hatten mal ein Kind« geschrieben: »Jeder stirbt für sich allein, und allein zu sterben ist bitter.«

Epilog

6. Februar 1947. Becher telegrafierte an Suse: »Hans Fallada ist in der Nacht zum 6. Februar gestorben. Mit herzlichstem Mitgefühl Ihr Johannes R. Becher«. An Ernst Rowohlt: »Teile Ihnen tief ergriffen Tod unseres Hans Fallada mit. Er starb an Herzlähmung in einem Berliner Krankenhaus.«

Es war ein extrem strenger Winter, seit Tagen herrschte Dauerfrost. Nahezu 30 Grad minus. Nur wenige Menschen fanden sich am 13. Februar, morgens um 11 Uhr, in der Osthalle des Krematoriums Gerichtstraße ein, um von Hans Fallada Abschied zu nehmen. Becher sah sich um: kein offizieller Regierungsvertreter, kein Mitglied des Magistrats, niemand von der Zentralverwaltung für Volksbildung. Kein Nachbar aus dem Städtchen.

Paul Wiegler hielt die Trauerrede. Becher fand, dass der alte Lektor nicht wirklich erfasste, was diesen Schriftsteller ausgezeichnet hatte, was Fallada trotz schwankender literarischer Qualität zu einem außerordentlichen Erzähler machte, wie die deutsche Literatur nur wenige aufzuweisen hatte.

Bechers Gedanken schweiften ab. Er sah ihn vor sich – wie er zur Tür hereintaumelte, in einer gefährlich-reizvollen Trunkenheit. Mit ihm konnte man einiges erleben. Trotzdem, mein Lieber, das sei dir gesagt: »Deine Boshaftigkeiten und Bösartigkeiten mir gegenüber haben mich nicht einen Augenblick lang in meiner Freundschaft zu dir irregemacht.

Du großartiger Erzähler, Fabulierer, du unverwüstlicher, leidenschaftlicher Arbeiter: du herrliches, sprühendes Talent! Schade, ich kann, an dich denkend, nur immer dieses ›schade‹ wiederholen … nein, ich will dir keine Vorwürfe mehr machen. Dein Wunsch sei dir erfüllt: Ruhe in Frieden!«

Den literaturhistorischen Wert des Gesamtwerks würde Becher an anderer Stelle würdigen: bei der Beisetzung in ein paar Tagen auf dem Friedhof Am Bürgerpark und in einem Aufsatz im »Aufbau«. Über die Nachrufe in den Zeitungen hatte er sich geärgert. Die Westblätter nahmen Fallada seine Kulturbund-Nähe übel. »Mit allzu durchsichtigem Eifer suchte er den jeweils richtigen Anschluss. Auch in der Zeit nach dem Zusammenbruch«, stand im »Abend«. Besonders schlimm der »Tagesspiegel«. Ein gewisser Herbert Pfeiffer machte aus Fallada einen Konjunkturritter und Opportunisten, der sich aus der Hörigkeit des Propagandaministeriums direkt in die Arme des Kulturbunds geflüchtet habe. »Wie er aber seinen ›Anschluss‹ vollzog, dies zu bezeichnen findet sich doch schwer ein anderes Wort als: schamlos.« Unverschämt war das! Man gab sich moralisch, während es in Wahrheit um Politik ging.

Nur Gerhart Pohl – Bechers alter Freund aus Zeiten des Bundes proletarisch-revolutionärer Schriftsteller – hatte einen anderen Ton angeschlagen: »Fallada hat nicht vor Hitler kapituliert (wie gelegentlich gelästert wurde). Er ist in seiner schöpferischen Substanz von ihm zerschlissen worden.«

Doch er hatte zurückgefunden, unter schwierigsten Bedingungen, zu alter Hochform. Nur wussten das die Herren Kritiker noch nicht, denn »Jeder stirbt für sich allein« war bisher noch nicht erschienen. Dafür zu sorgen war jetzt die wichtigste Aufgabe, die Becher für seinen toten Freund zu erfüllen hatte.

Erst am 7. März fand Suse die Kraft, Falladas Schwester Elisabeth und ihrem Mann in Celle zu schreiben.

»Liebe Ibeth und lieber Heinz«, begann sie, »es sind schon wieder gut vier Wochen her, dass Rudolf so plötzlich starb und Ihr werdet sehr auf einen Brief von mir warten.

Natürlich wurden wir hier genauso überrascht von der Nachricht von Rudolfs Tod wie Ihr, standen genauso fassungslos davor und ich wollte es zuerst nicht glauben, dachte noch an irgendeine Falschmeldung. Abends kamen aber die Telegramme, eines von Ulla und eins von Johannes R. Becher, der Rudolf sehr freundschaftlich zugetan war. Ich fuhr sofort am nächsten Tag (Freitag) los, aber die Reiserei ist jetzt so schwierig, dass ich erst am Sonntag zu Ulla gehen konnte, die noch im Krankenhaus war. Ich konnte auch Rudolf noch sehen, es war ein unendlich friedevolles Gesicht, was ich dort sah, aber leider auch ein etwas fremdes Gesicht. Aber es sind vorher auch Fotos von ihm gemacht worden, die ich wunderbar finde, die mir sein Gesicht aus unseren guten Jahren wieder zeigten. Und bei diesem Abschiednehmen merkte ich wieder, wie sehr ich ihn geliebt hatte und dass trotz allem Schweren, was ich durch ihn erlebt habe, und allem Bösen, was er mir angetan hatte, dieses Gefühl immer noch lebte. Ich sehe mir sehr oft diese Bilder an, und ich denke und hoffe auch, dass allmählich die guten, lichtvollen Jahre, die neben viel Schwerem auch unendlich viel Glück für mich hatten, in der Erinnerung vorherrschen werden.«

Sie ahnte, dass eine schwierige Zeit mit Sorgen und Kämpfen auf sie zukommen würde. Dass Fallada wieder in diesem Ausmaß Morphinist geworden war, war ihr nicht bewusst gewesen. »Und leider ist es Ulla gewesen, die ihm immer alles besorgt hat, ihn in keiner Weise davon zurückgehalten hat, sondern ihm immer wieder gebracht hat«, das hatte sie von Becher erfahren. »Ich habe schon Uli und Mücke mit sehr schwerem Herzen zu ihnen gelassen, hatte ja keine andere Möglichkeit, ihnen die nötige Schule zu verschaffen. Aber wenn ich da schon alles so gewusst hätte, was ich jetzt weiß, hätte ich es doch wohl auf irgendeine andere Weise möglich

gemacht. Beide Kinder haben sehr hässliche Szenen miterlebt, so dass sogar Uli, der sehr an seinem Vater hing, ihm
sehr entfremdet wurde.«

Ihre Kinder hatte sie sofort aus Berlin mitgenommen und
in Neustrelitz untergebracht. Sonntags kommen sie immer
nach Hause, auch um sich das nötige Zusatzfutter zu holen.
Die Schule in Neustrelitz sei sogar weiter als die in Berlin.
Mücke brauchte Nachhilfe, Uli wollte es allein schaffen. Carwitz zu halten, das würde nicht leicht werden. Im Moment
hatte sie Flüchtlinge zu beherbergen, später, wenn bessere
Zeiten kämen, vielleicht Sommergäste. Doch das ominöse
handschriftliche Testament vom 1. Mai – als Fallada unter
schwersten Abstinenzerscheinungen litt und gar nicht ge-
schäftsfähig war –, in dem er Ulla zur Alleinerbin erklärte,
das würde sie anfechten, schon der Kinder wegen.

»Meine lieben Cellenser alle, ich habe es für meine Pflicht
gehalten, Euch über alles ganz offen und ehrlich zu schreiben, ob ich es so geschrieben habe, dass Ihr es alles begreift,
weiß ich nicht. Hoffentlich! Du kannst ganz sicher sein, liebe
Ibeth, dass ich nicht vergessen werde, was für ein Mensch
und was für ein Talent Rudolf gewesen ist, dass er enorm viel
geleistet hat und dass ich mit ihm wunderschöne Zeiten
gehabt habe. Er war in den letzten Jahren ein sehr unglück-
licher Mensch, ruhelos und friedlos, und Schlafmittel- und
Alkoholmissbrauch und zuletzt das Morphium hatten ihn
kolossal verändert. Ich glaube, dass es für ihn gut ist, dass er
jetzt gestorben ist, sein Leben wäre wahrscheinlich nur noch
ein steiler Absturz geworden. – Euch allen viel Herzliches
und Gutes, immer – Eure alte Suse«.

Wilhelm hatte Post vom Präsidialbüro des Kulturbunds bekommen. Alexander Abusch erstattete Bericht von der Sitzung des Kulturellen Beirats, der sich mit der Frühjahrspro-
duktion des Aufbau-Verlags beschäftigt hatte.

Das Programm hatte allgemeine Anerkennung gefunden,

gewiss, die Diskussionen hatten sich auf zwei Punkte konzentriert: »Es gab Angriffe auf die Person Falladas überhaupt, und es wurde kritisiert, dass von einem solchen Schriftsteller gleich drei Verlagserscheinungen auf einmal herauskommen sollen.« Er, Abusch, habe mehrmals das Wort ergriffen, um den Fall Fallada richtigzustellen – aber müssten es denn tatsächlich gleich drei Bücher sein?

Wilhelm konnte den Funktionär beruhigen: Die »Geschichten aus der Murkelei« seien praktisch schon fertig, Becher habe bereits ein Musterexemplar erhalten, und in zwei oder drei Monaten würde »Der Alpdruck« herauskommen. Also lediglich zwei und dazu ganz unterschiedliche Bücher. »Jeder stirbt für sich allein« bedürfe noch einer gründlichen Korrektur, mit dem Erscheinen sei so bald nicht zu rechnen.

Wilhelm hatte Fallada noch in die Charité ein paar kritische Bemerkungen zum Roman geschickt, eine »Auslese der Gutachten«, wie er es nannte. Es waren ohne Ausnahme vernichtende Beurteilungen. Obenauf das Gutachten von Kappus von der »Neuen Berliner Illustrierten«, mit der sich der Verlag abstimmte. Er hätte beim Lesen wachsendes Unbehagen empfunden, die Lektüre sei ebenso spannend wie quälend gewesen. Im zweiten Teil würden die Helden überhaupt nicht vorkommen, zumindest für einen Abdruck in Fortsetzungen sei das unmöglich. Kappus wollte gar nicht aufhören, unwahrscheinliche Details aufzuzählen. Gutachter zwei, ein Mann namens Berghaus, stimmte zu: Alles ziemlich unglaubwürdig. Man habe nicht das Gefühl: Ja, das haben wir erlebt. Kollege Wohlgemuth stieß ins selbe Horn. Wenn er sich frage, welcher der Romanfiguren er in all den Jahren begegnet sein könnte, müsse er antworten: keiner. Auch Gutachter vier, ein gewisser Nowak, ließ an dem Roman kein einziges gutes Haar: »Es ist ein Zuhälterroman mit politischem Aufputz. Damit will niemand in Deutschland etwas zu tun gehabt haben.«

Sicher, das Manuskript enthielt noch einige Ungereimtheiten und Flüchtigkeitsfehler. Kein Wunder angesichts der kurzen Zeit, in der Fallada es niedergeschrieben hatte. Er hatte die Nazijahren nicht in Berlin gelebt, einige Dinge konnte er gar nicht wissen. Umso erstaunlicher, wie genau er die Stimmung jener Zeit der Angst und Unterdrückung getroffen hatte. Otto und Anna Quangel, der Werkzeugmacher und seine Frau, einfache Leute, die kaum mehr als Karten schreiben können (und auch da haben sie schon Schwierigkeiten mit der Rechtschreibung). Von Politik verstehen sie wenig, keinesfalls haben sie das System durchschaut.

Was immer die Gutachter bemängelten, Becher wusste es besser: Fallada war ein großer Roman geglückt. Seinem epischen Talent war es vorbehalten geblieben, eine die Zeit überdauernde Chronik von Deutschlands dunkelsten Jahren zu schreiben.

»Seine Liebe galt dem einfachen Leben und den kleinen Leuten«, hatte Becher am Grab gesagt. »Dass das einfache Leben oft höchst kompliziert war und was an Großem in diesen kleinen Leuten träumte, das schilderte er uns meisterhaft. Er kannte sich in dem Leben dieser kleinen Leute aus wie kaum einer, und wahrheitsgetreu reflektierte er ihre Stimmungen; diese seine Stärke war zugleich auch seine menschlich-künstlerische Schwäche.«

Auch das wollte Becher nicht verschweigen. Der Gefahr der Verniedlichung, er hatte Georg Lukács gelesen, sei Fallada nicht immer entgangen. »Aber seine Sehnsucht nach Idylle, sein romantisches Verdämmern, das ist zwischen und hinter den Zeilen spürbar, kommen aus dem unerträglichen Gehetztsein der Zeit und den Exzessen des eigenen Lebens.« Fallada hätte nicht solche Bücher schreiben können, wenn er nicht ständig unter Hochspannung gestanden hätte. »Daher kam es, dass er keine langweiligen Bücher schrieb, weil er ein von seinen Widersprüchen getriebener, interessanter Mensch war, und der Widerspruch, den er verkörperte, war kein privater. Er verkörperte und stellte dar, in seinen Seelenkrisen, einen deutschen Zustand.«

Mit dieser Ansprache, gedruckt im Februarheft des »Aufbaus«, hatte Becher Falladas Platz in der Literaturgeschichte markiert und für die DDR gesichert. Wilhelm bat ihn um ein Nachwort für den »Alpdruck«; Becher schlug vor, diesen Text dafür zu nehmen. Niemand wollte danach noch gegen »Jeder stirbt für sich allein« intervenieren.

Becher wusste etwas, was niemand sonst wusste: Fallada hatte damals von Willmann nicht die vollständigen Prozessakten zum Fall Otto und Elise Hampel erhalten. Aufgefallen war es dem Autor damals schon, dass die Gnadengesuche fehlten. Er wusste aber nicht, dass Becher sie hatte entfernen lassen. Nach dem Todesurteil hatten beide – anders als in den Vernehmungen – die Schuld auf den jeweils anderen Ehepartner abgewälzt. Otto wollte die Karten nur auf Drängen seiner Frau geschrieben haben; sie erklärte, dass sie ihn vom Schreiben abzuhalten versucht und sogar Karten zerrissen habe. Anders als im Roman waren die Hampels am Ende gebrochen und bereit, das Leben des Ehepartners zu opfern, um das eigene zu retten. Die Schreiben waren beklemmende Zeugnisse menschlicher Erniedrigung. Becher fragte sich, ob Fallada den Roman in Kenntnis dieser Papiere hätte schreiben können.

Den Rest der Unstimmigkeiten im Roman musste Paul Wiegler tilgen. Der erfahrene Lektor verstand sein Handwerk: Er hatte schon so manches problematische Buchprojekt gerettet.

Beim »Alpdruck« hatte Fallada nichts von dem geändert, was Wiegler seinerzeit moniert hatte. Jetzt hatte der Lektor freie Bahn. Sachliche Fehler wurden vorsichtig korrigiert; manches ließ er wider besseres Wissen stehen, um nicht den Rhythmus von Falladas Prosa zu zerstören. Wiegler schrieb nichts um, das hätte er sich anders als manche Kollegen niemals angemaßt. Doch er eliminierte, was Anstoß erregen könnte. Das 17. Kapitel wurde komplett gestrichen – schade, aber Anna als eifrige Kassiererin der NS-Frauenschaft, da wurde die Heldenfigur in seinen Augen kompromittiert. Die ebenso stümperhaft wie unmenschlich agierende Widerstandszelle bekam das Attribut »kommunistisch« gestrichen, so konnte die Szene im Buch bleiben. Ach, fast hätte Wiegler es vergessen, den DEFA-Dramaturgen musste man nicht verärgern, er änderte den Namen »Barkhausen« in »Borkhausen«, das klang sogar besser. Insgesamt verlor der Roman dadurch zwar an Farbe und Nuancen, aber wenigstens hätte man so keinen Ärger mit der Druckerlaubnis.

Als das Buch erschien, trug es den Vermerk: »Die Ausgabe besorgte Paul Wiegler«.

Weihnachten, Heiligabend 1947. Bevor Becher zur Feier aufbrach, hatte er noch eine Anfrage von einem Herrn Krüger im Polizeipräsidium, Abteilung Rauschgiftdezernat, zu beantworten.

»Ich möchte Ihnen kurz meine Erfahrungen über Frau Fallada mitteilen, um zu einer Klärung der Angelegenheit beitragen zu können.«

Auf Falladas Tod war ein Trauerspiel gefolgt, das leider abzusehen gewesen war. Auf Anordnung der russischen Militäradministration hatte Ulla am 6. Juni das Haus im Eisenmengerweg räumen müssen, hatte Platz zu machen für Oberst Kirsanow, den Chefredakteur der »Täglichen Rundschau«. Becher hatte eine neue Bleibe für sie gefunden: Kavalierstraße 4. Dort war gerade etwas frei geworden: Kurt Wilhelm, der Verlagsleiter von Aufbau, hatte sich in den Westen abgesetzt.

Ein geordneter Umzug war unmöglich gewesen: Möbel und Hausrat waren unverzüglich fortzuschaffen, mit dem Transport in die neue Wohnung war Ulla, gerade aus den Wittenauer Heilstätten entlassen, restlos überfordert. Becher hatte sich selbst in den Räumen umgesehen: Überall lagen

Bücher herum, auf dem Boden, an den Wänden gestapelt, kreuz und quer durcheinander. Wertvolle Erstausgaben von Jean Paul oder E. T. A. Hoffmann neben billigem Schund, der wohl von Ulla stammte. Schätzungsweise 2500 Bücher, wahrscheinlich mehr. Ulla hatte einen Sachverständigen mit der Bestandsaufnahme und Taxierung beauftragt – es würde nichts von Falladas geliebter Bibliothek bleiben. Sein Schreibtisch hatte durch den Umzug nach Berlin erheblich gelitten, ansonsten gab es eine Couch, einige Stühle und ramponierte Bücherregale. Das war alles.

Monate später hörte Becher von Luise Paul, der Frau des Ministerpräsidenten in Weimar, dass Ulla in eine Nervenheilanstalt eingewiesen worden war. Nächste Station: Universitätsklinik Jena. Das Amtsgericht bestellte einen Pfleger für Ulla.

Und jetzt die Anfrage des Rauschgiftdezernats. Becher antwortete, er halte Frau Fallada für einen grundanständigen und wertvollen Menschen. Sie sei in eine Lage geraten, der sie nicht mehr gewachsen war. »Dem außerordentlich schwierigen Charakter ihres Mannes hat sie mit besten Kräften zu begegnen versucht, und es ist nicht ihre Schuld, wenn es ihr nicht gelang, Fallada von seiner Sucht freizubekommen.« Dabei sei sie selbst dem Morphinismus erlegen, war aber immer bereit gewesen, eine Entziehungsanstalt aufzusuchen. Dass sie immer zu früh abgebrochen hatte, das jedoch verschwieg er.

»Als ich sie vor ungefähr drei Wochen das letzte Mal sah, war sie in einem besonders schlechten Zustand, und da sie glaubhaft auch über Herzschwächen klagte, rief ich in ihrem Auftrag Frau Krämer an, um ihr zu helfen. Frau Krämer lehnte jede Hilfe ab und erklärte, unter keinen Umständen willens zu sein, ihr ein Mittel zu besorgen.« Ob Frau Krämer ihr früher Morphium besorgt habe, könne er nicht sagen.

Das war definitiv das letzte Mal, dass er sich für sie verwandte. Mehr konnte er für Ulla wirklich nicht tun. Ihr weiterer Weg war vorgezeichnet, es konnte nur schlimm enden. Er würde Suse dabei unterstützen, das Testament anzufechten.

Ständig sollte er Auskünfte über Fallada erteilen. Neulich erst hatte er Waltraut Schiller, die für die Fachzeitschrift der Bibliothekare einen Aufsatz verfassen wollte, ausführlich auf alle Fragen zum Schaffen Falladas, zu seinen weltanschaulichen Einstellungen und zur Verbreitung seines Werks in der Sowjetunion geantwortet.

Jetzt wandte sich auch noch eine Leipziger Studentin, Christa Wolf, an ihn, den Genossen Becher. »Verzeihen Sie bitte, wenn ich Ihre Zeit durch eine Anfrage in Anspruch nehme, deren Beantwortung mir sehr wesentlich wäre. Ich arbeite augenblicklich an meinem Staatsexamensthema über ›Das Problem des Realismus in Hans Falladas Erzählungen und Romanen‹ bei Herrn Professor Hans Mayer, Universität Leipzig.«

Die Studentin berief sich auf einen Artikel von Lilly im »Neuen Deutschland«. Sie wollte daraus entnommen haben, dass seine Frau eine wissenschaftliche Bearbeitung des Themas »Hans Fallada« für notwendig halte.

Selbstverständlich hatte er Lillys Artikel gelesen, Anlass dafür war Falladas fünfter Todestag gewesen. Eigentlich hatte er etwas schreiben sollen, aber es nicht gewollt. Lilly war eingesprungen und hatte geschrieben, was man jetzt verlangte: Sie lobte Fallada als Kronzeugen des kleinen Mannes, vermisste aber einen klaren Klassenstandpunkt.

Becher veröffentlichte keinen Artikel mehr über Fallada. Seine Gedanken vertraute er dem Tagebuch an. »Von mir aus eine echte Freundschaft, eine neidlose Bewunderung seiner hohen epischen Fähigkeiten, eine tiefe Verwandtschaft mit seiner schöpferischen Leidenschaft, mir ein Vorbild in seinem volkstümlichen, reich-poetischen Erzählertalent.«

Die Fotografie der Totenmaske hatte er inzwischen abgehängt und durch das Bild von der Unbekannten aus der Seine ersetzt. Die Erinnerung an Fallada blieb jedoch präsent. Tag und Nacht hatte er ihn damals auf Trab gehalten. Was waren das für Zeiten: Alles war Aufbruch, Hoffnung und Zuversicht, alles schien möglich. Dann kündigte sich der Kalte Krieg an. Gustav Leuteritz, der mit ihm zu Gerhart Hauptmann gefahren war und Fallada für die »Tägliche Rundschau« interviewt hatte, wurde vom NKWD verhaftet und nach Sibirien verschleppt, nie wieder hatte man von ihm gehört. Der demokratischen Erneuerung in ganz Deutschland sollte der Kulturbund dienen, offen für alle ästhetischen Richtungen und politischen Auffassungen. Das war er anfangs auch gewesen, allen Anfeindungen zum Trotz. Als dann aber zwei deutsche Staaten entstanden, fest eingebunden in die jeweiligen Blöcke, hatte sich die Utopie erledigt.

Er nahm sich das Schreiben der Studentin wieder vor. »Vor allem benötige ich Informationen über den äußeren Lebensablauf Falladas, u. a. um feststellen zu können, inwieweit einzelne Episoden und Gestalten aus seinem Werk autobiographische Züge tragen. Ich vermute wohl mit Recht, dass der Dr. Granzow im ›Alpdruck‹ auf Grund von Falladas Bekanntschaft mit Ihnen entstanden ist?«

Dass sollte er nun schnell beantworten? Er wusste nur zu genau, was im »Alpdruck« Dichtung und was Wahrheit war. Wohlweislich hatte er stets vermieden, etwas darüber zu sagen, nicht einmal im Freundeskreis hatte er sich dazu geäußert.

Die nächste Frage. »Interessant wäre mir aber, etwas über die Verbreitung seiner Romane in der Sowjetunion zu erfahren: Welche Bücher sind dort beliebt und warum?«

Gleich nachdem die »Neue Berliner Illustrierte« mit dem Vorabdruck von »Jeder stirbt für sich allein« begonnen hatte, wurde Interesse seitens einer sowjetischen Literaturzeitschrift signalisiert. Einige Fallada-Bücher waren in Russland erschien, nun wollte man wissen, was er während des Nazi-regimes und der Kriegsjahre gemacht hatte. Die Frage ging an Wilhelm Pieck, im Sekretariat arbeitete seine Tochter Elli, die wiederum den Journalisten Max Keilson einschaltete. Hätte man nicht ihn, Becher, als Ersten fragen müssen, wusste doch niemand so gut über Fallada Bescheid wie er.

Nein, Keilson hatte eine Aktennotiz für Walter Ulbricht verfasst. Den Text hatte Becher erst hinterher gesehen, er war ihm heimlich zugesteckt worden. Keilson hatte Ulbricht geschrieben, er sei ratlos, was er auf das Telegramm aus Moskau antworten solle. »Die hiesigen sowjetischen Stellen sind natürlich gut informiert über Fallada. Genosse Abusch meinte, dass man Bücher von F. veröffentlichen solle, aber je weniger man über den Autor schreibt, desto besser wäre es.« Man wisse ja von seinem Einsatz beim RAD, dass seine Lesungen meist damit geendet hätten, dass er betrunken aus dem Saal getragen worden sei. »Er war Trinker und Morphinist und wurde deshalb wahrscheinlich von den Nazis nicht mehr herangezogen.« Ulbricht hatte sich zehn Tage Zeit gelassen mit seiner Entscheidung, dann nach Moskau telegrafiert: »Romane können veröffentlicht werden ohne seine Biographie.«

Auch das konnte Becher der Studentin nicht schreiben, die ahnte von all diesen Tricksereien und Intrigen nichts. Noch heute ärgerte er sich, dass man ihn übergangen hatte. Aber er wusste sowieso, dass Abusch an seinem Stuhl sägte.

Was wollte die Studentin noch wissen? »Ist Ihnen bekannt, in welchen Jahren der ›Trinker‹ geschrieben wurde?« Ach, das war eine lange Geschichte. Wenn es nach ihm gegangen wäre, wäre der Roman nie erschienen – »ein ganz und gar unnötiges, schädliches und widerwärtiges Buch«, das fand er noch immer. Aber der Aufbau-Verlag hatte bereits einen Lizenzvertrag mit Rowohlt abgeschlossen, und die westdeutschen Kollegen hatten den Roman veröffentlicht, da konnte Becher auch nicht mehr verhindern, dass das Buch zwei Jahre später in der DDR erschien.

»Das wären meine wichtigsten Fragen«, schrieb die Studentin. »Natürlich interessiert mich auch alles andere, was mit meinem Thema zusammenhängt – beispielsweise die Beurteilung Falladas in Westdeutschland u. s. w.«

In der Bundesrepublik zeigte man wenig Interesse an dem letzten Werk des populären Schriftstellers. Die westdeutsche Kritik hatte »Jeder stirbt für sich allein« als »nach ideologischem Maß gearbeitete Erzählungsliteratur« abgetan: fragwürdig und peinlich, urteilte die Zeitschrift »Welt und Wort«. Und aus London, von Putnam, dem Verlag, der früher alle seine Bücher publiziert und auf den Fallada seine Hoffnungen gesetzt hatte, war eine Ablehnung gekommen: Fallada habe Inspiration und Schaffenskraft verlassen, nicht zurückgefunden zu seinen alten Stärken. Bei ihnen genieße der Autor ein hohes Ansehen, das wolle man nicht schädigen durch die Publikation weniger gelungener Werke.

Fallada war wieder einmal zwischen alle Stühle geraten, ein Opfer der Ost/West-Konfrontation. Doch Becher war sich sicher: Das würde sich ändern. Es mochte ein paar Jahre, vielleicht Jahrzehnte dauern, dann würde man erkennen: »Jeder stirbt für sich allein« ist ein Werk, das gültig Auskunft gibt über den Alltag in Deutschlands dunkelster Zeit. Abwarten: Das Buch hatte Bestand, mehr als manches im Moment hochgejubelte Buch.

Christa Wolfs Brief endete »Mit sozialistischem Gruß«. Möglichst knapp antworten und dabei nichts preisgeben. Das konnte er.

In seinem Tagebuch allerdings vermerkte Becher: »Über Fallada müsste man noch viel schreiben – über diesen interessanten, widerspruchsvollen, liebenswerten, widerwärtigen, anständigen, lumpigen, treuen und schuftigen Menschen – und einen der besten Dichter unserer Zeit, einen wahrhaft Besessenen ...«

Nachbemerkung

»Falladas letzte Liebe« ist eine dokumentarische Erzählung. Alle wörtlichen, durch Anführungszeichen gekennzeichneten Zitate stammen wortgetreu aus Hans Falladas Werken, Briefen oder anderen Zeugnissen, die Orthographie folgt den heute gültigen Regeln. Darüber hinaus gibt es zahlreiche versteckte Zitate: Der Autor hat sich eng an die überlieferten Dokumente gehalten, sich jedoch die Freiheit genommen, Dinge zusammenzuziehen und die Chronologie leicht zu verändern. Die Zeittafel informiert über die genauen Abläufe, das Literaturverzeichnis über die benutzten gedruckten Quellen.

Darüber hinaus wurden Dokumente in folgenden Einrichtungen eingesehen: Archiv der Akademie der Künste Berlin (Hans Fallada, Johannes R. Becher, Christa Wolf), Archiv des Aufbau-Verlages (Staatsbibliothek zu Berlin, Depositum 38), Bundesarchiv (Berlin Document Center, Archiv der Parteien und Massenorganisationen der DDR), Forschungsstelle für Zeitgeschichte Hamburg (»Tägliche Rundschau«) und dem überreichen Hans-Fallada-Archiv im Literaturzentrum Neubrandenburg.

Für Auskünfte und Anregungen hat der Verfasser Erika Becker, Peter Walther, Klaus-Jürgen Neumärker, Alexandra Vasa und Achim Ditzen zu danken.

Leser, die eine Ortsbesichtigung in Berlin planen, seien darauf hingewiesen, dass der Eisenmengerweg inzwischen Rudolf-Ditzen-Weg heißt (die Hausnummern haben sich nicht geändert). Andere Straßen im Städtchen wurden gleichfalls umbenannt: so wurde aus der Viktoria- und der Kronprinzenstraße der Majakowskiring. Auch das Haus in der Meraner Straße in Schöneberg steht noch (an ihm befindet sich eine Gedenktafel – für Kurt Losch, nicht für Hans Fallada).

Hans Fallada war der Schriftstellername von Rudolf Ditzen; er wurde in Berlin aber, wie er Suse einmal schrieb, immer selbstverständlicher ganz zu Hans Fallada, auch im privaten Verkehr.

Im Übrigen gilt, was Fallada im Vorwort zum »Alpdruck« schrieb: »Alles hier Erzählte konnte so geschehen und ist doch ein Roman, also ein Gebilde der Phantasie.«

Michael Töteberg

Zeittafel im Roman
genannter Ereignisse

1944

5. 7.   Scheidung von Anna Ditzen, genannt Suse

1945

1. 2.   Heirat mit Ursula Losch, geb. Boltzenthal
Mai   Fallada wird vom sowjetischen Stadtkommandanten zum Bürgermeister von Feldberg ernannt
13. 8.   Nach einem Zusammenbruch werden Fallada und seine Frau nach Neustrelitz ins Krankenhaus gebracht

2. 9.	Ankunft in Berlin; Fallada und seine Frau Ulla ziehen in ihre alte Wohnung, Meraner Straße 12, in Schöneberg
7. – 24. 9.	Nach erneutem Zusammenbruch Aufenthalt in den Kuranstalten Westend
September	Treffen mit den Schriftstellern und Journalisten Erik Reger und Paul Wiegler
4. 10.	Johannes R. Becher, Dichter und Mitbegründer des »Kulturbunds zur demokratischen Erneuerung Deutschlands«, bei Gerhart Hauptmann in Agnetendorf
7. 10.	Fallada sucht den Arzt und Schriftsteller Gottfried Benn auf, der ihn und Ulla seit ihrer Ankunft in Berlin mit Morphium versorgt
um 12. 10.	Erstes Treffen mit Johannes R. Becher
13. 10.	Fallada erklärt seinen Beitritt zum »Kulturbund«
18. 10.	Buchvertrag mit dem Aufbau-Verlag über »Im Namen des Deutschen Volkes«
25. 10.	Interview in der »Täglichen Rundschau«
5./6. 11.	Umzug nach Pankow ins »Städtchen«, Eisenmengerweg 19
8. 12.	Fallada spricht in Schwerin auf einer Kulturbund-Veranstaltung über den Nürnberger Prozess
31. 12.	Der »Neue Hannoversche Kurier« veröffentlich einen »Offenen Brief an Fallada« von dessen früherer Sekretärin Else Marie Bakonyi

1946

9. 1.	Der Berliner Rundfunk sendet den Funkessay »Ein Roman wird begonnen«

15. 1.	Besprechung von Bechers Roman »Abschied« im Berliner Rundfunk
24. 1.– 20. 3.	Aufenthalt in den Kuranstalten Westend
29. 1.	Else Marie Bakonyi wird vom englischen Secret Service vernommen
18. 2.	Hans Habe greift Fallada in der »Neuen Zeitung«, München, an
1. 5.	Zusammenbruch unter Abstinenzerscheinungen; Fallada verfasst ein Testament
7. 5.– 20. 6.	Aufenthalt im Behelfskrankenhaus Marthastraße in Pankow
27. 9.	Überarbeitetes Manuskript vom »Alpdruck« an den Aufbau-Verlag
28. 9.	Vertrag mit der DEFA über »Im Namen des Deutschen Volkes«
29. 9.	Beginn der Arbeit am Roman »Im Namen des Deutschen Volkes«
29. 10.	Vertrag mit dem Aufbau-Verlag über den »Alpdruck«
24. 11.	Fallada beendet »Jeder stirbt für sich allein« (früher: »Im Namen des Deutschen Volkes«)
3. 12.	Die DEFA verweigert die Zahlung der letzten Rate für »Jeder stirbt für sich allein«
7. 12.	Aufnahme in die Charité (bis 13. 1. 1947)

1947

13. 1.	Fallada wird in das Städtische Krankenhaus in Pankow, Blankenburger Straße, verlegt
5. 2.	Tod, Hans Fallada stirbt an Herzversagen

Literatur

Werke Hans Falladas

Der Alpdruck. Berlin 2014

Jeder stirbt für sich allein. Berlin 2011

Wenn du fort bist, ist alles nur halb. Briefe einer Ehe. Hrsg. von Uli Ditzen. Berlin 2007

Ewig auf der Rutschbahn. Briefwechsel mit dem Rowohlt Verlag. Hrsg. von Michael Töteberg und Sabine Buck. Reinbek 2008

Werke anderer Autoren

Johannes R. Becher: Auf andere Art so große Hoffnung. Tagebuch 1950. Eintragungen 1951. Berlin / Weimar 1969

Johannes R. Becher: Briefe 1909–1958. Zwei Bände. Berlin / Weimar 1993

Gottfried Benn / Egmont Seyerlein. Briefwechsel 1914–1956. Stuttgart 1993

Günter Caspar: Fallada-Studien. Berlin / Weimar 1988

Jens-Fietje Dwars: Johannes R. Becher. Triumph und Verfall. Berlin 2003

Joachim Dyck: Benn in Berlin. Berlin 2010

Holger Hof: Gottfried Benn. Der Mann ohne Gedächtnis. Stuttgart 2011

Ralph Hoppe: Pankow. Zwischen Idylle und Metropole. Berlin 2013

Werner Hütter: Besuch bei Hans Fallada. In: Hans-Fallada-Jahrbuch 1. Neubrandenburg 1995

Klaus Jans: Die Anfänge des Tagesspiegels oder Die Anfänge der Tageszeitung »DER TAGESSPIEGEL« von 1945 bis zum Frühjahr 1946 in Berlin. Königswinter 2020

Manfred Kuhnke: Verstrickt in die Zeiten. Anmerkungen zu den verwobenen Lebenslinien von Johannes R. Becher und Hans Fallada. Neubrandenburg 1999

Manfred Kuhnke: Falladas letzter Roman. Die wahre Geschichte. Friedland 2001

Rudolf Kurtz. Essayist und Kritiker. Hg. von Michael Wedel. München 2007

Peter de Mendelssohn: Zeitungsstadt Berlin. Überarbeitete und erweiterte Auflage. Frankfurt a. M. u. a. 1982

Klaus-Jürgen Neumärker: Der andere Fallada. Eine Chronik des Leidens. Berlin 2014

Wolfgang Schivelbusch: Vor dem Vorhang. Das geistige Berlin 1945–1948. München / Wien 1995

Hans-Michael Schulze: In den Wohnzimmern der Macht. Das Geheimnis des Pankower »Städtchens«. Berlin 2001

Heinz Ullstein: Spielplatz meines Lebens. Erinnerungen. München 1961

Roland Ulrich: »Schwierigkeiten mit der Wahrheit«. Zum Neuanfang Falladas in der Sowjetischen Besatzungszone. In: Pommersches Jahrbuch für Literatur. Greifswald 2003

Peter Walther: Hans Fallada. Die Biographie. Berlin 2017

Grigorij Weiss: Am Morgen nach dem Kriege. Erinnerungen eines sowjetischen Kulturoffiziers. Berlin 1981

Carsten Wurm: Der frühe Aufbau-Verlag 1945–1951. Konzepte und Kontroversen. Wiesbaden 1996

Malte Zierenberg: Stadt der Schieber. Der Berliner Schwarzmarkt 1939–1950. Göttingen 2008

Carl Zuckmayer: Geheimreport. Hg. von Gunther Nickel und Johanna Schrön. Göttingen 2002.